LAW & BUSINESS
法商图书

证券业务红线

证券监管违规处罚案例解析

朋兴明——著

法律出版社 LAW PRESS · CHINA

序　言

党的十八大以来，强监管、防范化解重大金融风险始终是证券市场的主旋律，从《证券公司和证券投资基金管理公司合规管理办法》《证券公司分类监管规定》《证券期货经营机构私募资产管理业务管理办法》《证券公司投资银行类业务内部控制指引》《证券期货经营机构私募资产管理计划运作管理规定》等行业监管制度不断修订发布，到“无死角”的监管检查、历史新高的监管罚没款，折射出监管层从严监管的决心。面对新的发展形势，证券公司及从业人员需要不忘初心，积极适应，在严控风险的前提下紧跟监管导向，持续提升合规管理能力，牢固树立主动合规、全员合规意识，不断强化合规认知力、执行力和创新力，依法经营、合规展业。但遗憾的是，仍有部分证券公司和从业人员对合规的重要性、必要性认识不足，对日常工作中合规管理的方式、方法和重点掌握不够，甚至流于形式，重复“闯红灯”“压红线”而被处罚，为此付出沉重代价，难免让人惋惜。

有鉴于此，笔者全面梳理2016年以来740起证券业监管处罚案例，从处罚案由、处罚依据以及处罚结果等主要方面入手，反思当前形势下证券公司及从业人员在不同业务开展过程中容易出现的违规行为，以期抛砖引玉，尽可能让读者悉知证券公司不同业务的合规“底线”、“红线”和“雷区”。本书避免了长篇理论分析，注重实用价值，收集、整理了大量真实案例，期望读者能根据这些“前车之鉴”，“引以为戒”，以“防患于未然”，共同推动证券行业持续健康发展。受本人专业水平所限，难免出现各种缺点和错误，恳请各位有识之士批评指正。

朋兴明

2019年12月31日

目　录

Contents

第一篇　证券业监管政策

第二篇　证券业监管处罚整体情况

第三篇　证券业监管处罚案例解读

第　一　篇

证券业监管政策

第一章　证券业监管体制介绍

根据现行《公司法》①《证券法》《证券公司监督管理条例》等相关法律法规,我国针对证券行业已形成了以国务院证券监督管理机构及国务院证券监督管理机构的派出机构、证券业协会及证券交易所为一体的监管体系。

一、中国证监会的集中统一监管

经国务院授权,中国证券监督管理委员会(以下简称“证监会”)及其派出机构依法统一监督管理全国证券期货市场,维护证券市场秩序,保障其合法运行。其具体负有对证券公司市场准入和业务许可、证券公司业务监管、证券公司日常管理及风险防范管理、证券公司从业人员的管理等职责。同时依法对行业自律组织的活动进行指导和监督;依法对违反证券市场监督管理法律、行政法规的行为进行查处;以及负有法律、行政法规规定的其他职责。

二、中国证券业协会的自律管理

中国证券业协会和各地方证券业协会是证券行业的自律性组织。中国证券业协会实行会员制,会员主要是各证券公司、期货公司或从事证券行业的服务机构。其主要负责教育和组织会

① 为阅读方便起见,本书所引我国法律、法规名称均省去“中华人民共和国”,例如,《中华人民共和国公司法》本书简称为《公司法》,其他所引的我国法律法规均同此例。——编者注

员遵守证券法律、行政法规；依法维护会员的合法权益，向证券监督管理机构反映会员的建议和要求；收集整理证券信息，为会员提供服务；制定会员应遵守的规则，组织会员单位从业人员的业务培训，开展会员间的业务交流；对会员之间、会员与客户之间发生的证券业务纠纷进行调解；组织会员就证券业的发展、运作及有关内容进行研究；监督、检查会员行为，对违反法律、行政法规或者协会章程的，按照规定给予纪律处分或自律管理措施；以及证券业协会章程规定的其他职责。

三、证券交易所的自律管理

证券交易所是为证券集中交易提供场所和设施，组织和监督证券交易，实行自律管理的法人。进入证券交易所参与交易的，必须是证券交易所的会员。我国证券交易所目前包括上海证券交易所（以下简称“上交所”）、深圳证券交易所（以下简称“深交所”）以及全国中小企业股份转让系统公司（以下简称“全国股转公司”）。证券交易所的主要职责包括：提供证券交易的场所和设施；制定证券交易所的业务规则；接受上市（挂牌）申请、安排证券上市（挂牌）；组织、监督证券交易（做市）；对会员进行监管；对上市（挂牌）公司进行监管；设立证券登记结算机构；管理和公布市场信息；证监会许可的其他职能。

当然，除上述监管机构外，依据《金融机构反洗钱监督管理办法（试行）》《法人金融机构洗钱和恐怖融资风险管理指引（试行）》等规定，中国人民银行及其分支机构有权对证券公司各项反洗钱工作进行监管；依据《证券投资基金法》《私募投资基金监督管理暂行办法》以及《证券公司及基金管理公司子公司资产证券化业务管理规定（修订稿）》等法规制度规定，中国基金业协会有权对证券公司代销基金以及资产证券化等相关业务进行监督管理。

第二章　证券业主要监管处罚依据

一、法律

主要指全国人民代表大会及其常务委员会关于证券行业的相关立法,包括《公司法》《证券法》《证券投资基金法》等。此外,《行政处罚法》《反洗钱法》亦经常作为证券行业日常监管处罚依据。

二、行政法规

主要指国家最高行政机关国务院关于证券行业的相关立法,包括《证券公司监督管理条例》《证券公司风险处置条例》等。

三、部门规章和规范性文件

主要指监管机构根据法律和行政法规制定的相关准则、规定等,内容包括行业准入管理、业务监管、日常监管等方面。其中以下文件对监管处罚流程、处罚标准等作出了具体规定。

(一)证监会发布的相关文件

《证券公司和证券投资基金管理公司合规管理办法》、《证券公司董事、监事和高级管理人员任职资格监管办法》以及《证券期货市场监督管理措施实施办法(试行)》、《证券市场禁入规定》、《中国证券监督管理委员会行政处罚听证规则》等。

(二)交易所发布的相关文件

《上海证券交易所纪律处分和监管措施实施办法》《深圳证券

交易所自律监管措施和纪律处分实施细则》《全国中小企业股份转让系统自律监管措施和纪律处分实施细则》等。

(三)中国证券业协会发布的相关文件

《证券公司合规管理实施指引》、《证券业从业人员执业行为准则》以及《中国证券业协会自律措施实施办法》《中国证券业协会自律处分委员会办案规程》等。

第三章　证券业监管处罚措施

根据现行法规制度，针对我国证券公司及从业人员违法违规行为，权力主体将会根据违法违规行为及情节采取不同的措施。一般划分为行政处罚、行政监管措施、纪律处分、自律监管措施四大类。

一、行政处罚及行政监管措施

（一）行政处罚

行政处罚是指证监会及其派出机构在行政管辖权内，对证券公司及从业人员尚未构成犯罪的违法违规行为所作的一种制裁。主要包括以下几种措施。

1. 警告，是指对当事人的谴责和告诫，使被处罚人认识其行为的违法性和对社会的危害，以纠正违法行为并不再继续违法的制裁方法。

2. 罚款，是指对当事人强制收取一定数量金钱，剥夺一定财产权利的制裁方法。

3. 没收违法所得，是指将当事人占有的，通过违法途径和方法取得的财产收归国有的制裁方法。

4. 暂停或者撤销相关业务许可、任职资格或者证券从业资格，是指暂时或者永久地撤销行政违法行为人拥有的任职权利或从业资格的文件，使其丧失权利和活动资格的制裁方法。

5. 证券市场禁入，是指在一定期限内直至终身不得从事证券业务、证券服务业务，不得担任证券发行人的董事、监事、高级管理人员，或者一定期限内不得在证券交易所、国务院批准的其他全国性证券交易场所交易证券的制度。

（二）行政监管措施

行政监管措施，是指证监会及派出机构对证券违法行为施加的一种监管措施，但此类措施不具有制裁性和最终性的特征，不属于行政处罚，不属于《行政处罚法》和相关法律及行政法规中规定的行政处罚类型。主要包括以下几种措施。

1. 监管谈话，是指实施机构要求当事人在指定的时间、地点接受谈话，督促其停止或者纠正违法行为的监督管理措施。

2. 出具警示函，是指实施机构将有关风险状况或者违法违规事实书面告知当事人，警示其关注经营风险，要求其及时补救的监督管理措施。

3. 责令改正，是指实施机构要求当事人停止违法行为或者限期改正，并提交书面报告的监督管理措施。

4. 认定为不适当人选，是指实施机构认定证券公司，基金公司，期货公司，上市公司以及上市公司股东、实际控制人，收购人的董事、监事、高级管理人员或者其他人员，发行人，保荐人，询价对象，证券服务机构，基金代销机构，资产托管机构的高级管理人员或者其他人员，在一定期限内不适合担任相应职务或者实际履行上述职责的监督管理措施。

5. 暂不受理与行政许可有关的文件，是指实施机构在一定期限内不受理发行人、上市公司、收购人、证券公司及其从业人员、证券服务机构及其从业人员等报送的行政许可申请文件的监督管理措施。

6. 责令增加内部合规检查次数，是指实施机构责令证券公司在一定期限内提高内部合规检查的次数或者频率，并定期提供合规检查报告的监督管理措施。

7. 公开谴责，是指实施机构对证券公司及其有关董事、监事、高级管理人员、境内分支机构负责人给予公开谴责的监督管理措施。

8. 责令处分有关责任人员，是指实施机构责令证券公司按照其内部管理规定，向对公司治理结构不健全、内部控制不完善、经营管理混乱、违反财务会计制度等问题负有直接责任或者主要责任的人员，作出除停职、免职或者限制向其支付报酬、提供福利以外的其他处分的监督管理措施。

此外，责令停止职权或者解除职务，责令更换董事、监事、高级管理人员或者限制其权利，暂停核准新业务或者增设、收购营业性分支机构申请，限制证券期货经营机构业务活动，限制股东权利或者责令转让股权，以及临时接管等均属于行政监管措施,但近 3 年以来相应措施被使用的频率较低。

二、纪律处分及自律监管措施

(一)纪律处分

纪律处分,是指自律组织为维护行业正常经营秩序,对严重违反授权规定和自律规则、造成严重后果或者不良社会影响的自律管理对象实施的惩戒措施。

以中国证券业协会 2019 年 12 月 4 日发布实施的《中国证券业协会自律措施实施办法》为例,可对证券从业人员实施的纪律处分包括行业内通报批评、公开谴责、暂停执业、注销执业证书;可对证券公司实施的纪律处分包括行业内通报批评、公开谴责、暂停或者取消协会授予的业务资格、暂停会员权利、取消会员资格等。

1. 行业内通报批评,是指在证券行业内一定范围内或以公开方式对监管对象进行批评,包括对证券从业人员个人及证券公司。

2. 公开谴责,是指以通过证券业协会网站或媒体公开方式对监管对象进行谴责,包括证券从业人员个人及证券公司。

3. 暂停执业,是指证券业协会要求违规从业人员在三个月至十二个月内不得从事相关证券业务。

4. 注销执业证书,是指证券业协会自行注销严重违规从业人员的执业证书,并在一年至三年内不受理其相关执业注册申请。

5. 暂停或者取消协会授予的业务资格,是指暂停或者取消证券业协会授予会员的特定种类业务资格。暂停业务资格的期限为一年或两年;被取消业务资格的,证券业协会在三年内不受理其业务资格申请。

6. 暂停会员权利,是指证券业协会在一年或两年内暂停会员行使表决权、选举权和被选举权。

7. 取消会员资格,是指证券业协会取消其会员资格。被取消会员资格的,协会在三年内不受理其入会申请。

8. 其他纪律处分措施。

(二)自律监管措施

自律监管措施,是指自律组织为维护日常自律管理秩序,对违反授权规定和自律规则，但未造成严重后果或者不良社会影响的自律管理对象实施的惩戒措施。

同样以中国证券业协会2019年12月4日发布实施的《中国证券业协会自律措施实施办法》为例，可对从业人员实施的自律管理措施包括谈话提醒、要求提交书面承诺、要求参加强化培训、警示、责令改正、责令所在机构给予处理等；可对证券公司实施的自律管理措施包括谈话提醒、要求提交书面承诺、要求参加强化培训、警示、责令改正、责令进行合规检查、暂不接受备案或注册、协会规定的其他自律管理措施。

1. 谈话提醒，是指证券业协会要求自律管理对象在指定时间、地点接受问询或训诫，要求其作出说明，督促其及时纠正违规行为或防控风险。

2. 要求提交书面承诺，是指证券业协会要求自律管理对象限期提交书面承诺，承诺按照要求及时纠正违规行为。

3. 要求参加强化培训，是指证券业协会要求违规从业人员或违规会员的相关责任人员参加协会指定的矫正性培训。

4. 警示，是指证券业协会以书面形式警示自律管理对象，督促其及时纠正违规行为的自律管理措施。

5. 责令改正，是指证券业协会要求自律管理对象限期改正违规行为，并报告整改结果。

6. 责令所在机构给予处理，是指证券业协会要求违规从业人员所在机构予以处理并报告处理结果。

7. 责令进行合规检查，是指证券业协会要求自律管理对象进行内部合规检查，并报告自查情况。

8. 暂不接受备案或注册，是指证券业协会在三个月至十二个月内暂停受理自律管理对象的有关备案或注册申请。

第四章　证券业监管处罚程序

目前,虽然我国证券行业不同监管机关作出监管处罚的工作流程略有差异,但整个程序基本可以分为调查、审理、听证、送达、执行等环节。以证监会行政处罚、上交所纪律处分为例,相关监管处罚工作流程如下。

一、中国证监会行政处罚流程

(一)调查

证监会稽查部门负责立案和调查工作,保证全面查清有关事实,充分收集证据,把案件查准、查实。案件调查终结后,稽查部门应在事实清楚、证据充分的基础上,作出《案件调查终结报告》,连同全部案件卷宗材料一并移交法律部,进入案件审理阶段。稽查部门提出《案件调查终结报告》,应详细写明案由、违法事实及相关证据,并对案件的定性提出初步意见。

(二)审理

法律部负责案件的违法行为定性、违法事实认定、处罚种类和幅度确定等法律适用工作。法律部收到稽查部门移送的《案件调查终结报告》及全部案件卷宗材料后,经审查,认为案件事实不清、证据不足的,退回稽查部门补充调查。案件主要事实清楚、证据充分的,依法对当事人行为的法律性质、法律责任进行认定,提出《案件审理报告》,报证监会分管领导批准后提交行政处罚委员会审理。

1. 对需提交行政处罚委员会审理的案件,由法律部依据《中国证券监督管理委员会行政处罚委员会工作规则》，负责组织、安排召开行政处罚委员会审理会，对案件进行讨论、审理。行政处罚委员会对案件进行审理后，提出《审理意见》，报证监会分管领导批准。

（1）行政处罚委员会认为案件事实不清、证据不足的，由法律部根据《审理意见》退回稽查部门补充调查。

（2）行政处罚委员会认为涉嫌构成犯罪的，由法律部根据行政处罚委员会的《审理意见》交由稽查部门移送司法机关。

（3）行政处罚委员会认为违法行为不成立或虽构成违法但依法不予处罚，应当采取非行政处罚性监管措施的，由法律部根据行政处罚委员会的《审理意见》交由有关部室处理。

（4）证券违法行为涉及违纪及其他违法行为的，由法律部根据行政处罚委员会的《审理意见》移交各级纪检部门及政府有关执法部门处理。

2. 对行政处罚委员会认为应当作出行政处罚的案件，法律部根据行政处罚委员会的《审理意见》拟定《行政处罚决定书（稿）》，报证监会分管领导，建议进入告知、听证程序。

3. 为了提高办案效率，对于案情简单、事实清楚、处罚较轻的案件，经证监会分管领导同意，可以采取简易程序，不提交行政处罚委员会审理，由法律部审查并提出《审理意见》，拟定《行政处罚决定书（稿）》，在证监会签有关业务部门后报证监会分管领导，建议进入告知、听证程序。

（三）听证

在证监会作出行政处罚决定之前，由法律部负责告知当事人作出行政处罚决定的事实、理由及依据，并告知当事人依法享有的陈述、申辩和要求听证等权利。案件依法需要听证、且当事人要求举行听证的，由法律部负责安排听证时间、地点，书面通知当事人或者其代理人。听证会结束，听证会成员应当进行合议，对原拟作出的行政处罚决定提出书面《听证复核意见》。

1. 经听证、合议，拟被行政处罚的当事人及其代理人提出的申辩理由和证据足以推翻原拟作出的处罚决定的，由听证会提出要求行政处罚委员会重新审理的《听证复核意见》，由行政处罚委员会重新作出《审理意见》。

2. 当事人申辩理由虽然成立，但不影响原拟作出处罚决定所认定主要违法事实的成立和案件定性的，听证会可以不提出重新审理的意见，在《听证复核意见》中提出对原拟作出的处罚决定进行部分调整的建议，报证监会分管领导批准。

3. 如果当事人的申辩理由不成立，听证会应当提出维持原拟作出行政处罚决定的《听证复核意见》。

(四)送达

《行政处罚决定书》等法律文书由证监会法律部直接送达或委托当事人所在地的证监会派出机构送达。

1. 对于已经依法履行听证程序的行政处罚案件,由法律部根据行政处罚委员会最终作出的《审理意见》制作正式《行政处罚决定书》并附《行政处罚建议报告》及有关证据材料,报证监会分管领导,建议证监会领导签发《行政处罚决定书》。

2. 对于依法不需要进行听证或当事人在法定期限内未提出听证要求的行政处罚案件,由法律部根据行政处罚委员会的《审理意见》制作正式的《行政处罚决定书》并附《行政处罚建议报告》及有关证据材料,报证监会分管领导,建议证监会领导签发《行政处罚决定书》。

(五)执行

1. 行政处罚决定依法作出后,当事人应当在行政处罚决定的期限内予以履行。当事人对行政处罚决定不服申请行政复议或者提起行政诉讼的,行政处罚不停止执行,法律另有规定的除外。

2. 当事人逾期不履行行政处罚决定的,作出行政处罚决定的行政机关可以采取下列措施:(1)到期不缴纳罚款的,每日按罚款数额的3%加处罚款;(2)根据法律规定,将查封、扣押的财物拍卖或者将冻结的存款划拨抵缴罚款;(3)申请人民法院强制执行。

3. 当事人确有经济困难,需要延期或者分期缴纳罚款的,经当事人申请和行政机关批准,可以暂缓或者分期缴纳。

二、上海证券交易所纪律处分流程

(一)调查

1. 交易所经初步调查后,认为需要对监管对象实施纪律处分的,应当向监管对象发送纪律处分意向书,并向监管对象说明违规事实、拟实施的纪律处分及简要理由。

2. 监管对象应当自收到前条规定的纪律处分意向书后5个交易日内,书面回复是否接受交易所将实施的纪律处分,对将实施的纪律处分有异议的,应当书面说明理由。监管对象无正当理由逾期不回复的，视为无异议。

3. 监管对象对纪律处分意向书予以书面回复或者届期未作回复的，交易所监管部门应当及时向纪律处分工作小组提交书面的纪律处分建议书及相关材料，形成调查结论。

（二）审核

1. 交易所纪律处分工作小组应当及时对交易所监管部门提交的纪律处分建议书及相关材料进行形式审核。材料完备的，予以接纳并及时安排召开纪律处分审核会议。必要时，可以通知监管对象，到会陈述意见、接受询问。

2. 交易所纪律处分委员会根据审核表决结果，对提请审核的纪律处分事项作出如下处理：

（1）认为应当予以纪律处分的，制作纪律处分意见书。

（2）认为相关事实不清、证据不足，或遗漏违规事实、违规行为人的，退回交易所监管部门补充调查。

（3）认为不存在违反交易所业务规则情形，或者虽违反交易所业务规则但情节轻微，无须给予纪律处分的，转交交易所监管部门处理。

（三）听证

交易所发出的纪律处分意向书中提出拟对监管对象实施公开谴责、公开认定不适合担任相关职务等纪律处分的，监管对象可以要求举行听证。

（四）送达

交易所可以通过邮寄、传真、公告、电子系统等方式向监管对象送达纪律处分决定书及其他相关文件。

（五）执行

对交易所业务规则规定的可申请复核的纪律处分，纪律处分对象不服交易所纪律处分决定的，可以按照交易所关于复核程序的相关规定申请复核，复核期间纪律处分决定不停止执行。

第五章　证券业监管处罚的负面影响

2016 年以来,证券行业监管部门深入贯彻习近平总书记关于资本市场的系列重要指示精神,围绕"防范化解金融风险,加快形成融资功能完备、基础制度扎实、市场监管有效、投资者合法权益得到充分保护的股票市场"的总体要求推进各项改革发展举措,强化监管,促进资本市场持续健康发展。并在 2018 年度证券公司分类评价中,首次将"合规管理能力"纳入证券公司分类评价"加分项"。分类评级结果也将与证券公司的品牌、监管资源分配、风控成本以及创新业务等密切相关。在行业严监管的背景下,证券公司合规工作必须加强,不能再唯业绩和利益至上,不能忽视合规运营和风控管理。否则,监管处罚将会给证券公司及从业人员带来"刻骨铭心"的痛。

一、直接经济损失

虽然证券市场和投资者反映现有法律法规针对证券公司及从业人员违规行为的监管处罚力度太轻、责任追究不到位、罚款金额偏低等问题客观存在,但即使在此背景下,2016 年以来,证券业监管罚没款项金额屡创新高,相应证券公司及从业人员个人均遭受不同程度的经济损失。据不完全统计,2016 年 1 月至 2019 年 8 月(以下简称"统计期内"),证券公司及从业人员累计罚没款项合计 71,285.77 万元。其中:没收单位业务收入及违法所得合计 6995.67 万元、对单位罚款合计 35,820.53 万元;没收个人业务收入及违法所得合计 5019.42 万元、对个人罚款合计 23,450.15 万元。此外,根据 2019 年 12 月 28 日新修订的《证券法》,已经大幅提高对证券违法行为的罚款、罚金数额标准,强化民事案例责任,实施失信联合惩戒,将会进一步提高资本市场违法违规成本。

二、影响分类评价结果

根据《证券公司分类监管规定》,证监会每年会结合证券公司风险管理能力以及持续合规状况,确定不同分类等级。2019 年证券公司分类结果显示,共有 38 家证券公司被评为 A 类,数量比上一年少 2 家,其中有 10 家证券公司评为 A 类 AA 级,同样较上一年少了 2 家。而 B 类证券公司共有 50 家,相较上一年多 1 家,其中 B 级证券公司有 10 家,更是较上一年多了 5 家。另有 8 家证券公司被评为 C 类、2 家被评为 D 级。进一步分析发现,有 28 家证券公司评价结果被下调,其中:国融证券从 2018 年的 BBB 下调至 C,一次性下调 5 级,成为 2019 年分类评价中下降最多的公司;网信证券、长江证券、东莞证券 3 家评级下调 3 级,中航证券、恒泰证券、大同证券、广发证券 4 家评级下调 2 级,另有 20 家证券公司评级下调 1 级。究其原因,违规行为被监管处罚导致扣分显然成为影响最终评价结果的关键。

(一)被中国证监会及其派出机构实施行政处罚、监管措施或者被司法机关刑事处罚的,扣分标准如表 1 所示

表 1 监管处罚分类评价扣分标准

处罚结果	单次扣分
1. 公司被采取出具警示函,责令公开说明,责令参加培训,责令定期报告的	0.5
2. 公司被采取出具警示函并在辖区内通报,责令改正,责令增加内部合规检查次数的	1
3. 公司被采取责令处分有关人员,或者董事、监事、高级管理人员因对公司违法违规行为负有责任被监管谈话的	1.5
4. 公司被采取出具警示函并在全行业通报,责令停止职权或解除职务,责令更换董事、监事、高级管理人员或限制其权利,限制股东权利或责令转让股权的	2
5. 公司被采取公开谴责,限制业务活动,暂不受理与行政许可有关文件,暂停核准新业务或增设、收购营业性分支机构申请的	2.5
6. 董事、监事、高级管理人员因对公司违法违规行为负有责任被认定为不适当人选或被撤销任职资格的	3
7. 公司被实施警告行政处罚,或者董事、监事、高级管理人员因对公司违法违规行为负有责任被采取警告行政处罚措施的	4
8. 公司被实施罚款行政处罚,或者董事、监事、高级管理人员因对公司违法违规行为负有责任被采取罚款行政处罚措施的	5

续表

处罚结果	单次扣分
9. 公司被实施没收违法所得行政处罚，或者董事、监事、高级管理人员因对公司违法违规行为负有责任被实施没收违法所得行政处罚的	6
10. 董事、监事、高级管理人员因对公司违法违规行为负有责任被采取一定期限内市场禁入的	7
11. 公司被实施暂停业务许可行政处罚，或者董事、监事、高级管理人员因对公司违法违规行为负有责任被采取终身市场禁入的	8
12. 公司被实施撤销部分业务许可行政处罚或被刑事处罚的	10

当然，表 1 中处罚结果仅涉及证券公司分支机构（营业部或分公司）或子公司的，扣分标准有一定下调。

1. 证券公司分公司、营业部等分支机构被直接采取上述措施的，按以上原则减半扣分，累计最高扣 5 分。

2. 证券公司分支机构负责人等管理人员、保荐代表人等主要业务人员因对公司及分支机构违法违规行为负有责任被直接采取上述措施的，按以上原则减半扣分，累计最高扣 5 分。

3. 证券公司控股子公司纳入母公司合并评价的，子公司被采取上述措施的，按以上原则减半扣分。

（二）被证券行业自律组织采取处罚的，扣分标准如下

1. 被采取书面自律监管措施的，每次扣 0.25 分。

2. 被采取纪律处分的，每次扣 0.5 分。

证券公司被中国证监会授权履行相关职责的单位采取措施的，比照执行。

（三）有其他不合规行为的，扣分标准如下

如证券公司资本充足、公司治理与合规管理、全面风险管理、信息系统安全、客户权益保护和信息披露等 6 类评价指标存在一定问题，按具体评价标准每项扣 0.5 分。

（四）特殊情况说明

1. 就同一事项对证券公司实施多项行政处罚、监管措施、纪律处分、自律监管措施的，按最高分值扣分，不重复扣分，但因限期整改不到位再次被实施行政处罚、监管措施、纪律处分、自律监管措施的除外。

2. 就不同事项实施同一行政处罚、监管措施、纪律处分、自律监管措施的，应当分别计算、合计扣分。

3. 证券公司因同一事项在不同评价期被分别实施行政处罚、监管措施、纪律处分、自律监管措施的,按最高分值扣分。

4. 同一事项在以前评价期已被扣分但未达到最高分值扣分的,按最高分值与已扣分值的差额扣分。

三、分类评价结果直接影响证券公司业务发展以及投保基金缴费比例

根据现行政策,证券公司分类评价结果直接挂钩监管态度和监管尺度,证监会将按照分类监管原则,对不同类别证券公司规定不同的风险控制指标标准和风险资本准备计算比例,并在监管资源分配、现场检查和非现场检查频率等方面区别对待。此外,将严重影响具体业务发展及投保基金缴费比例。

(一)证券公司分类结果将作为证券公司申请增加业务种类、新设营业网点、发行上市等事项的审慎性条件

1. 股票质押业务。按照分类监管原则对证券公司自有资金参与股票质押回购交易业务融资规模进行控制。

(1)分类评价结果为A,自有资金融资余额不得超过公司净资本的150%。

(2)分类评价结果为B,自有资金融资余额不得超过公司净资本的100%。

(3)分类评价结果为C,自有资金融资余额不得超过公司净资本的50%。

2. 场外期权业务。场外期权新规明确将对交易商实行分层管理,证券公司被分为一级交易商和二级交易商,两者之间交易权限差距巨大。

(1)最近一年分类评级在A类AA级以上的证券公司,经证监会认可,可以成为一级交易商;最近一年分类评级在A类A级以上的证券公司,经中国证券业协会备案,可以成为二级交易商。未能成为交易商的证券公司不得与客户开展场外期权业务。

(2)一级交易商可以在沪深证券交易所开立场内个股对冲交易专用账户,直接开展对冲交易。

(3)一级交易商应当根据自身合约设计要求及标的范围确定是否接受二级交易商的个股对冲交易。

(4)二级交易商仅能与一级交易商进行个股对冲交易,不得自行或与一级交易商之外的交易对手开展场内个股对冲交易。

二级交易商应确保其与对手方和一级交易商分别达成的个股期权合约挂钩标的、合约期限、合约规模、收益结构等交易要素基本保持一致。

3. 影响其他业务。

证券分类结果将作为确定其他新业务、新产品试点范围和推广顺序的依据，其中包括债券承销业务。

（二）中国证券投资者保护基金公司根据证券公司分类结果，确定不同级别的证券公司缴纳证券投资者保护基金的具体比例，直接影响证券公司经营成本

1. 保护基金规模在 200 亿元以上时，AAA、AA、A、BBB、BB、B、CCC、CC、C、D 等 10 级证券公司，分别按照其营业收入的 0.5%、0.75%、1%、1.5%、1.75%、2%、2.5%、2.75%、3%、3.5% 的比例缴纳保护基金。

对于连续 3 年（含缴纳当年）评定等级为 A 级并且缴纳当年评定为 AA 级以上（含）的证券公司，按照其营业收入的 0.5% 的比例缴纳保护基金；对于连续 3 年（含缴纳当年）评定等级为 A 级并且缴纳当年评定为 A 级的证券公司，按照其营业收入的 0.75% 的比例缴纳保护基金。

2. 保护基金规模在 200 亿元以上，且上一年度证券公司亏损面在 10% ~ 30%（含）时，A 级、B 级、C 级、D 级证券公司，分别按照其营业收入的 0.5%、0.75%、1%、1.25% 的比例缴纳保护基金。

3. 保护基金规模在 200 亿元以上，且上一年度证券公司亏损面超过 30% 时，所有证券公司按照 0.5% 的最低比例缴纳保护基金。

4. 保护基金规模在 200 亿元（含）以下时，AAA、AA、A、BBB、BB、B、CCC、CC、C、D 等 10 级证券公司，分别按照其营业收入的 0.5%、1%、1.5%、2%、2.5%、3%、3.5%、4%、4.5%、5% 的比例缴纳保护基金。

按某证券公司 50 亿元/年的营业收入规模测算，若因分类评价结果导致投保基金缴费比例被上调 0.5%，则每年需多缴投保基金达 2500.00 万元，该笔支出对证券公司来说就是直接成本。

四、影响个人职业生涯

针对证券从业人员的处理处罚结果显示，除了个人经济损失及名誉损失外，部分严重违规人员甚至因此丧失在证券行业继续发展或者原有岗位继续工作的机会。据不完全统计，统计期内累计有 18 名证券从业人员被处以不同年限内市场禁入；有 9 名证券从业人员被认定为不适当人选，在不同期内不得担任规定职务或实际履行相关职责；有 30 名证券从业人员被注销执业证书。

当然，除上述直接负面影响外，监管处罚给证券公司的品牌、商誉及融资成本等方面同样会带来诸多不利后果。

第　二　篇

证券业监管处罚整体情况

统计期内，包含证监会及各地证监局、中国证券业协会、上交所及深交所、全国股转公司、中国人民银行(以下简称“人民银行”)及各地支行等不同证券行业监管机构，累计对证券公司及从业人员作出各类处罚740起[①②③]。按不同统计口径分析如下。

一、按作出处罚的权力主体分类

在740起处罚案件中，证监会及各地证监局502起、全国股转公司123起、证券业协会47起、上交所及深交所22起、人民银行46起，占比分别为67.84%、16.62%、6.35%、2.97%、6.22%。具体数量对比如图1所示。

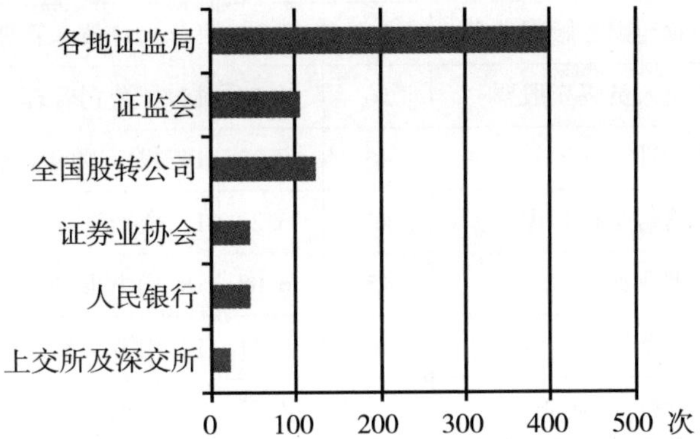

图1 不同机关对证券公司及从业人员违规行为处罚次数对比

---

① 为充分反映证券公司及从业人员在不同类型业务中的违规行为以及被处罚的情况，当一份监管处罚文件内包含数项业务的违规问题时，已将该份文件分拆至各项业务类别内分别进行统计，以尽量还原不同业务类别违规问题被处罚的次数，但会导致统计出的处罚文件总数高于实际数量。

② 上述案例主要来源于证监会以及各地证监局、证券交易所、全国股转公司、人民银行、证券业协会以及上市公司公告、新浪财经网等公开信息。不排除个别信息不准确，仅供读者学习和参考，不得用于其他用途。

③ 因未能核实2016年度证券公司因反洗钱管理问题被处罚的完整信息，所以上述统计数据内缺少证券业2016年度全年反洗钱处罚数据、2017年至2019年8月相关数据亦可能存在遗漏。

不难看出证监会及各地证监局作为证券行业的直接主管机关,仍然是证券公司及从业人员违规行为处罚的主要处罚来源。

二、按处罚案由涉及的业务类别分析

在上述740起处罚案件中,按违规行为涉及的业务类型进行数量对比如表2所示。

表2 不同类型业务违规行为处罚数量占比

涉及业务类别	数量(起)	占比(%)	涉及业务类别	数量(起)	占比(%)
1.非公众公司挂牌推荐业务	93	12.57	11.股转做市业务	24	3.24
2.证券经纪业务	84	11.35	12.证券自营业务	20	2.70
3.代客操作(理财)	71	9.59	13.发布研究报告	20	2.70
4.承销保荐与财务顾问业务	61	8.24	14.信息技术管理	16	2.16
5.证券从业人员买卖股票	56	7.57	15.子公司管理	16	2.16
6.反洗钱管理	46	6.22	16.投资顾问业务	15	2.03
7.债券承销与受托管理业务	46	6.22	17.资产证券化业务	11	1.49
8.资产管理业务	45	6.08	18.操纵市场	6	0.81
9.信用类业务	40	5.41	19.内幕交易	5	0.68
10.代销金融产品业务	35	4.73	20.其他	30	4.05

表2内有关数据显示,证券公司投资银行业务(含承销保荐与财务顾问业务、债券承销与受托管理业务、非公众公司挂牌推荐业务、资产证券化业务)违规行为占比最高,合计211起,占比合计28.51%。此外,证券经纪业务、证券从业人员买卖股票、证券从业人员代客操作(理财)、反洗钱管理等业务及管理环节,亦属于违规行为集中地带。进一步分析后发现,不同监管主体作出惩戒措施的违规行为不尽相同。

(一)证监会及各地证监局行政处罚案件

结合证监会及各地证监局作出105起行政处罚的案由,按证券公司不同业务类别进行对比如表3所示。

表3 行政处罚涉及业务类别统计

涉及业务类别	数量（起）	占比（%）	涉及业务类别	数量（起）	占比（%）
1.证券从业人员买卖股票	48	45.71	5.内幕交易	5	4.76
2.代客操作（理财）	26	24.76	6.信用类业务	4	3.81
3.承销保荐与财务顾问	15	14.29	7.发布研究报告	1	0.95
4.操纵市场	5	4.76	8.投资顾问业务	1	0.95

表3有关数据显示，证券从业人员买卖股票、证券从业人员代客操作（理财）、承销保荐与财务顾问3类业务中违规行为是证监会及各地证监局作出行政处罚的主要案由，占比超过八成。

（二）证监会及各地证监局行政监管措施案件

结合证监会及各地证监局作出397起行政监管措施的案由，按证券公司不同业务类别进行对比如表4所示。

表4 行政监管措施涉及业务类别统计

涉及业务类型	数量（起）	占比（%）	涉及业务类型	数量（起）	占比（%）
1.证券经纪业务	65	16.37	9.信息技术管理	16	4.03
2.债券承销与受托管理业务	45	11.34	10.证券自营业务	15	3.78
3.资产管理业务	43	10.83	11.投资顾问业务	13	3.27
4.代客操作（理财）	39	9.82	12.非公众公司挂牌推荐业务	11	2.77
5.信用类业务	35	8.82	13发布研究报告	11	2.77
6.代销金融产品业务	33	8.31	14.资产证券化业务	10	2.52
7.承销保荐与财务顾问	16	4.03	15.其他	29	7.30
8.子公司管理	16	4.03			

表4有关数据显示，证券经纪业务、债券承销与受托管理业务、资产管理业

务、代客操作(理财)、信用类业务、代销金融产品等6类业务中违规行为是证监会及各地证监局采取行政监管措施的主要案由,合计占比超过六成。

(三)证券业协会各类监管处罚案件

结合证券业协会作出47起纪律处分、自律监管措施的案由,按证券公司不同业务类别进行对比如表5所示。

表5　行业协会处罚处分案件涉及业务类别统计

涉及业务类型	数量(起)	占比(%)	涉及业务类型	数量(起)	占比(%)
1. 承销保荐与财务顾问	8	17.02	5. 证券自营业务	5	10.64
2. 发布研究报告	8	17.02	6. 代销金融产品业务	2	4.26
3. 证券从业人员买卖股票	6	12.77	7. 资产管理业务	2	4.26
4. 代客操作(理财)	6	12.77	8. 其他	10	21.28

表5有关案例处罚结果显示,承销保荐与财务顾问业务、发布研究报告业务、证券从业人员买卖股票、证券从业人员代客操作(理财)等4类业务中违规行为是证券业协会采取自律监管措施或纪律处分的主要案由,合计占比近六成。

(四)上交所、深交所及全国股转公司各类监管处罚案件

结合上海、深圳证券交易所及全国股转公司作出145起纪律处分、自律监管措施的案由,按证券公司不同业务类别进行对比如表6所示。

表6　证券交易所及全国股转公司处罚处分案件涉及业务类别统计

涉及业务类型	数量(起)	占比(%)	涉及业务类型	数量(起)	占比(%)
1. 非公众公司挂牌推荐	82	56.55	3. 证券经纪业务	18	12.41
2. 承销保荐与财务顾问	22	15.17	4. 股转做市业务	23	15.86

表6内有关案件处罚主要来自于全国股转公司,合计123起,其中又以非公众公司推荐挂牌业务为主,占比接近六成。而上交所、深交所作出的自律处罚主要集中在承销保荐与财务顾问业务。

三、没收违法所得及罚款情况

统计期内,证券公司及从业人员累计被罚没款项合计 91, 285. 77 万元。具体明细如表 7 所示。

表 7　证券公司及从业人员监管罚没款项统计

单位:万元

业务类别	证券公司		个人		合　计
	没收违法所得及业务收入	罚款	没收违法所得及业务收入	罚款	
1. 从业人员买卖股票	—	—	14, 447. 18	20, 700. 47	35, 147. 65
2. 承销保荐与财务顾问	10, 840. 06	16, 681. 96	—	489. 00	28, 011. 02
3. 违规配资	6155. 61	17, 680. 57	—	—	23, 836. 18
4. 反洗钱管理	—	1358. 00	—	102. 60	1460. 60
5. 内幕交易	—	—	261. 83	935. 48	1197. 31
6. 代客操作	—	—	266. 48	832. 82	1099. 30
7. 操纵市场	—	100. 00	43. 93	354. 78	498. 71
8. 发布研究报告	—	—	—	35. 00	35. 00
合　计	16, 995. 67	35, 820. 53	15, 019. 42	23, 450. 15	91, 285. 77

(一)按单位、个人不同处罚对象分析

1. 对单位的罚没款项。合计 52, 816. 20 万元,占比 57. 86%。罚款金额平均为没收业务收入及违法所得的 2. 1 倍。其中:

(1)没收业务收入及违法所得,合计 16, 995. 67 万元。

(2)罚款,合计 35, 820. 53 万元。

上述处罚案例中,有 1 起罚款金额为没收业务收入的 5 倍,有 7 起罚款金额为没收业务收入的 3 倍。

2. 对个人的罚没款项。合计 38, 469. 57 万元,占比 42. 14%。罚款金额平

均为没收业务收入及违法所得的1.56倍。其中：

(1)没收业务收入及违法所得15,019.42万元。

(2)罚款合计23,450.15万元。

(二)按不同罚款额度分析

1.对单位的罚款。包括：

(1)11起单笔罚款,金额超过1000万元。

(2)6起单笔罚款,金额介于100万元至500万元。

(3)其余均在100万元以下。

2.对个人罚款。包括：

(1)7人单笔罚款,金额超过1000万元。

(2)7人单笔罚款,金额介于100万元至1000万元。

(3)12人单笔罚款,金额介于50万元至100万元。

(4)其余单笔罚款金额均为50万元以下。

(三)按不同罚款案由分析

1.对单位罚款中,超过九成起因于承销保荐与财务顾问、配资两类业务中违规行为,相应罚款金额分别占49%、46%。

2.对个人罚款中,接近九成起因于证券从业人员违规买卖股票,罚款金额占比达89%。

四、市场禁入情况

统计期内,累计有18名证券从业人员被处以市场禁入。其中：

1.按禁止期限分析。包括：(1)终身禁入,4人。(2)10年禁入,3人。(3)7年禁入,1人。(4)5年禁入,6人。(5)3年禁入,4人。

2.按违规行为涉及业务类别分析。包括：(1)证券从业人员违规买卖股票,7人。(2)证券从业人员代客操作(理财),4人。(3)证券从业人员进行内幕交易,3人。(4)承销保荐与财务顾问业务违规,4人。

五、其他情况

1.认定为不适当人选,合计9人。其中有6人在2年内不得担任任何证券公司董事、监事、高级管理人员和分支机构负责人等职务或实际履行上述职责；有3人分别在2~10年内不得担任证券公司资产管理业务相关职务或者债券业务相关职务。主要起因于证券经纪业务及资产管理业务中的违规行为。包括:(1)证券经纪业务违规,3人。(2)资产管理业务违规,3人。(3)违规参与客户配资,2人。(4)代销金融产品业务违规,1人。

2. 注销执业证书,合计30人。包括:(1)投资银行业务违规,10人。(2)证券从业人员代客操作(理财),4人。(3)证券自营及资产管理业务违规,7人。(4)代销金融产品业务违规,2人。(5)其他违规行为,7人。

3. 其他措施。监管处罚案例中其他惩处措施包括:出具警示函、责令改正、监管谈话、通报批评、公开谴责、责令增加内部合规检查次数、暂停业务资格等,具体内容将在本书其他章节内结合案例情况详细介绍。

第 三 篇

证券业监管处罚案例解读

第一章　投资银行业务

随着金融市场的发展变化,投资银行业务在证券公司受到的重视程度越来越高,单个项目动辄数千万元收入以及一连串的业务合作机会,的确为证券公司带来了无尽的想象和回报。但由于项目周期一般都比较长,面临不可控的风险因素较多,而且社会影响相对广泛,投资银行业务"收益高、风险大"的特点非常明显,属于监管重点。近年内,投资银行业务相关的政策法规几乎每年都在不停地修订和完善,加之投资银行业务需要涉及金融、财务、法律、企业管理等方方面面的知识,对证券公司及从业人员综合素质要求越来越高,遗憾的是行业内部分组织及人员"重业务、轻管理"的顽疾始终存在,导致因投行项目质量控制不力、合规管理要求落实不到位而触碰到监管红线的案例时有发生。

按照《证券公司投资银行类业务内部控制指引》分类标准,证券公司投资银行业务大致可以分成四类,包括股票承销保荐以及上市公司并购重组财务顾问业务(以下简称"承销保荐与财务顾问业务")、公司债券受托管理业务、非上市公众公司推荐业务、资产证券化业务。

第一节　承销保荐与财务顾问业务

一、违规处罚整体情况

统计期内,证券公司及从业人员在开展承销保荐与财务顾问业务过程中,因违规行为被处罚的案例共计61起,涉及30家证券公司、80名证券从业人员,罚没金额总计达27,463.02万元。

(一)证监会及各地证监局(31起)

1. 行政处罚15起。包括:(1)对5家证券公司、31名证券从业人员提出书面警告;(2)没收11家证券公司相关业务收入及违法所得,合计金额10,840.06万元;(3)对13家证券公司、31名证券从业人员处以罚款,合计金额分别为16,681.96万元、489.00万元;(4)撤销2人证券从业证书;(5)分别对4名证券从业人员处以不同年限市场禁入。

2. 行政监管措施16起。包括:(1)对7家证券公司、14名证券从业人员出具警示函;(2)公开谴责1家证券公司;(3)责令11家证券公司改正;(4)监管谈话3人(次);(5)暂不受理1家证券公司相关业务1起。

(二)中国证券业协会(8起)

均为纪律处分,先后注销8名证券从业人员执业证书,3年不予受理执业证书申请,并记入证监会和协会诚信系统。

(三)上交所、深交所(22起)

1. 纪律处分10起。包括:(1)公开谴责2名保荐代表人;(2)通报批评22名证券从业人员。

2. 监管措施12起。包括:(1)对24名证券从业人员下达监管关注函;(2)书面警示1家证券公司。(具体见附件1－1:证券公司及从业人员承销保荐与财务顾问业务违规监管处罚)

二、违规行为分析

(一)违规行为表现

结合监管处罚案例分析,证券公司及从业人员开展承销保荐与财务顾问业务过程中,主要因以下四类违规行为被处罚。

1. 弄虚作假,出具有虚假记载、误导性陈述或者重大遗漏的申报材料,性质恶劣。涉及处罚案例合计22起,占比36.07%。

其中以披露情况与实际情况存在差异、会计核算不规范、关联方和关联交易披露不完整等问题尤为突出。

2. 未勤勉尽责,尽职调查不充分。涉及处罚案例合计 25 起,占比 40. 98% 。

包括未遵守业务规则、行业规范对发行人的申请文件和信息披露资料进行审慎核查;未充分了解相关企业经营状况及其面临的风险和问题;未及时发现发行人、上市公司未按照规定披露信息,或者所披露的信息有虚假记载、误导性陈述或者重大遗漏等。

3. 未履行持续督导义务。涉及处罚案例合计 11 起,占比 18. 03% 。

包括未持续督导发行人履行规范运作、信守承诺、信息披露等义务;持续督导期间未及时发现并纠正发行人、上市公司未按照规定报送有关报告,或者报送的报告有虚假记载、误导性陈述或者重大遗漏的行为。

4. 合规意识淡薄,擅自改动已提交的申报文件,或者在反馈证监会审核中提出的问题时投机取巧、敷衍了事。涉及处罚案例合计 5 起,占比 8. 20% 。

(二)处罚特点分析

1. 并购重组业务违规处罚占比较大

结合案由分析,在 61 起处罚案例中并购重组业务违规行为占 54. 10% ,一定程度反映上市公司并购重组业务已成为证券公司及从业人员违法行为的易发、高发地带,部分上市公司、证券公司员工甚至利用信息优势非法获利,严重扰乱资本市场发展秩序,侵害了广大投资者的合法利益,必须严惩。统计期内,承销保荐及财务顾问违规处罚案例不同类别业务占比如表 8 所示。

表 8　承销保荐及财务顾问违规处罚案例不同类别业务占比

单位:起

业务类别	2016 年	2017 年	2018 年	2019 年 1 ~ 8 月	合计	占比/%
IPO 项目	8	3	1	5	17	27. 87
并购重组项目	7	12	11	3	33	54. 10
再融资项目	1	6	1	3	11	18. 03
合计	16	21	13	11	61	100. 00

2. 经济处罚作为对证券公司行政处罚的常规手段

统计期内,证监会对证券公司作出的 13 起行政处罚中,全部包含了没收业务收入、违法所得或罚款的措施。而且,近 3 年内相关业务违规罚款金额呈现明显上升趋势。其中:2016 年、2017 年、2018 年罚款金额分别为 3110. 00 万元、4206. 96 万元、6915. 00 万元,2017 年、2018 年逐年递增比例分别为 35. 27% 、64. 37% 。监管加大罚款力度,期待能较好地威慑、惩戒证券市场中证券公司及从业人员的违规行为。

3. 突出对相关责任人员个人的惩处力度

(1)证监会13起行政处罚中,均有针对责任人员个人的处罚措施,涉案31人均被同时处以警告及罚款,其中部分人员被处以顶格罚款30万元(根据统计期内适用的2016年《证券法》,针对个人违反证券发行相关法规的罚款标准为3万元至30万元)。

(2)证监会及各地证监局作出的18起行政监管措施中,有11起包含个人的惩处内容,针对个人的处罚数量占61.11%。

(3)交易所作出的22起惩处案例中,有21起是针对保荐代表人、财务顾问主办人等责任人员个人,针对个人的处罚数量占95.4%。

(4)证券业协会作出的8起纪律处分中,全部为注销相关证券从业人员个人执业证书并计入诚信系统,针对个人的处罚数量占比达100%。

三、处罚依据[①]

监管机构对股票承销保荐及财务顾问业务违规行为的处罚依据一般包括《证券法》《证券公司监督管理条例》《证券发行上市保荐业务管理办法》《上市公司并购重组财务顾问业务管理办法》《上市公司重大资产重组管理办法》等。

(一)《证券法》

1. 第一百八十二条:保荐人出具有虚假记载、误导性陈述或者重大遗漏的保荐书,或者不履行其他法定职责的,责令改正,给予警告,没收业务收入,并处以业务收入一倍以上十倍以下的罚款;没有业务收入或者业务收入不足一百万元的,处以一百万元以上一千万元以下的罚款;情节严重的,并处暂停或者撤销保荐业务许可。对直接负责的主管人员和其他直接责任人员给予警告,并处以五十万元以上五百万元以下的罚款。

2. 第一百八十三条:证券公司承销或者销售擅自公开发行或者变相公开发行的证券的,责令停止承销或者销售,没收违法所得,并处以违法所得一倍以上十倍以下的罚款;没有违法所得或者违法所得不足一百万元的,处以一百万元以上一千万元以下的罚款;情节严重的,并处暂停或者撤销相关业务许可。给

---

① 为保证本书的适用性并保持与现行法规一致,本书在处罚依据中列示的《证券法》条文均为2019年12月28日新修订的《证券法》。

投资者造成损失的，应当与发行人承担连带赔偿责任。对直接负责的主管人员和其他直接责任人员给予警告，并处以五十万元以上五百万元以下的罚款。

3. 第一百八十四条：证券公司承销证券违反本法第二十九条规定的，责令改正，给予警告，没收违法所得，可以并处五十万元以上五百万元以下的罚款；情节严重的，暂停或者撤销相关业务许可。对直接负责的主管人员和其他直接责任人员给予警告，可以并处二十万元以上二百万元以下的罚款；情节严重的，并处以五十万元以上五百万元以下的罚款。

（二）《证券公司监督管理条例》

第七十条第一款：国务院证券监督管理机构对治理结构不健全、内部控制不完善、经营管理混乱、设立账外账或者进行账外经营、拒不执行监督管理决定、违法违规的证券公司，应当责令其限期改正，并可以采取下列措施：（一）责令增加内部合规检查的次数并提交合规检查报告；（二）对证券公司及其有关董事、监事、高级管理人员、境内分支机构负责人给予谴责；（三）责令处分有关责任人员，并报告结果；（四）责令更换董事、监事、高级管理人员或者限制其权利；（五）对证券公司进行临时接管，并进行全面核查；（六）责令暂停证券公司或者其境内分支机构的部分或者全部业务、限期撤销境内分支机构。

（三）《证券发行上市保荐业务管理办法》

1. 第六十二条：保荐机构、保荐代表人、保荐业务负责人和内核负责人违反本办法，未诚实守信、勤勉尽责地履行相关义务的，中国证监会责令改正，并对其采取监管谈话、重点关注、责令进行业务学习、出具警示函、责令公开说明、认定为不适当人选等监管措施；依法应给予行政处罚的，依照有关规定进行处罚；情节严重涉嫌犯罪的，依法移送司法机关，追究其刑事责任。

2. 第六十三条：保荐机构出现下列情形之一的，中国证监会自确认之日起暂停其保荐机构资格 3 个月；情节严重的，暂停其保荐机构资格 6 个月，并可以责令保荐机构更换保荐业务负责人、内核负责人；情节特别严重的，撤销其保荐机构资格：（一）向中国证监会、证券交易所提交的与保荐工作相关的文件存在虚假记载、误导性陈述或者重大遗漏；（二）内部控制制度未有效执行；（三）尽职调查制度、内部核查制度、持续督导制度、保荐工作底稿制度未有效执行；（四）保荐工作底稿存在虚假记载、误导性陈述或者重大遗漏；（五）唆使、协助或者参与发行人及证券服务机构提供存在虚假记载、误导性陈述或者重大遗漏的文件；（六）唆使、协助或者参与发行人干扰中国证监会及其发行审核委员会的审核工作;(七)通过从事保荐业务谋取不正当利益;(八)严重违反诚实守信、勤勉尽责义务的其他情形。

3. 第六十四条:保荐代表人出现下列情形之一的,中国证监会可根据情节轻重,自确认之日起3个月到12个月内不受理相关保荐代表人具体负责的推荐;情节特别严重的,撤销其保荐代表人资格:(一)尽职调查工作日志缺失或者遗漏、隐瞒重要问题;(二)未完成或者未参加辅导工作;(三)未参加持续督导工作,或者持续督导工作未勤勉尽责;(四)因保荐业务或其具体负责保荐工作的发行人在保荐期间内受到证券交易所、中国证券业协会公开谴责;(五)唆使、协助或者参与发行人干扰中国证监会及其发行审核委员会的审核工作;(六)严重违反诚实守信、勤勉尽责义务的其他情形。

4. 第六十五条:保荐代表人出现下列情形之一的,中国证监会撤销其保荐代表人资格;情节严重的,对其采取证券市场禁入的措施:(一)在与保荐工作相关文件上签字推荐发行人证券发行上市,但未参加尽职调查工作,或者尽职调查工作不彻底、不充分,明显不符合业务规则和行业规范;(二)通过从事保荐业务谋取不正当利益;(三)本人及其配偶持有发行人的股份;(四)唆使、协助或者参与发行人及证券服务机构提供存在虚假记载、误导性陈述或者重大遗漏的文件;(五)参与组织编制的与保荐工作相关文件存在虚假记载、误导性陈述或者重大遗漏。

5. 第六十六条:保荐机构、保荐代表人因保荐业务涉嫌违法违规处于立案调查期间的,中国证监会暂不受理该保荐机构的推荐;暂不受理相关保荐代表人具体负责的推荐。

6. 第六十七条:发行人出现下列情形之一的,中国证监会自确认之日起暂停保荐机构的保荐机构资格3个月,撤销相关人员的保荐代表人资格:(一)证券发行募集文件等申请文件存在虚假记载、误导性陈述或者重大遗漏;(二)公开发行证券上市当年即亏损;(三)持续督导期间信息披露文件存在虚假记载、误导性陈述或者重大遗漏。

7. 第六十八条:发行人在持续督导期间出现下列情形之一的,中国证监会可根据情节轻重,自确认之日起3个月到12个月内不受理相关保荐代表人具体负责的推荐;情节特别严重的,撤销相关人员的保荐代表人资格……

8. 第六十九条:保荐代表人被暂不受理具体负责的推荐或者被撤销保荐代表人资格的,保荐业务负责人、内核负责人应承担相应的责任,对已受理的该保荐代表人具体负责推荐的项目,保荐机构应当撤回推荐;情节严重的,责令保荐机构就各项保荐业务制度限期整改,责令保荐机构更换保荐业务负责人、内核负责人,逾期仍然不符合要求的,撤销其保荐机构资格。

9. 第七十条:保荐机构、保荐业务负责人或者内核负责人在 1 个自然年度内被采取本办法第六十二条规定监管措施累计 5 次以上,中国证监会可暂停保荐机构的保荐机构资格 3 个月,责令保荐机构更换保荐业务负责人、内核负责人。保荐代表人在 2 个自然年度内被采取本办法第六十二条规定监管措施累计 2 次以上,中国证监会可 6 个月内不受理相关保荐代表人具体负责的推荐。

10. 第七十一条:对中国证监会采取的监管措施,保荐机构及其保荐代表人提出申辩的,如有充分证据证明下列事实且理由成立,中国证监会予以采纳:(一)发行人或其董事、监事、高级管理人员故意隐瞒重大事实,保荐机构和保荐代表人已履行勤勉尽责义务;(二)发行人已在证券发行募集文件中做出特别提示,保荐机构和保荐代表人已履行勤勉尽责义务;(三)发行人因不可抗力致使业绩、募集资金运用等出现异常或者未能履行承诺;(四)发行人及其董事、监事、高级管理人员在持续督导期间故意违法违规,保荐机构和保荐代表人主动予以揭示,已履行勤勉尽责义务;(五)保荐机构、保荐代表人已履行勤勉尽责义务的其他情形。

(四)《上市公司并购重组财务顾问业务管理办法》

1. 第三十八条:中国证监会建立监管信息系统,对财务顾问及其财务顾问主办人进行持续动态监管,并将以下事项记入其诚信档案:(一)财务顾问及其财务顾问主办人被中国证监会采取监管措施的;(二)在持续督导期间,上市公司或者其他委托人违反公司治理有关规定、相关资产状况及上市公司经营成果等与财务顾问的专业意见出现较大差异的;(三)中国证监会认定的其他事项。

2. 第三十九条:财务顾问及其财务顾问主办人出现下列情形之一的,中国证监会对其采取监管谈话、出具警示函、责令改正等监管措施:(一)内部控制机制和管理制度、尽职调查制度以及相关业务规则存在重大缺陷或者未得到有效执行的;(二)未按照本办法规定发表专业意见的;(三)在受托报送申报材料过程中,未切实履行组织、协调义务、申报文件制作质量低下的;(四)未依法履行持续督导义务的;(五)未按照本办法的规定向中国证监会报告或者公告的;(六)违反其就上市公司并购重组相关业务活动所作承诺的;(七)违反保密制度或者未履行保密责任的;(八)采取不正当竞争手段进行恶性竞争的;(九)唆使、协助或者伙同委托人干扰中国证监会审核工作的;(十)中国证监会认定的其他情形。责令改正的,财务顾问及其财务顾问主办人在改正期间,或者按照要求完成整改并经中国证监会验收合格之前,不得接受新的上市公司并购重组财务顾问业务。

3. 第四十条:上市公司就并购重组事项出具盈利预测报告的,在相关并购重组活动完成后,凡不属于上市公司管理层事前无法获知且事后无法控制的原因,上市公司或者购买资产实现的利润未达到盈利预测报告或者资产评估报告预测金额80%的,中国证监会责令财务顾问及其财务顾问主办人在股东大会及中国证监会指定报刊上公开说明未实现盈利预测的原因并向股东和社会公众投资者道歉;利润实现数未达到盈利预测50%的,中国证监会可以同时对财务顾问及其财务顾问主办人采取监管谈话、出具警示函、责令定期报告等监管措施。

4. 第四十一条:财务顾问不再符合本办法规定条件的,应当在5个工作日内向中国证监会报告并依法进行公告,由中国证监会责令改正。责令改正期满后,仍不符合本办法规定条件的,中国证监会撤销其从事上市公司并购重组财务顾问业务资格。财务顾问主办人发生变化的,财务顾问应当在5个工作日内向中国证监会报告。财务顾问主办人不再符合本办法规定条件的,中国证监会将其从财务顾问主办人名单中去除,财务顾问不得聘请其作为财务顾问主办人从事相关业务。

5. 第四十二条:财务顾问及其财务顾问主办人或者其他责任人员所发表的专业意见存在虚假记载、误导性陈述或者重大遗漏的,中国证监会责令改正并依据《证券法》予以处罚。

6. 第四十三条:财务顾问及其财务顾问主办人在相关并购重组信息未依法公开前,泄漏该信息、买卖或者建议他人买卖该公司证券,利用相关并购重组信息散布虚假信息、操纵证券市场或者进行证券欺诈活动的,中国证监会依据《证券法》相关规定予以处罚;涉嫌犯罪的,依法移送司法机关追究刑事责任。

7. 第四十四条:中国证券业协会对财务顾问及其财务顾问主办人违反自律规范的行为,依法进行调查,给予纪律处分。

(五)《上市公司重大资产重组管理办法》

1. 第五十三条:未依照本办法的规定履行相关义务或者程序,擅自实施重大资产重组的,由中国证监会责令改正,并可以采取监管谈话、出具警示函等监管措施;情节严重的,可以责令暂停或者终止重组活动,处以警告、罚款,并可以对有关责任人员采取市场禁入的措施。

未经中国证监会核准擅自实施本办法第十三条第一款规定的重大资产重组,交易尚未完成的,中国证监会责令上市公司补充披露相关信息、暂停交易并按照本办法第十三条的规定报送申请文件;交易已经完成的,可以处以警告、罚款,并对有关责任人员采取市场禁入的措施。构成犯罪的,依法移送司法机关。

上市公司重大资产重组因定价显失公允、不正当利益输送等问题损害上市公司、投资者合法权益的,由中国证监会责令改正,并可以采取监管谈话、出具警示函等监管措施;情节严重的,可以责令暂停或者终止重组活动,处以警告、罚款,并可以对有关责任人员采取市场禁入的措施。

2. 第五十四条:上市公司或者其他信息披露义务人未按照本办法规定报送重大资产重组有关报告,或者报送的报告有虚假记载、误导性陈述或者重大遗漏的,由中国证监会责令改正,依照《证券法》相关规定予以处罚;情节严重的,可以责令暂停或者终止重组活动,并可以对有关责任人员采取市场禁入的措施;涉嫌犯罪的,依法移送司法机关追究刑事责任。

3. 第五十五条:上市公司或者其他信息披露义务人未按照规定披露重大资产重组信息,或者所披露的信息存在虚假记载、误导性陈述或者重大遗漏的,由中国证监会责令改正,依照《证券法》予以处罚;情节严重的,可以责令暂停或者终止重组活动,并可以对有关责任人员采取市场禁入的措施;涉嫌犯罪的,依法移送司法机关追究刑事责任。

重大资产重组或者发行股份购买资产的交易对方未及时向上市公司或者其他信息披露义务人提供信息,或者提供的信息有虚假记载、误导性陈述或者重大遗漏的,按照前款规定执行。

4. 第五十六条:重大资产重组涉嫌本办法第五十三条、第五十四条、第五十五条规定情形的,中国证监会可以责令上市公司作出公开说明、聘请独立财务顾问或者其他证券服务机构补充核查并披露专业意见,在公开说明、披露专业意见之前,上市公司应当暂停重组;上市公司涉嫌前述情形被司法机关立案侦查或者被中国证监会立案调查的,在案件调查结论明确之前应当暂停重组。

涉嫌本办法第五十四条、第五十五条规定情形,被司法机关立案侦查或者被中国证监会立案调查的,有关单位和个人应当严格遵守其所作的公开承诺,在案件调查结论明确之前,不得转让其在该上市公司拥有权益的股份。

5. 第五十八条:为重大资产重组出具财务顾问报告、审计报告、法律意见、资产评估报告、估值报告及其他专业文件的证券服务机构及其从业人员未履行诚实守信、勤勉尽责义务,违反行业规范、业务规则,或者未依法履行报告和公告义务、持续督导义务的,由中国证监会责令改正,并可以采取监管谈话、出具警示函、责令公开说明、责令参加培训、责令定期报告、认定为不适当人选等监管措施;情节严重的,依照《证券法》予以处罚。前款规定的证券服务机构及其从业人员所制作、出具的文件存在虚假记载、误导性陈述或者重大遗漏的,由中国证监会责令改正,依照《证券法》予以处罚;情节严重的,可以采取市场禁入的措施;涉嫌犯罪的,依法移送司法机关追究刑事责任。存在前二款规定情形的,在按照中国证监会的要求完成整改之前,不得接受新的上市公司并购重组业务。

6. 第五十九条:重大资产重组实施完毕后,凡因不属于上市公司管理层事前无法获知且事后无法控制的原因,上市公司所购买资产实现的利润未达到资产评估报告或者估值报告预测金额的80%,或者实际运营情况与重大资产重组报告书中管理层讨论与分析部分存在较大差距的,上市公司的董事长、总经理以及对此承担相应责任的会计师事务所、财务顾问、资产评估机构、估值机构及其从业人员应当在上市公司披露年度报告的同时,在同一报刊上作出解释,并向投资者公开道歉;实现利润未达到预测金额50%的,中国证监会可以对上市公司、相关机构及其责任人员采取监管谈话、出具警示函、责令定期报告等监管措施。交易对方超期未履行或者违反业绩补偿协议、承诺的,由中国证监会责令改正,并可以采取监管谈话、出具警示函、责令公开说明、认定为不适当人选等监管措施,将相关情况记入诚信档案。

7. 第六十条:任何知悉重大资产重组信息的人员在相关信息依法公开前,泄露该信息、买卖或者建议他人买卖相关上市公司证券、利用重大资产重组散布虚假信息、操纵证券市场或者进行欺诈活动的,中国证监会依照《证券法》予以处罚;涉嫌犯罪的,依法移送司法机关追究刑事责任。

四、违规案例

案例1:兴业证券出具欣泰电气IPO保荐书等文件存在虚假记载的行为(IPO项目)[①]

(一)基本案情

兴业证券作为丹东欣泰电气股份有限公司(以下简称"欣泰电气")首次公

① 为保证与案发时的法律依据及处罚文书保持一致,本书对具体违规行为进行分析时所引用的《证券法》条文均为2016年《证券法》,笔者在文中均有标注。

开发行股票并在创业板上市的保荐人，在推荐欣泰电气申请 IPO 过程中，未遵守业务规则和行业规范、未审慎核查欣泰电气公开发行募集文件的真实性和准确性，出具的申报材料内存在虚假记载。

1. 兴业证券未对欣泰电气应收账款情况进行审慎核查

为实现发行上市目的，解决欣泰电气应收账款余额过大问题，欣泰电气采用外部借款、使用自有资金或伪造银行单据的方式虚构应收账款的收回，在年末、半年末等会计期末冲减应收款项，虚增经营活动产生的现金流，在下一会计期期初将借入资金返还，并恢复冲减的应收款项。然而，兴业证券在对欣泰电气进行核查时，未按要求核查欣泰电气是否存在期末收到销售款项在期后不正常流出的情况；在对主要销售客户进行访谈时，部分客户未对应收账款余额进行确认，其中包括 7 家欣泰电气虚构应收账款收回的公司。

2. 兴业证券未对欣泰电气银行存款情况进行审慎核查

欣泰电气采用伪造银行单据的方式虚构应收账款的收回，在年末、半年末等会计期末冲减应收款项，虚增银行存款，虚增经营活动产生的现金流。兴业证券对欣泰电气进行核查时，未按照要求重点核查大额货币资金的流出和流入，核查大额银行存款账户，判断其真实性；未对银行存款账户进行独立函证，而是直接引用会计师事务所审计工作底稿，且对审计工作底稿未能审慎核查。

兴业证券上述违规行为，最终导致出具的《发行保荐书》和《财务自查报告》中涉及欣泰电气应收账款、流动资产和经营活动产生的现金流量净额等项目的财务数据存在虚假记载；并在欣泰电气公开发行股票过程中，同样未发现欣泰电气《招股意向书》和《招股说明书》中相关数据虚假问题。违反了当时 2016 年《证券法》[以下简称《证券法》(2016 年版)]、《证券发行上市保荐业务管理办法》、《保荐人尽职调查工作准则》相关规定，构成《证券法》(2016 年版)第一百九十二条所述“保荐人出具有虚假记载、误导性陈述或者重大遗漏的保荐书，或者不履行其他法定职责”以及《证券法》(2016 年版)第一百九十一条所述“其他违反证券承销业务规定的行为”。

此外，本案中有两个关键人物，就是欣泰电气项目保荐代表人兰某、伍某祥，作为项目直接负责的主管人员，在从事保荐业务过程中，未遵守业务规则和行业规范，对应收账款、银行存款等未能审慎核查，未勤勉尽责，直接导致兴业证券出具的保荐书等相关文件存在虚假记载，情节较为严重。

（二）处理结果

1. 证监会

在本案中，考虑到兴业证券和相关人员能够配合调查，积极研究制定先行赔偿方案，补偿投资者因欣泰电气虚假陈述而遭受的投资损失，证监会依据《证券法》（2016 年版）、《行政处罚法》作出以下处理决定。

（1）针对单位的处罚

对兴业证券给予警告，没收保荐业务收入 1200 万元，并处以 2400 万元罚款；没收承销股票违法所得 2078 万元，并处以 60 万元罚款。

（2）针对个人的处罚

对兰某、伍某祥给予警告，并分别处以 30 万元罚款，撤销证券从业资格。同时，依据《证券法》（2016 年版）及《证券市场禁入规定》，对兰某、伍某祥采取 10 年证券市场禁入措施，即自宣布决定之日起，两人在 10 年内不得从事证券业务或担任上市公司董事、监事、高级管理人员职务。

2. 深交所

深交所根据《创业板股票上市规则》（2014 年修订），公开谴责兴业证券两名保荐代表人兰某、伍某祥，将其违规行为记入上市公司诚信档案，并向社会公布。

案例 2：东方花旗证券为粤传媒重大资产重组出具的财务顾问报告存在虚假记载（并购重组项目）

（一）基本案情

2013 年 9 月 30 日，东方花旗证券与粤传媒签订《财务顾问协议》，担任粤传媒收购香榭丽项目的独立财务顾问，安排郑某辉、蔡某强两人担任项目主办人。在本案中，东方花旗证券及相关当事人存在以下违规行为。

1. 东方花旗证券作为粤传媒重大资产重组项目的独立财务顾问，在尽职调查过程中未勤勉尽责。

（1）东方花旗证券仅通过查看立项工作底稿及会计师风险评估报告已经得出“广告行业的收入确认、收入真实性情况需要重点核查”的结论，但未对香榭丽销售与收款业务执行风险评估程序，未全面评估粤传媒并购重组活动所涉及的风险，违反了《上市公司并购重组财务顾问业务管理办法》第十九条相关规定。

（2）本案中，香榭丽业务收入主要为户外 LED 屏体广告收入，2011 年～

2013年6月,该类收入占比均达到100%。香榭丽应收账款余额大、占比高,且呈现快速上升趋势,2011年12月31日、2012年12月31日和2013年6月30日,应收账款账面余额分别为1.18亿元、2.04亿元和2.52亿元,占总资产的比例分别为37.58%、48.11%和60.87%。面对应收账款存在较大回款风险的情况,东方花旗证券作为财务顾问,应该独立核实会计师事务所等其他中介机构提供的资料,通过函证、实地走访客户等方式核实应收账款情况,实地查看固定资产情况。

然而,东方花旗证券核查程序缺失,未核查相关标的公司应收账款和收入的确认政策,未分析报告期内标的公司应收账款的账龄情况,未对报告期内收入增长情况执行分析性复核,未对标的公司应收账款坏账准备计提的充分性进行核查,未与同行业上市公司应收账款坏账准备计提方法进行比较,未对应收账款期后回款情况进行核查,未对应收账款余额较高带来回款风险应对措施进行核查,未查阅标的公司IPO审计时中介机构的走访底稿,未通过函证、实地走访等方式核查会计师对应收账款和收入的审计结论是否属实。其核查程序有所缺失,导致未能发现香榭丽财务造假的问题,违反了《上市公司并购重组财务顾问业务管理办法》第二十一条、第二十二条相关规定。

(3)东方花旗证券内核成员已经关注到香榭丽应收账款余额和账龄问题,要求粤传媒和东方花旗项目组说明该项目的真实性。粤传媒和东方花旗项目组回复称:粤传媒重大资产收购项目的会计师通过查看香榭丽的收入合同、订单、汇款凭证、播出证明,以及通过重要客户询证、访谈的方式进行核查,确认了香榭丽收入的真实性,未发现虚增收入的情形。而事实上,会计师并未对香榭丽重要客户执行访谈程序。东方花旗证券内核成员盲目信任粤传媒和东方花旗证券项目组的回复,没有进一步查阅相关资料,没有发现会计师未对香榭丽重要客户进行访谈的事实,在未核实相关回复是否属实的情况下通过审核。内核机构未对应收账款问题进行核实,仅凭借项目组的回复即通过审核,内核程序流于形式。违反《上市公司并购重组财务顾问业务管理办法》第二十五条相关规定。

2.因未勤勉尽责,直接导致东方花旗证券出具的财务顾问报告存在虚假记载,披露的香榭丽2011年年报、2012年年报、2013年半年报和2013年年报的净利润分别虚增4083.30万元、10,294.68万元、5976.94万元和16,211.85万元。

本案中,东方花旗证券明显违反了《证券法》《上市公司并购重组财务顾问业务管理办法》相关规定,构成《上市公司重大资产重组管理办法》第五十八条

“前款规定的证券服务机构及其从业人员所制作、出具的文件存在虚假记载、误导性陈述或者重大遗漏”以及《上市公司并购重组财务顾问业务管理办法》第四十二条“财务顾问及其财务顾问主办人或者其他责任人员所发表的专业意见存在虚假记载、误导性陈述或者重大遗漏”、《证券法》(2016 年版)第二百二十三条“证券服务机构未勤勉尽责,所制作、出具的文件有虚假记载、误导性陈述或者重大遗漏”的情形。其中,两名项目主办人郑某辉和蔡某强是直接负责的主管人员。

(二)处理结果

证监会根据《证券法》(2016 年版)第二百二十三条的规定,分别对涉案公司及当事人作出不同行政处罚措施。

1. 针对单位的处罚

责令东方花旗证券改正,没收业务收入 595.00 万元,并处以 1785.00 万元罚款。

2. 针对个人的处罚

对两名项目主办人郑某辉、蔡某强给予警告,并分别处以 10 万元罚款。

案例 3:中德证券在内蒙古包钢钢联股份有限公司(以下简称“包钢股份”或“发行人”)非公开发行股票持续督导不力(非公开发行项目)

(一)基本案情

包钢股份在非公开发行股票项目信息披露方面,长期隐瞒重大募投项目后续进展停滞的事实、未充分揭示重大募投项目建设的风险。而中德证券安排李某中、申某娜作为公司非公开发行股票项目的保荐代表人,同样未审慎履行持续督导职责,未积极核查尾矿库项目建设进展并督促公司及时披露项目建设停滞的信息,也未在非公开发行股票发行情况报告书和持续督导总结报告中充分揭示相关风险,影响恶劣。

1. 长期隐瞒重大募投项目后续进展停滞的事实

2014 年,发行人筹划非公开发行股票事项,拟向控股股东包钢集团等特定对象非公开发行股票,募集资金约 298 亿元。其中,269.3 亿元用于收购包钢集团旗下尾矿库资产,同时拟实施尾矿库资源开发利用工程项目(以下简称“尾矿库项目”)。公司披露的项目建设周期为 3 年,预计 2016 年 10 月建成投产,前 3 年达产率分别为 40%、60%、80%,第 4 年及以后为 100%。2015 年 7 月,公司披露尾矿库资产已经交割完成并由公司运营。但此后,公司一直未披露尾矿库项目的具体建设进展,相关定期报告中的“在建工程”部分也未列示尾矿库项目情况。2016 年 10 月,尾矿库项目预计投产期届满,但公司仍未披露项目建设进展情况。直至 2016 年 11 月,交易所发出问询函,要求公司披露尾矿库项目建设的具体进度及是否已按期建成投产。11 月 16 日,发行人才回复称,受资金紧张、稀土市场低迷、国家指令控制稀土生产等因素影响,尾矿库项目 2016 年暂缓建设,未能于 2016 年 10 月按期投产。

尾矿库项目系公司使用巨额募集资金收购资产后实施的核心项目,被发行人定位为资源整合和产业转型的关键战略,且涉及金额十分巨大,对发行人经营及财务状况影响深远。其建设进展及是否能按期投产、能否实现盈利预测目标等,是市场和投资者高度关注的事项。发行人理应根据项目实际进展情况,及时、准确、充分地对外披露,保护投资者知情权。但发行人一直隐瞒尾矿库项目建设停滞的事实,直至 2016 年 11 月,经交易所监管问询后才首次披露尾矿库项目出现重大变故无法按期投产的事实。发行人长期隐瞒重大募投项目后续建设停滞的相关情况,信息披露严重滞后。

2. 发行人未充分揭示重大募投项目建设的风险

发行人在定增预案“关于本次募集资金使用的可行性分析部分”称,在产销一致,且精矿价格及生产成本保持稳定的情况下,尾矿库项目满产年度将实现年利润总额 417, 252 万元,年净利润 312, 939 万元,投资回收期为 5. 22 年(含建设期 3 年),经济效益显著。2014 年 8 月,发行人与包钢集团签订盈利预测补偿协议,包钢集团承诺,尾矿资源在 2015 年、2016 年、2017 年及 2018 年的净利润分别为不低于 0 元、32, 317. 95 万元、126, 394. 33 万元及 195, 188. 11 万元。尾矿资源实现的累计净利润数少于累计净利润预测数的,包钢集团应当向发行人进行补偿。

2016 年 11 月,发行人在关于对交易所问询函的回复公告中披露,尾矿库项目无法按期投产。作为应对措施,拟通过销售尾矿资源的方式实现预测利润。同时,拟对生产线建设方式也作出调整,通过收购包钢集团白云鄂博综合利用项目相关生产线等方式,来实现尾矿资源的开发利用。

发行人前期在发行股票过程中披露尾矿库项目经济效益显著,包钢集团据此作出了大额盈利预测承诺,引起市场和投资者高度关注,对投资者的投资决策判断具有重要影响。但发行人却未揭示项目可能因资金紧张、稀土市场低迷、国家指令控制等因素影响,存在建设停滞乃至无法实现预期收益的重大风险和不确定性,严重误导市场和投资者对项目的顺利实施形成合理信赖和预期。而且,此后在项目已经出现重大变故的情况下,发行人也一直未对项目可能停滞、盈利预测目标难以实现的风险进行过任何披露，更强化了市场和投资者的合理信赖和预期。直至监管督促才于2016年11月披露了项目停滞、原定盈利预测无法实现的事实，信息披露存在重大遗漏，且未及时披露重大募投建设项目的重大不利进展情况。

发行人上述行为损害投资者知情权和合理预期，而中德证券李某中、申某娜作为保荐代表人，未审慎履行持续督导职责，未积极核查募投项目建设进展并督促公司及时披露项目建设停滞的信息，也未在非公开发行股票发行情况报告书和持续督导总结报告中充分揭示相关风险，同样违反了《上海证券交易所股票上市规则》相关规定，对发行人信息披露违规行为负有责任。①

（二）处理结果

上海证券交易所根据《上海证券交易所股票上市规则》和《上海证券交易所纪律处分和监管措施实施办法》有关规定，对项目保荐代表人李某中、申某娜予以监管关注。

五、附件

附件1-1　证券公司及从业人员承销保荐与财务顾问业务违规监管处罚

<table>
<tr><th>序号</th><th>年份</th><th>监管机构</th><th>处罚案由</th><th>处罚结果</th></tr>
<tr><td>1</td><td>2016</td><td>证监会</td><td rowspan="2">兴业证券推荐欣泰电气申请IPO相关文件存在虚假记载。未对欣泰电气应收账款和银行存款情况进行审慎核查；未审慎核查欣泰电气公开发行募集文件，未发现《招股意向书》和《招股说明书》中涉及欣泰电气应收账款、流动资产和经营活动产生的现金流量净额等项目的财务数据存在虚假记载</td><td>对两名保荐代表人兰某、伍某祥采取10年证券市场禁入措施</td></tr>
<tr><td>2</td><td>2016</td><td>证监会</td><td>1.对兴业证券给予警告，没收保荐业务收入1200万元，并处以2400万元罚款；没收承销股票违法所得2078万元，并处以60万元罚款。2.对两名保荐代表人兰某、伍某祥给予警告，并分别处以30万元罚款，撤销证券从业资格</td></tr>
</table>

① 为保证本书的适用性并保持与现行法规一致，本书在处罚依据中列示的《证券法》条文均为2019年12月28日新修订的《证券法》。

续表

序号	年份	监管机构	处罚案由	处罚结果
3	2016	上交所	国金证券曾某雄、魏某锋，信达证券邵某、谢某在担任潍坊亚星化学股份有限公司重大资产重组独立财务顾问项目主办人期间，未能勤勉尽责，在公司编制并披露的重组预案不符合相关规则要求的情况下，仍出具合规意见，并且在交易对方及交易标的发生重大变化的情况下，未能督促公司及时披露相关进展，对公司的违规行为负有相应责任	对四名项目主办人曾某雄、魏某锋、邵某、谢某予以监管关注
4	2016	深交所	长城证券在担任“黑芝麻”重组财务顾问主办人期间，未能按规定尽职履行责任，在已知悉存在未披露的尚未了结的诉讼、担保事项的情况下，未及时对前期披露文件进行补充更正	对两名主办人史某鹏、吴某丁出具监管函
5	2016	深交所	兴业证券兰某、伍某祥担任保荐代表人的欣泰电气实际控制人兼董事长温某乙在 2015 年期初非经营性占用欣泰电气资金余额巨大，2015 年度财务报告被会计师事务所出具了无法表示意见的审计报告且情节严重。兰某、伍某祥作为欣泰电气的保荐代表人，未能勤勉尽责	对兴业证券保荐代表人兰某、伍某祥给予公开谴责的处分，记入上市公司诚信档案，并向社会公布
6	2016	证监会	国泰君安在保荐金徽酒首发项目过程中，向证监会提交的会后事项承诺函中未如实说明发行人 2015 年利润分配情况，对发行人实施分红事项，未主动向证监会履行告知义务	1. 对国泰君安采取了出具警示函的行政监管措施；2. 对保荐代表人郝某辉、张某采取“6 个月不受理相关保荐代表人具体负责的推荐”的行政监管措施
7	2016	证监会	信达证券作为辽宁振隆特产股份有限公司（以下简称“振隆特产”）IPO 的保荐机构，未审慎核查振隆特产与主要客户销售情况；未审慎核查振隆特产生产情况；未审慎核查振隆特产存货情况	1. 没收信达证券业务收入 160 万元，并处以 320 万元罚款。2. 对寻某、李某涛给予警告，并分别处以 30 万元罚款
8	2016	证监会		对寻某、李某涛均采取 5 年证券市场禁入措施

续表

<table>
<tr><th>序号</th><th>年份</th><th>监管机构</th><th>处罚案由</th><th>处罚结果</th></tr>
<tr><td>9</td><td>2016</td><td>证监会</td><td rowspan="3">中德证券为西藏紫光卓远股权投资有限公司（以下简称“紫光卓远”）出具财务顾问审查意见时，未取得并核查沈机集团和紫光卓远正式签署的《股份转让协议》，未发现紫光卓远披露的《详式权益变动报告书》信息披露存在重大遗漏，出具的财务顾问核查意见存在重大遗漏</td><td>1. 责令中德证券改正，没收业务收入300万元，并处以300万元罚款；2. 对李某中、王某给予警告，并分别处以5万元罚款。</td></tr>
<tr><td>10</td><td>2017</td><td>证券业协会</td><td rowspan="2">注销财务顾问主办人李某中、王某执业证书，3年不予受理执业证书申请，并记入证监会和协会诚信系统</td></tr>
<tr><td>11</td><td>2017</td><td>证券业协会</td></tr>
<tr><td>12</td><td>2016</td><td>证监会</td><td>海际证券作为万鸿集团股份有限公司重大资产重组及发行股份购买资产并募集配套资金项目的独立财务顾问，对上市公司控股股东或者实际控制人出具的相关承诺事项核查不充分，未按规定发表专业意见</td><td>分别对海际证券以及两名主办人李某、王某出具警示函</td></tr>
<tr><td>13</td><td>2016</td><td>上交所</td><td>国泰君安证券项目负责人未勤勉尽责，未及时发现上海物资贸易股份有限公司披露《重大资产出售暨关联交易之预案》多处错误且存在信息披露重大遗漏</td><td>对独立财务顾问国泰君安证券项目负责人肖某云、薛某予以监管关注</td></tr>
<tr><td>14</td><td>2016</td><td>上交所</td><td>林海股份有限公司重大资产重组独立财务顾问招商证券项目主办人黄某、许某未能勤勉尽责，未能在其核查意见中对会计师有关合并范围的异议充分予以说明，也未能督促公司合理编制重组预案并披露相关事项</td><td>对时任林海股份有限公司独立财务顾问招商证券股份有限公司项目主办人黄某、许某予以监管关注。</td></tr>
<tr><td>15</td><td>2016</td><td>深交所</td><td>民生证券员工金某平、李某为南宁八菱科技股份有限公司（以下简称“八菱科技”）保荐代表人，在持续督导期间知晓八菱科技披露信息不真实、不完整，未能勤勉尽责及时发现和制止八菱科技上述违规行为，也未能督导八菱科技作出整改</td><td>对金某平和李某给予通报批评的处分；记入上市公司诚信档案，并向社会公布</td></tr>
</table>

续表

<table>
<tr><th>序号</th><th>年份</th><th>监管机构</th><th>处罚案由</th><th>处罚结果</th></tr>
<tr><td>16</td><td>2016</td><td>深交所</td><td rowspan="2">国信证券作为成都华泽钴镍材料股份有限公司（以下简称“华泽钴镍”）重大资产重组及恢复上市保荐（顾问）及持续督导机构，出具的《华泽钴镍恢复上市保荐书》、《华泽钴镍重大资产出售及发行股份购买资产暨关联交易之持续督导工作报告书》和《华泽钴镍重大资产出售及发行股份购买资产暨关联交易之2014年度持续督导工作报告书》存在虚假记载、重大遗漏；国信证券在核查上市公司关联方非经营性占用资金和应收票据，以及利用审计专业意见等方面未勤勉尽责等</td><td>对恢复上市保荐代表人兼重大资产重组财务顾问主办人龙某虎、恢复上市保荐代表人王某娟、重大资产重组财务顾问主办人张某、持续督导财务顾问主办人曹某原予以通报批评处分，记入诚信档案</td></tr>
<tr><td>17</td><td>2018</td><td>证监会</td><td>1. 对于国信证券保荐业务行为，责令其改正，给予警告，没收保荐业务收入100万元，并处以300万元罚款；2. 警告恢复上市保荐代表人龙某虎、王某娟，并分别处以30万元罚款。3. 对于国信证券并购重组财务顾问业务行为，责令其改正，没收并购重组财务顾问业务收入600万元，罚款1800万元；4. 警告重大资产重组财务顾问主办人张甲、曹某原，并分别罚款10万元</td></tr>
<tr><td>18</td><td>2016</td><td>深交所</td><td>北京昆仑万维科技股份有限公司（以下简称“昆仑万维”）未按要求履行临时报告信息披露义务，中国国际金融股份有限公司刘某、章某皓作为昆仑万维的保荐代表人需负有责任</td><td>监管函提醒</td></tr>
<tr><td>19</td><td>2017</td><td>证监会</td><td rowspan="5">爱建证券担任浙江步森服饰股份有限公司与广西康华农业股份有限公司（以下简称“康华农业”）重大资产重组项目独立财务顾问的过程中，对康华农业财务数据的尽职调查不充分、未勤勉尽责，未发现康华农业财务造假的问题，导致所制作、出具的文件具有虚假记载</td><td>1. 责令爱建证券改正违法行为，罚款30万元；2. 对重大资产重组项目主办人王某辉、彭某娟给予警告，并分别罚款10万元；3. 对重大资产重组项目协办人廖某稳给予警告，并处8万元罚款</td></tr>
<tr><td>20</td><td>2017</td><td>证券业协会</td><td rowspan="3">注销项目协办人廖某稳以及财务顾问主办人王某辉、彭某娟执业证书，3年不予受理执业证书申请，并记入诚信系统</td></tr>
<tr><td>21</td><td>2017</td><td>证券业协会</td></tr>
<tr><td>22</td><td>2017</td><td>证券业协会</td></tr>
<tr><td>23</td><td>2017</td><td>深交所</td><td>对财务顾问主办人王某辉、彭某娟，协办人廖某稳给予通报批评；记入诚信档案</td></tr>
</table>

续表

<table>
<tr><th>序号</th><th>年份</th><th>监管机构</th><th>处罚案由</th><th>处罚结果</th></tr>
<tr><td>24</td><td>2017</td><td>证监会</td><td>西南证券作为河南大有能源股份有限公司2012年非公开发行股票项目保荐人，在尽职调查中及持续督导过程中未勤勉尽责，出具的发行保荐书、持续督导报告等文件存在重大遗漏</td><td>1. 对西南证券责令改正，给予警告，没收业务收入1000万元，罚款2000万元；2. 对签字保荐代表人李某、吕某富给予警告，并分别罚款30万元；3. 对持续督导保荐代表人梁某给予警告，罚款15万元</td></tr>
<tr><td>25</td><td>2017</td><td>深交所</td><td rowspan="2">新时代证券在担任怀集登云汽配股份有限公司（以下简称“登云股份”）首次公开发行股票并在中小板上市（IPO）保荐机构过程中，未勤勉尽责，未发现登云股份申请文件存在虚假记载、重大遗漏；且出具的《发行保荐书》等文件存在虚假记载</td><td>通报批评保荐代表人郭某林、程某雄、王某；记入诚信档案</td></tr>
<tr><td>26</td><td>2017</td><td>证监会</td><td>1. 责令新时代证券改正，给予警告，没收业务收入1676.96万元，并罚款1676.96万元。2. 对保荐代表人程某雄、王某给予警告，并分别处30万元罚款。3. 对保荐代表人郭某林给予警告，并处15万元罚款</td></tr>
<tr><td>27</td><td>2017</td><td>证监会</td><td>华泰联合证券作为北京利德曼生化股份有限公司发行股份购买资产并募集配套资金项目的财务顾问，对标的资产主要客户和供应商的核查不充分</td><td>出具警示函（公司）</td></tr>
<tr><td>28</td><td>2017</td><td>安徽证监局</td><td>国元证券詹某颖、徐某在保荐安徽华业香料股份有限公司首次公开发行股票并上市过程中，对发行人关联交易情况的尽职调查不到位，未充分履行勤勉尽责义务</td><td>对保荐代表人詹某颖、徐某出具警示函</td></tr>
<tr><td>29</td><td>2016</td><td>证监会</td><td rowspan="4">中投证券作为福建金森林业股份有限公司（以下简称“福建金森”）发行股份及支付现金购买资产并募集配套资金暨重大资产重组项目的财务顾问机构，未勤勉尽责，违反依法制定的业务规则，未对上市公司并购重组活动进行充分、广泛、合理的调查，所出具的文件存在虚假记载；福建金森披露的《重大资产重组报告书（草案）》存在虚假记载</td><td>1. 责令中投证券改正，并处以30万元罚款；2. 对两名财务顾问主办人曾某胜、任某给予警告，并分别处以5万元罚款</td></tr>
<tr><td>30</td><td>2017</td><td>深交所</td><td>对独立财务顾问主办人曾某胜、任某给予通报批评的处分；记入上市公司诚信档案，并向社会公布</td></tr>
<tr><td>31</td><td>2017</td><td>证券业协会</td><td rowspan="2">分别对财务顾问主办人任某、曾某胜采取注销执业证书的纪律处分，3年不予受理执业证书申请，并记入证监会和协会诚信系统</td></tr>
<tr><td>32</td><td>2017</td><td>证券业协会</td></tr>
</table>

续表

<table>
<tr><th>序号</th><th>年份</th><th>监管机构</th><th>处罚案由</th><th>处罚结果</th></tr>
<tr><td>33</td><td>2017</td><td>深交所</td><td>兴业证券在担任武汉凯迪电力股份有限公司 2014 年资产重组财务顾问时，出具的《独立财务顾问报告》信息披露存在重大遗漏</td><td>对两名财务顾问主办人李某、陈某雯下发监管函</td></tr>
<tr><td>34</td><td>2017</td><td>深交所</td><td>郑某戈、孟某在中信建投证券作为广东嘉应制药股份有限公司（以下简称“嘉应制药”）股东权益变动的财务顾问项目中，作为主办人员，在出具核查意见时未发现并未向交易所报告嘉应制药股东的违规行为，未勤勉尽责地履行核查义务，专项核查意见出现了重大遗漏</td><td>对两名财务顾问主办人郑某戈、孟某下发监管函</td></tr>
<tr><td>35</td><td>2017</td><td>上交所</td><td>东北证券在担任天通控股股份有限公司重大资产重组财务顾问期间，财务顾问主办人胡某江、张某超未能勤勉尽责，在知悉公司未与交易对方签订资产重组框架协议或意向书，延期复牌公告中亦未按规定披露相关重组框架协议的情形下，仍出具延期复牌符合《停复牌业务指引》规定的结论，核查意见不准确</td><td>对财务顾问主办人胡某江、张某超予以监管关注</td></tr>
<tr><td>36</td><td>2017</td><td>深交所</td><td>“＊ST 中绒”披露的财务数据造假，长城证券康某和、刘某敏作为“＊ST 中绒”非公开发行保荐代表人，未能尽职履行持续督导责任</td><td>对两名保荐代表人康某和、刘某敏下发监管函</td></tr>
<tr><td>37</td><td>2017</td><td>证监会</td><td rowspan="2">西南证券为鞍山重型矿山机器股份有限公司（以下简称“鞍重股份”）重大资产重组出具的独立财务顾问报告存在虚假记载、重大遗漏；未按照规定与委托人鞍重股份签订委托协议，未明确双方的权利和义务，没有履行对并购重组活动进行充分、广泛、合理调查的职责</td><td>1. 责令西南证券改正，没收业务收入 100 万元，罚款 500 万元；2. 对财务顾问主办人童某、朱某给予警告，并分别处 10 万元罚款。</td></tr>
<tr><td>38</td><td>2017</td><td>深交所</td><td>对童某、朱某给予通报批评；记入诚信档案</td></tr>
</table>

续表

<table>
<tr><th>序号</th><th>年份</th><th>监管机构</th><th>处罚案由</th><th>处罚结果</th></tr>
<tr><td>39</td><td>2018</td><td>证监会</td><td>天津丰利创新投资有限公司(以下简称“天津丰利”)在收购杰能科技项目中披露虚假信息,中原证券担任财务顾问期间未勤勉尽责,未对贷款协议的重要条款进行全面核查,未关注用于满足借款提款条件的资金来源,致使未能发现天津丰利使用上市公司关联方杰能科技的资金用于相关收购</td><td>1. 没收中原证券业务收入 10 万元,并处 30 万元的罚款;2. 对项目主办人卫某磊给予警告,并处以 10 万元的罚款;3. 对项目主办人穆某芳给予警告,并处以 5 万元的罚款</td></tr>
<tr><td>40</td><td>2018</td><td>证监会</td><td>东方花旗为粤传媒重大资产重组出具的财务顾问报告存在虚假记载,在尽职调查过程中未勤勉尽责</td><td>1. 责令东方花旗改正,没收业务收入 595 万元,罚款 1785 万元;2. 警告项目主办人郑某辉、蔡某强,分别罚款 10 万元</td></tr>
<tr><td>41</td><td>2018</td><td>证监会</td><td>金元证券作为江苏雅百特科技股份有限公司(以下简称“雅百特”)的资产重组财务顾问,涉嫌出具的文件存在虚假记载、涉嫌出具含有虚假内容的证明文件</td><td>1. 没收金元证券业务收入 1000 万元,并处 3000 万元罚款;2. 对项目签字主办人和持续督导期间负责人陈某飞、李某警告,并处罚款 10 万元</td></tr>
<tr><td>42</td><td>2018</td><td>北京证监局</td><td>浙商证券作为“＊ST 弘高”2014 年重组上市的独立财务顾问过程中,未切实履行持续督导义务,未按要求出具持续督导意见、未能有效督促“＊ST 弘高”规范运作、发表意见与事实不符</td><td>出具警示函</td></tr>
<tr><td>43</td><td>2018</td><td>证监会</td><td>西南证券合规风控对投资银行类业务未全面有效覆盖、内部控制机制未有效执行、部分投资银行类项目对相关事项核查不充分;公司投资银行类业务内部控制不完善、内部控制机制未有效执行</td><td>公开谴责并责令公司改正</td></tr>
<tr><td>44</td><td>2018</td><td>重庆证监局</td><td rowspan="2">西南证券在担任上海大智慧股份有限公司(以下简称“大智慧”)并购重组项目独立财务顾问时,胡某莉、葛某作为直接负责的主办人员未对独立财务顾问报告所利用的财务数据进行独立判断,未反映大智慧被上海证监局采取责令改正监管措施的事实和影响,未对项目交易对方提供的材料进行充分核查。后续项目终止时,未明确说明项目终止原因及揭示对项目的影响程度及其风险;此外,整个项目工作底稿的制作和保存不规范</td><td>对两名项目主办人胡某莉、葛某进行监管谈话</td></tr>
<tr><td>45</td><td>2018</td><td>重庆证监局</td><td>对公司总裁吴某进行监管谈话</td></tr>
</table>

续表

序号	年份	监管机构	处罚案由	处罚结果
46	2018	陕西证监局	陕西建设机械股份有限公司2015年至2017年实现净利润仅达到2015年重大资产重组过程中资产评估报告相关盈利预测金额的20.91%,不足预测金额的50%。华龙证券作为财务顾问需要承担责任	出具警示函
47	2018	江苏证监局	西部证券是江苏蓝丰生物化工股份有限公司在收购陕西方舟制药有限公司时聘请的财务顾问,王某宇、胡某是项目主办人。持续督导期内,未按要求对重大资产重组实施的相关事项出具持续督导意见,并予以公告	对西部证券以及两名项目主办人王某宇、胡某予以警示
48	2018	内蒙古证监局	国融证券投行业务存在以下问题:一是项目底稿中部分尽职调查材料未按要求加盖公章,负责人员未签字确认;二是项目底稿中普遍缺少对咨询审计机构的访谈记录;三是项目底稿材料归档文件不全,部分文件掌握在经办人员手中,未及时进行归档	责令限期整改
49	2018	陕西证监局	国海证券作为西安华新新能源股份有限公司2016年重大资产重组的独立财务顾问,未通过函证重大合同、走访主要供应商和重要客户、实地抽盘大额存货、实地核查重要工程项目等方式,对重大资产重组标的资产的业绩真实性及可持续性进行充分、广泛、合理的调查;在重大资产重组完成后的1年内,未能结合挂牌公司定期报告核查重大资产重组的实施效果是否与此前公告的专业意见存在较大差异	对国海证券及两名财务顾问主办人付某、周某俊出具警示函
50	2018	上交所	包钢股份在非公开发行股票项目信息披露方面存在违规,时任公司非公开发行股票项目保荐代表人中德证券有限责任公司李某中、申某娜未能勤勉履行持续督导义务,对公司违规行为负有相应责任	对两名保荐代表人李某中、申某娜予以监管关注

续表

序号	年份	监管机构	处罚案由	处罚结果
51	2019	证券业协会	申万宏源证券是雅百特2016年非公开发行股票的保荐机构,周某为项目协办人、承揽人。在非公开发行项目现场核查过程中弄虚作假,编造虚假信息,未做到诚实守信、勤勉尽责	注销周某执业证书,3年内不受理执业注册申请;记入诚信档案
52	2019	厦门证监局	吴某华、周某金作为厦门三维丝环保股份有限公司现金及发行股份购买资产并募集配套资金暨关联交易的独立财务顾问项目主办人,执业过程中未能充分关注上市公司关键信息,未勤勉尽责,导致安信证券出具的独立财务顾问核查意见与事实不符	对两名项目主办人吴某华、周某金采取出具警示函措施
53	2019	上交所	宁夏新日恒力钢丝绳股份有限公司重大资产重组财务顾问东吴证券项目主办人史某华、谈某仁在履行勤勉尽责、持续督导义务等方面存在违规行为。未进行充分、广泛、合理的尽职调查,未能为此次交易审慎估值、设计合理方案并出具可靠的专业意见;未督促当事人规范实施并购重组方案,未核查并购重组是否按计划实施,未及时向交易所报告相关方的违规行为;未督促当事人依照约定切实履行业绩补偿和回购义务	对项目主办人史某华、谈某仁予以通报批评;记入诚信档案
54	2019	证监会	新时代证券担任美丽生态股份有限公司重大资产重组项目独立财务顾问以及美丽生态发行股份购买资产并募集配套资金之非公开发行的主承销商过程中,未勤勉尽责,在编制《补充独立财务顾问报告》和《财务顾问核查意见》过程中,忽视了项目进展的不确定性,未对获取的财务数据保持应有的职业谨慎,仍然沿用《独立财务顾问报告》中的收入预测数据及结论,导致《补充独立财务顾问报告》和《财务顾问核查意见》中对八达园林、金沙湖项目、官塘项目2015年收入预测与实际情况存在重大差异,构成误导性陈述	1. 对新时代证券责令改正,给予警告,没收独立财务顾问业务收入800万元,并处以2400万元罚款;没收承销股票违法所得1220.1万元,并处以50万元罚款;2. 对两名项目主办人严某、董某瑜给予警告,并分别处以8万元罚款

续表

序号	年份	监管机构	处罚案由	处罚结果
55	2019	上交所	中金证券保荐代表人万某清、莫某擅自多处修改科创板企业交控科技招股说明书中有关经营数据、业务与技术、管理层分析等信息披露数据和内容,并由此同步多处修改了上交所问询问题中引述的招股说明书相关内容。而上述修改,未按要求采用楷体加粗格式标明并向上交所报告,也未按照保荐业务执业规范和中金公司内部控制制度的规定报送公司内核部门审核把关	对两名保荐代表人万某清、莫某予以通报批评;记入诚信档案
56	2019	上交所		书面警示(公司)
57	2019	证监会		对两名保荐代表人万某清、莫某出具警示函
58	2019	上交所	华龙证券担任陕西建设机械股份有限公司(以下简称"建设机械")重大资产重组财务顾问,在建设机械收购天成机械股权的过程中,华龙证券项目主办人刘某勇、张某辰,未能勤勉尽责,未能为此次交易审慎估值、设计合理方案并出具准确、有效、专业的意见;交易完成后,未及时督促交易对方依照约定切实履行业绩补偿义务	对两名项目主办人刘某勇、张某辰予以监管关注
59	2019	上交所	申万宏源证券肇某、罗某作为贵州圣济堂医药产业股份有限公司重大资产重组财务顾问项目主办人,在持续督导期间,未能勤勉尽责,未能切实履行持续督导义务,发现并纠正公司财务报告中的重大差错,并审慎出具核查意见,对公司的违规行为负有责任	对项目主办人肇某、罗某予以通报批评;记入上市公司诚信档案

续表

<table>
<tr><th>序号</th><th>年份</th><th>监管机构</th><th>处罚案由</th><th>处罚结果</th></tr>
<tr><td>60</td><td>2019</td><td>证监会</td><td rowspan="2">中信证券在保荐上海柏楚电子科技股份有限公司科创板首次公开发行股票申请过程中以落实“对招股说明书披露内容进行整理和精炼”的问询问题为由，对前期问询要求披露的“综合毛利率、销售净利率及净资产收益率大幅高于同行业可比上市公司，期间费用率远低于同行业可比上市公司等事项的差异原因分析”等内容在招股说明书注册稿（2019 年 6 月 28 日）中擅自进行了删减。另外，从 7 月 1 日到 3 日提交的 7 版招股说明书注册稿及反馈意见落实函的签字盖章日期均为 2019 年 7 月 1 日，日期签署与实际时间不符</td><td>对项目主办人朱某辛、孙某安出具警示函</td></tr>
<tr><td>61</td><td>2019</td><td>证监会</td><td>对中信证券出具警示函</td></tr>
</table>

第二节　公司债券承销与受托管理业务

2016 年以来，中国债券市场违约高发，无论是违约主体数量还是所涉及的金额持续走高，为此，监管部门进一步加强了对公司债券募集资金使用、信息披露、尤其是定期报告信息披露的及时性和准确性，以及托管机构是否尽责等方面的监督管理，证券公司因债券承销与受托管理业务违规所获监管罚单数量呈现逐年递增趋势，已成为证券公司及从业人员合规管理的“重灾区”之一，而且，一旦发生债券违约事件，承销商不仅可能面临行政、民事、刑事方面的责任，对后续业务的开展也会带来严重的负面影响。

一、违规处罚整体情况

统计期内，证券公司及从业人员在开展债券承销与受托管理业务过程中，因违规行为被处罚的案例共计 46 起，涉及 30 家证券公司。

（一）证监会及各地证监局（45 起）

均为行政监管措施。包括：（1）对 26 家证券公司出具警示函 38 次；（2）对 6 名证券从业人员出具警示函；（3）监管谈话 1 次（3 人）；（4）暂不受理 2 家证券公司债券业务申请文件 2 次，期限分别为 6 个月、1 年；（5）责令 3 家证券公司改正；（6）公开谴责 1 名证券从业人员；（7）责令 3 家证券公司处分相关人员。

（二）中国证券业协会（1 起）

为自律监管措施，即对 1 家证券公司进行警示并记入协会诚信信息管理系统。（具体见附件 1－2：证券公司及从业人员债券承销与受托管理业务违规监管处罚）

二、违规行为分析

结合监管处罚案例分析，证券公司及从业人员开展债券承销与受托管理业务过程中，被处罚主要是因为尽职调查不规范、未持续关注资金使用情况、未持续关注发行人资信状况、债券销售环节不合规以及其他违规行为等 5 类违规问题。

（一）尽职调查不规范，合计 13 起，占 28.26%

未按照《公司债券承销业务尽职调查指引》等规章制度要求勤勉尽责，未保持合理怀疑进行尽职调查，未能发现发行人存在的问题，导致所披露或者报送的信息不真实、不准确、不完整，甚至有虚假记载、误导性陈述或者重大遗漏。

1. 未审慎核查发行人的控股股东及实际控制人、关联方及关联交易、公司治理及内部控制、财务会计信息等情况，存在遗漏。
2. 引用信息不准确、存在明显错漏；或披露信息前后不一致。
3. 对关键信息或其他中介机构出具的专业意见未进行审慎核查。
4. 尽职调查底稿不完善等。

（二）债券存续期间募集资金使用管理不规范，合计 22 起，占 47.83%

作为债券发行提供服务的承销机构或受托管理人，未勤勉尽责履行义务，未能有效监督发行人做好募集资金管理，导致损害债券持有人利益。

1. 未按照受托管理协议的约定,如实披露募集资金使用情况。

2. 发行人募集资金的使用情况与公司债券募集说明书约定不一致。

3. 未有效监督发行人募集资金使用及存放,未能及时发现和制止发行人将募集资金转借等问题,未及时督促改正等。

(三)债券存续期内,受托管理人未持续关注发行人的资信状况,未能有效督导发行人履行有关信息披露义务,合计9起,占19.57%

1. 债券存续期内,受托管理人未对发行人涉及重大仲裁、诉讼和其他重大事项进行尽职调查。

2. 在债券存续过程中未能勤勉尽责地履行受托管理责任,未及时向市场发布临时受托管理事务报告,或发布报告结论与事实不符。

3. 发行人资信状况、偿债能力及持续经营情况出现重大不利变化后,未及时进行全面调查和持续关注,未及时向投资者提示风险,未有效督促发行人披露经营情况变化等重大信息。

(四)债券销售环节存在不规范行为,合计3起,占6.52%

1. 非公开发行公司债券过程中,未切实执行投资者适当性制度。

2. 项目人员与评级机构人员进行不恰当的业务沟通,影响评级结果。

3. 项目尽职调查与债券发行定价、债券销售等工作由同一部门负责完成。

4. 债券销售档案管理不规范,类似询价单等簿记建档底稿材料缺失等。

(五)其他不规范行为,合计2起,占4.35%

1. 债券承销业务未按规定与资产管理等其他业务严格隔离。

2. 以低于成本价格参与公司债券项目投标。

综上可见,公司债券承销与受托管理业务违规处罚情况呈现以下三个特点:

一是上述46起监管处罚案例中,以出具警示函为主要惩处手段,占39起。

二是少数证券公司在债券承销与受托管理业务方面吃尽苦头。其中大通证券、东海证券、国海证券、西部证券4家证券公司分别被处罚3次;德邦证券、东莞证券等8家证券公司分别被处罚2次。

三是债券存续期受托管理人是否持续关注发行人资信状况、合理使用募集资金属于监管重点,有近五成的债券承销与受托管理业务违规被处罚案例与此“雷区”有关。

三、处罚依据

监管机构对债券承销与受托管理业务违规行为的处罚依据一般包括《证券法》《公司债券发行与交易管理办法》《证券公司监督管理条例》等。

(一)《公司债券发行与交易管理办法》

1. 第五十八条:对违反法律法规及本办法规定的机构和人员,中国证监会可采取责令改正、监管谈话、出具警示函、责令公开说明、责令参加培训、责令定期报告、认定为不适当人选、暂不受理与行政许可有关的文件等相关监管措施;依法应予行政处罚的,依照《证券法》《行政处罚法》等法律法规和中国证监会的有关规定进行处罚;涉嫌犯罪的,依法移送司法机关,追究其刑事责任。

2. 第五十九条:发行人、承销机构向不符合规定条件的投资者发行公司债券的,中国证监会可以对发行人、承销机构及其直接负责的主管人员和其他直接责任人员采取本办法第五十八条规定的相关监管措施;情节严重的,处以警告、罚款。

3. 第六十一条:承销机构承销未经核准擅自公开发行的公司债券的,中国证监会可以采取十二至三十六个月暂不受理其证券承销业务有关文件等监管措施;对其直接负责的主管人员和其他直接责任人员,可以采取本办法第五十八条规定的相关监管措施。

4. 第六十二条:除中国证监会另有规定外,承销或自行销售非公开发行公司债券未按规定进行备案的,中国证监会可以对承销机构及其直接负责的主管人员和其他直接责任人员采取本办法第五十八条规定的相关监管措施;情节严重的,处以警告、罚款。

5. 第六十三条:承销机构在承销公司债券过程中,有下列行为之一的,中国证监会可以对承销机构及其直接负责的主管人员和其他直接责任人员采取本办法第五十八条规定的相关监管措施;情节严重的,可以对承销机构采取三至十二个月暂不受理其证券承销业务有关文件的监管措施:(一)以不正当竞争手段招揽承销业务;(二)从事本办法第三十八条规定禁止的行为;(三)从事本办法第四十条规定禁止的行为;(四)未按本办法及相关规定要求披露有关文件;(五)未按照事先披露的原则和方式配售公司债券,或其他未依照披露文件实施的行为;(六)未按照本办法及相关规定要求保留推介、定价、配售等承销过程中相关资料;(七)其他违反承销业务规定的行为。

6. 第六十五条:非公开发行公司债券,发行人及其他信息披露义务人未按规定披露信息,或者所披露的信息存在虚假记载、误导性陈述或者重大遗漏的,依照《证券法》和中国证监会有关规定处理,对发行人、其他信息披露义务人及其直接负责的主管人员和其他直接责任人员可以采取本办法第五十八条规定的相关监管措施;情节严重的,处以警告、罚款。

7. 第六十六条:发行人、债券受托管理人等违反本办法规定,损害债券持有人权益的,中国证监会可以对发行人、受托管理人及其直接负责的主管人员和其他直接责任人员采取本办法第五十八条规定的相关监管措施;情节严重的,处以警告、罚款。

(二)《证券公司监督管理条例》

第七十条(内容略)

四、违规案例

案例 1:九州证券在承销铜仁旅游投资有限公司 2016 年非公开发行公司债券(第一期)、铜仁旅游投资有限公司 2016 年非公开发行公司债券(第二期)(以下简称“16 铜仁”)过程中,未切实执行投资者适当性制度,且在存续期间未督导发行人履行信息披露义务

(一)基本案情

1. 投资者适当性管理方面

九州证券在承销“16 铜仁”非公开发行公司债过程中,未切实执行投资者适当性制度。如部分投资者签署的合格投资者风险认知书要素填写不完整,签署日期晚于认购协议签署时间,认购协议、风险认知书的签章使用不规范,且销售发行档案中未见到了解和评估投资者对非公开发行公司债券的风险识别和承担能力的留痕记录,违反了《公司债券发行与交易管理办法》第二十七条相关规定。

2. 信息披露方面

根据《公司债券发行与交易管理办法》第四十四条规定,非公开发行公司债应当在债券募集说明书中约定募集资金使用情况的披露事宜。但“16 铜仁”非公开发行公司债过程中,其发行人并未在募集说明书中对募集资金使

用情况的信息披露事宜作出约定。九州证券作为其承销机构，未能及时发现并纠正发行人的上述行为，违反了《公司债券发行与交易管理办法》第七条相关规定。

（二）处理结果

青海证监局根据《公司债券发行与交易管理办法》第五十八条规定，对九州证券采取出具警示函的监管措施。

案例 2：西部证券未能有效监督“15 浏水债”发行人浏阳市水利建设投资有限公司（以下简称“发行人”）做好募集资金管理及履行信息披露义务

（一）基本案情

1. 信息披露方面

15 浏水债募集说明书中披露“发行人募集资金专项账户开户行及账号与发行人实际使用的募集资金专户不一致”，发行人及受托管理人未对上述不一致情况进行披露。

15 浏水债募集说明书中披露“发行人在长沙银行股份有限公司浏阳支行开设唯一的偿债保障金专户，专门归集和管理偿债保障金”。发行人实际使用的偿债账户为开立于民生银行浏阳支行的自有账户，2016 年债券利息由民生银行账户支付。15 浏水债 2015 年年报仍披露“公司在长沙银行股份有限公司浏阳支行开设唯一的偿债保障金专户，专门归集和管理偿债保障金”；2015 年债券受托管理报告仍披露“监管银行：长沙银行股份有限公司浏阳支行”；2016 年债券受托管理报告仍披露“监管银行：长沙银行股份有限公司浏阳支行”。

上述定期报告及受托管理报告披露事项与实际情况不一致，且发行人及西部证券未对上述不一致情况进行披露。

2. 募集资金管理方面

15 浏水债募集资金专户及偿债保障金账户设立、使用与募集说明书约定不一致，未召集债券持有人会议；募集资金的接收、存储、划转与本息偿付未在专项账户内进行，存在自有资金及财政拨款转入募集资金专户；依据浏阳市人民政府有关文件要求，将 300 万元作为借款用于代浏阳市株树桥水库管理局购买农业银行资产处置包。

发行人上述行为违反了《公司债券发行与交易管理办法》第四条、第十五条的规定，西部证券作为 15 浏水债的受托管理人，在债券存续期间未能勤勉尽责地履行受托管理义务,未能持续监督发行人募集资金的使用情况,违反了《公司债券发行与交易管理办法》第七条、第四十九条、第五十五条的规定。

(二)处理结果

湖南证监局根据《公司债券发行与交易管理办法》的规定,对西部证券采取出具警示函的监督管理措施。

案例3:中山证券在亿阳集团股份有限公司(以下简称"亿阳集团")2016年发行债券尽职调查不全面、受托管理不到位

(一)基本案情

1.尽职调查方面

(1)中山证券对亿阳集团及其实际控制人等相关主体尽职调查不全面,如对相关人员兼职情况和对外投资情况核查不到位,存在遗漏。对亿阳集团公司治理及资信状况等事项尽职调查不充分,对诉讼情况、股权转让、关联交易、债务信息等事项核查不到位。

(2)中山证券项目尽职调查底稿不完善,如底稿中缺少香港亿阳实业有限公司等子公司的工商档案以及子公司亿阳信通股份有限公司征信报告等资料。

2.受托管理方面

受托管理期间,中山证券未能采取有效措施对亿阳集团资信状况、偿债能力及持续经营情况进行全面调查和持续关注;未有效监督募集资金使用情况;未有效督促亿阳集团披露经营情况变化等重大信息。

上述行为违反了《公司债券发行与交易管理办法》第七条、第五十条规定。

(二)处理结果

本案中,因亿阳集团债券违约,中山证券被黑龙江证监局采取出具警示函的监管措施,并要求限期提交书面整改报告。

五、附件

附件1－2　证券公司及从业人员债券承销与受托管理业务违规监管处罚

序号	年份	监管机构	处罚案由	处罚结果
1	2016	四川证监局	东兴证券作为龙泉现代非公开发行公司债券的受托管理人,在债券存续期内未持续督导发行人履行信息披露义务,未督促发行人及时履行信息披露义务	监管谈话(分管债券业务副总裁、合规总监、债券部负责人)
2	2016	浙江证监局	德邦证券作为"15五洋债"的受托管理人,在债券存续过程中未能勤勉尽责地履行受托管理责任,五洋建设集团股份有限公司债券募集资金实际使用情况与募集说明书不一致	出具警示函
3	2016	湖北证监局	长江证券作为四方物流2014年中小企业私募债项目的受托管理人,在履行受托管理职责的过程中未勤勉尽责,未按照受托管理协议的约定,如实披露募集资金使用情况	出具警示函
4	2016	天津证监局	万联证券作为天津东丽湖能源科技有限公司2015年非公开发行公司债券的受托管理人,存续过程中未能持续监督发行人募集资金的使用情况,未能勤勉尽责地履行受托管理责任,债券发行人未按照约定用途使用募集资金	出具警示函
5	2016	深圳证监局	长城证券在担任深圳市怡亚通供应链股份有限公司2014年公开发行公司债券的受托管理机构过程中,未能在债券存续期内持续有效督导怡亚通履行信息披露义务	出具警示函
6	2016	北京证监局	国泰君安证券作为北京利尔高温材料股份有限公司2015年公司债券(第一期)受托管理人,未能及时发现和制止发行人将募集资金转借的问题	出具警示函

续表

序号	年份	监管机构	处罚案由	处罚结果
7	2016	云南证监局	红塔证券在担任“11 运维债”受托管理机构过程中，未能在债券存续期内持续有效督导云维股份履行信息披露义务	出具警示函
8	2016	陕西证监局	西部证券在担任“15 宝信债”的受托管理机构过程中，未能在债券存续期内持续有效督导宝信租赁履行信息披露义务	出具警示函
9	2016	青海证监局	九州证券在承销铜仁旅游投资有限公司 2016 年非公开发行公司债券（第一期）、铜仁旅游投资有限公司 2016 年非公开发行公司债券（第二期）过程中，未切实执行投资者适当性制度；发行人未在募集说明书中对募集资金使用情况的信息披露事宜作出约定，作为其承销机构，九州证券未能及时发现并纠正发行人的违规行为	出具警示函
10	2016	上海证监局	华金证券公司债券业务项目组人员通过私人电子邮箱与评级机构人员进行不恰当的业务沟通，脱离了公司内部控制体系；对评级报告相关批注修改行为实质变更了评级报告的部分文字表述，未遵守中介机构独立履职的市场秩序	暂不受理公司债券承销业务申请文件，期限 6 个月
11	2016	贵州证监局	国金证券作为安顺虹阳国有资产投资营运有限责任公司发行公司债券的受托管理人，未有效监督发行人募集资金使用及存放，未及时督促改正	出具警示函
12	2017	贵州证监局	大通证券作为贵州省福泉磷矿有限公司非公开发行公司债券的受托管理人，一直未发现发行人将募集资金转借他人的情形，未能勤勉尽责履行受托管理职责	出具警示函

续表

序号	年份	监管机构	处罚案由	处罚结果
13	2017	江苏证监局	大通证券在推荐建湖县国投高科实业有限公司 2015 年非公开发行公司债券时,相关材料引用信息不准确,对现金和现金等价物的分类不正确,来自地方政府的现金流入占比计算错误,大通证券未发现上述错误,尽职调查不到位	出具警示函
14	2017	证监会	国海证券股份证券承销与保荐业务未按规定与资产管理等其他业务严格隔离;员工张某 2013 年 1 月至 2014 年 7 月在证券承销与保荐部门工作期间,假冒公司名义对外大量开展债券代持交易	1. 暂不受理债券承销业务有关文件 1 年;2. 责令处分有关责任人员
15	2017	证监会		公开谴责(分管领导燕某波)
16	2017	四川证监局	中山证券在"15 都江堰"受托管理人期间,仅依据发行人提供的募集资金划款申请对其募集资金使用情况进行形式审查,未在持续督导及回访过程中,进一步核实募集资金实际用途,未能发现都江堰兴堰投资有限公司将债券募集资金拆借给关联方的事实	出具警示函
17	2017	四川证监局	华英证券作为"14 兴旅债"的主承销商及"15 兴旅债"的主承销商与受托管理人,未能有效监督发行人募集资金管理及信息披露工作	出具警示函
18	2017	江苏证监局	华英证券作为江苏金鑫建材有限公司 2014 年中小企业私募债公司债券的受托管理人,未及时发现未按约定用途使用募集资金的行为。披露发行人已按募集说明书披露的用途使用募集资金的结论与实际情况不符	出具警示函
19	2017	湖南证监局	西部证券作为"15 浏水债"的受托管理人,在债券存续期间未能勤勉尽责地履行受托管理义务,未能持续监督发行人募集资金的使用情况	出具警示函

续表

序号	年份	监管机构	处罚案由	处罚结果
20	2017	天津证监局	上海华信证券作为“17泰达债”发行提供专业服务的联席主承销商，在尽职调查过程中，未能结合发行人提供的担保信息资料及年度间存在的明显差异情况对其他中介机构出具的专业意见进行审慎核查，未认真履行主承销商应尽的勤勉义务	出具警示函
21	2017	天津证监局	新时代证券作为“17泰达债”牵头主承销商，在尽职调查过程中，未能结合发行人提供的担保信息资料及年度间存在的明显差异情况对其他中介机构出具的专业意见进行审慎核查，未认真履行主承销商应尽的勤勉义务	出具警示函
22	2017	浙江证监局	东吴证券作为浙江西塘旅游文化发展有限公司公司债券受托管理人，未能采取有效措施及时发现、防止发行人将募集资金转借的问题	出具警示函
23	2017	浙江证监局	浙商证券作为“16西投01”和“17西投01”受托管理人，未能采取有效措施及时发现、防止将募集资金转借的问题	出具警示函
24	2017	上海证监局	德邦证券作为“15五洋债”“15五洋02”两期公司债券的主承销商及受托管理人，在债券存续过程中未能勤勉尽责地履行受托管理责任，未及时向市场发布临时受托管理事务报告	出具警示函
25	2017	证券业协会	东北证券作为“15滕建01”“16滕建投”公司债券受托管理人，未及时签订三方监管协议，未及时针对募集资金使用情况发布临时受托管理事务报告，未能完全履行受托管理人职责	警示，记入协会诚信信息管理系统
26	2018	辽宁证监局	东海证券作为“16丹东港”的受托管理人，没有持续有效关注发行人的资信状况，未对相关情况进行持续有效跟踪和监督，未能勤勉尽责地履行受托管理责任	出具警示函

续表

序号	年份	监管机构	处罚案由	处罚结果
27	2018	黑龙江证监局	中山证券在"16亿阳01""16亿阳03""16亿阳04""16亿阳05"四只债券承销及受托管理过程中,尽职调查不全面、存在遗漏;尽职调查底稿不完善;受托管理不到位,受托管理期间,未能采取有效措施对亿阳集团资信状况、偿债能力及持续经营情况进行全面调查和持续关注,未有效监督募集资金使用情况,未有效督促亿阳集团披露经营情况变化等重大信息	出具警示函
28	2018	黑龙江证监局	华泰证券在"16亿阳01""16亿阳03""16亿阳04""16亿阳05"四只债券的承销过程中,尽职调查不全面、存在遗漏;尽职调查底稿不完善	出具警示函
29	2018	黑龙江证监局	大通证券在"16亿阳06""16亿阳07"两只债券的承销及受托管理过程中,尽职调查不全面、存在遗漏;尽职调查底稿不完善;受托管理不到位,受托管理期间,未能采取有效措施对亿阳集团资信状况、偿债能力及持续经营情况进行全面调查和持续关注,未及时向投资者提示风险,未有效督促亿阳集团披露经营情况变化等重大信息	出具警示函
30	2018	上海证监局	爱建证券作为富贵鸟股份有限公司2016年非公开发行公司债券、天瑞集团水泥有限公司2016年非公开发行公司债券的承销机构和受托管理人,在尽职调查和受托管理过程中未严格遵守执业规范,未能勤勉尽责地履行相关责任	出具警示函
31	2018	上海证监局	长江证券在东方金钰股份有限公司项目中,存在募集说明书中对个别关联方信息披露前后不一致,对发行人存在差额补足事项未进行充分核查并及时准确披露等问题;在国泰君安证券项目中,存在尽调、发行定价、销售等工作由同一部门负责完成,部分机构的询价单等簿记建档底稿材料缺失等问题	责令改正

续表

序号	年份	监管机构	处罚案由	处罚结果
32	2018	江苏证监局	东海证券作为“16 洪业 02”债券主承销商、受托管理人,在承销债券期间,未对发行人涉及重大仲裁、诉讼和其他重大事项进行尽职调查。受托管理期间,未持续关注发行人的资信状况。未对发行人募集资金的使用情况进行监督	出具警示函
33	2018	陕西证监局	西部证券作为“16 川菜”“16 东建”“15 津港”等多只公司债券的承销商、受托管理人,尽职调查不充分、底稿不完备、募集说明书披露信息不准确,受托管理工作未能勤勉尽责,存在未签署募集资金专户三方监管协议、未发现或披露发行人未按约定用途使用募集资金、募集资金与日常经营性资金往来混同等问题	责令改正;并处分有关责任人员
34	2018	甘肃证监局	国泰君安证券作为平凉市城乡建设投资有限责任公司 2017 年非公开发行公司债券的受托管理人,未有效监督发行人募集资金使用及信息披露,且出具的 2017 年度受托管理事务报告中发行人募集资金使用信息与实际情况不符	出具警示函
35	2018	贵州证监局	国金证券作为“15 碧海债”“16 碧海 01”“16 碧海 02”三只公司债券的受托管理人,未发现发行人将募集资金转借他人的情形,未能勤勉尽责履行受托管理职责	出具警示函
36	2018	深圳证监局	英大证券债券业务内部控制不够完善,一是部分公司债券承销业务尽职调查未勤勉尽责,未审慎核查发行人的控股股东及实际控制人、关联方及关联交易、公司治理及内部控制、财务会计信息等情况,未在对各种尽职调查材料进行综合分析的基础上进行独立判断;二是部分受托管理公司债券中,未采取有效措施对存续期发行人情况进行持续跟踪、监测,对发行人募集资金使用、还本付息安排监督不及时、核查不足,未有效督导发行人履行有关信息披露义务	出具警示函

续表

序号	年份	监管机构	处罚案由	处罚结果
37	2018	四川证监局	华西证券作为"16 顺风 01 债"的受托管理人,未按要求发布临时受托事务报告	出具警示函
38	2018	贵州证监局	东莞证券作为"15 龙里债"受托管理人,未发现发行人将募集资金转借他人的情形,未能勤勉尽责履行受托管理职责	出具警示函
39	2018	天津证监局	长城证券作为"15 长租 01""16 长租 01""16 长租 02"受托管理人,在债券存续期内,未持续监督并定期检查发行人募集资金的使用情况是否与公司债券募集说明书约定一致,未能勤勉尽责地履行受托管理责任	出具警示函
40	2018	湖南证监局	东莞证券作为"15 华容债""16 南县债"的受托管理人,未能勤勉尽责地履行尽职调查及受托管理义务,未能持续监督发行人募集资金的使用情况	出具警示函
41	2019	江苏证监局	东海证券作为"15 顺风 01"的受托管理人,未勤勉尽责,未按照债券受托管理协议的约定持续监督发行人募集资金的使用情况,出具的债券受托管理事务报告结论与事实不符	出具警示函
42	2019	江苏证监局	华创证券在发行公司债券"16 千里 01"过程中,尽职调查不充分,未能勤勉尽责并保持应有的执业谨慎;存续期内,未能识别并督促发行人纠正募集资金使用违规的情形	出具警示函(华创证券及公司副总经理兼投资银行部总经理叶某钢、团队负责人吴某茗、该项目负责任人葛某、项目组成员沈某)
43	2019	广东证监局	广发证券存在以低于成本价格参与公司债券项目投标的情形	责令改正、并严格追究相关责任人员责任
44	2019	湖北证监局	东方花旗证券承接的宜昌长乐投资集团有限公司"2017 社会责任公司债券(扶贫)"尽职调查情况不充分	出具警示函(公司及项目负责人丁某、王某钢)

续表

序号	年份	监管机构	处罚案由	处罚结果
45	2019	江苏证监局	国海证券在作为“16 锡洲 01”“16 锡洲 02”“17 锡洲 01”受托管理人期间,对发行人的募集资金使用监督不到位,未及时发现其募集资金未按约定用途使用的情形;出具的受托管理事务报告中募集资金使用情况与实际情况不符	出具警示函
46	2019	陕西证监局	开源证券在开展公司债券承销与受托管理业务中,公司债券项目存在未对债券发行人重要权益投资、对外担保、募集资金用途、债券担保人除发行人股权外的其他主要资产权利限制情况进行充分核查,未发现发行人报告期内个别年度未将实施控制的子公司纳入合并财务报表,尽职调查工作底稿不能有效支撑调查结论或与募集说明书披露信息不一致的问题。此外,投资银行类业务专职内部控制人员数量不足投资银行类业务人员总数的 1/10,公司债券及资产证券化项目质量控制不到位	出具警示函

第三节　非上市公众公司挂牌推荐业务

全国股转系统是经国务院批准,依据《证券法》设立的全国性证券交易场所,是我国多层次资本市场的重要组成部分,对于健全直接融资体系,服务实体经济发展,推动经济结构转型升级,促进大众创业万众创新,具有战略意义。随着新三板市场发展,越来越多市场参与主体进入新三板,为了规范市场发展,“从严监管”成为了主流趋势之一。不少挂牌企业违规受罚,而身为他们的主办券商难辞其咎,主办券商及经办人员因自身未尽职调查或持续督导未勤勉尽责等违规行为接连爆发风险事件,频繁遭受监管部门的处罚。

一、违规处罚整体情况

统计期内，证券公司及从业人员在开展非上市公众公司推荐业务过程中，因违规行为被处罚的案例共计 93 起，涉及 47 家证券公司、30 名证券从业人员。

（一）各地证监局（11 起）

均为行政监管措施。包括：(1)对 9 家证券公司、1 名证券从业人员出具警示函；(2)责令 1 家证券公司改正。

（二）全国股转公司（82 起）

1. 纪律处分 1 起。包括：暂停 1 家证券公司从事部分推荐业务 3 个月，并记入诚信档案。

2. 自律监管措施 81 起。包括：(1)对 19 家证券公司出具警示函；(2)责令 3 家证券公司改正；(3)约见谈话 21 次（含 28 人）；(4)要求证券公司提交书面承诺 54 次；(5)暂不受理 1 名证券从业人员出具的文件 3 个月。（具体见附件 1－3：证券公司及从业人员非上市公众公司挂牌推荐业务违规监管处罚）

二、违规行为分析

上述处罚案例充分体现了全国股转公司以信息披露为核心的监管要求，一方面要求挂牌公司保证信息披露内容的真实、准确、完整、及时；另一方面，要求主办券商需勤勉尽责、认真履行审慎核查义务，对出具的文件承担尽职责任，并持续督导所推荐公司及时履行信息披露义务、完善公司治理。相比证监会的处罚，全国股转公司的处罚很容易被忽视。不过，证监会修订后的《证券公司分类监管规定》明确表示将全国股转公司的自律监管、纪律处分等指标的评定纳入证券公司的扣分项，不得不引起大家重视。结合监管处罚案例分析，证券公司及从业人员开展非上市公众公司推荐业务过程中，主要因以下两类违规问题被处罚。

（一）尽职调查及推荐挂牌环节存在违规行为，合计 44 起，占 47.1%

包括在尽职调查过程中未严格遵守行业执业规范，未认真履行审慎核查义务，出具的尽职调查报告、推荐报告等材料未真实反映企业情况，未真实反映企业财务会计、法律及相关行业信息,存在明显错漏,甚至包含虚假记载、误导性陈述内容。在被处罚的案例中,包括转让说明书与审计报告不一致、财务核算重大缺陷、信息披露出现重大遗漏、尽职调查明显不到位甚至存在刻意隐瞒等都属于重大的违规行为。

(二)持续督导环节存在违规行为,合计 49 起,占 52.69%

包括在持续督导期间,未能勤勉尽责,未能认真履行审慎核查义务。较为突出的问题是未能及时发现挂牌公司股东及关联方资金占用,未关注募集资金的异常变化,未发现披露募集资金使用情况与事实明显不符等问题;未能有效督导挂牌公司真实、准确、完整、及时地披露信息等。

综合上述案例,不难得出非上市公众公司挂牌推荐业务违规情况有以下四个特点:

其一,针对股转推荐挂牌业务过程中的违规行为,全国股转公司主要以采取自律监管措施或在日常监管中列示负面行为清单的方式进行处理,较少采用纪律处分措施。统计期内,仅华林证券 1 家证券公司被给予暂停从事部分推荐业务 3 个月的纪律处分。

针对证券公司及从业人员的自律监管措施,从轻微到重度排列,主要为约见谈话、提交书面承诺、出具警示函。其中又以提交书面承诺为主,督促当事人增加对违规事实和性质的深刻认识,正确理解相关业务规则并积极整改。

其二,监管核心依然是挂牌企业的信息披露问题。从已有的处罚案例中,均能寻找到监管部门期待不断提升挂牌公司规范治理和信息披露质量,保障投资者的合法权益的良苦用心。其中,挂牌公司实际控制人、控股股东占用挂牌公司资金,挂牌公司未履行信息披露义务;挂牌公司向控股股东及其控制的公司提供担保,未履行审议程序和信息披露义务;挂牌公司未及时披露重大诉讼事项;挂牌公司虚假披露年报审计意见,披露的年度报告中审计意见类型不准确,或审计报告正文记载有遗漏;挂牌公司未对关联交易及时履行审议程序和信息披露义务;挂牌公司未在规定时间内对全国股转公司半年报、年报问询函进行回复等问题较为突出。

其三,严监管下行业质量提升,处罚案例逐年递减。经历新三板业务持续火爆后,不同类型的问题亦呈现爆发式增长,为此,监管部门不得不反复强调新三板市场的包容不代表对违规行为的纵容,及时加大了对违规行为的查处及处罚力度,成效显著,在整个市场交易不活跃等多重因素下,证券公司对新三板推荐挂牌业务的热情明显降温，但合规意识明显提升，历年的监管处罚案例数量呈现明显下降趋势。具体对比如图 2 所示。

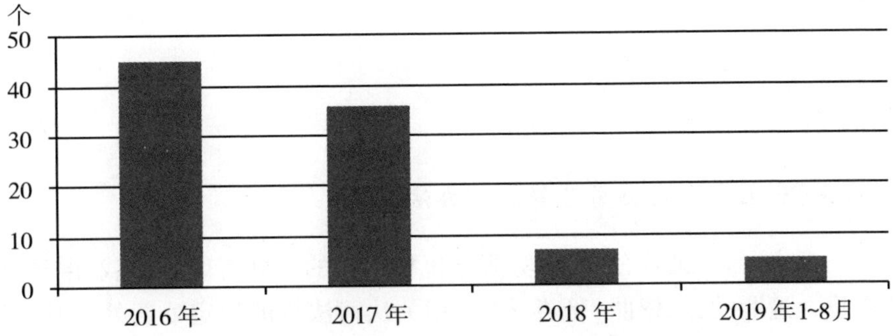

图 2　股转推荐挂牌业务违规处罚案例数量对比

其四，少数证券公司业务发展速度与其内部质量控制管理不匹配，被处罚的频率相对较高。

上述 93 起处罚涉及 48 家证券公司，其中被处罚 3 次及以上的有 12 家，相关处罚合计有 44 起，占比达 47.3%。包括：(1)中泰证券 6 起；(2)财通证券 5 起；(3)安信证券、国信证券、申万宏源证券分别有 4 起；(4)东方花旗证券、东莞证券、国都证券、国泰君安、华泰证券、万联证券、西部证券分别有 3 起。

三、处罚依据

监管机构对非上市公众公司挂牌推荐业务处罚的依据一般包括《证券法》《证券公司监督管理条例》《非上市公众公司监督管理办法》《全国中小企业股份转让系统业务规则(试行)》《全国中小企业股份转让系统挂牌公司信息披露细则(试行)》《全国中小企业股份转让系统主办券商持续督导工作指引(试行)》。

(一)《证券法》

第一百九十七条：信息披露义务人未按照本法规定报送有关报告或者履行信息披露义务的，责令改正，给予警告，并处以五十万元以上五百万元以下的罚款；对直接负责的主管人员和其他直接责任人员给予警告，并处以二十万元以上二百万元以下的罚款……。

信息披露义务人报送的报告或者披露的信息有虚假记载、误导性陈述或者重大遗漏的,责令改正,给予警告,并处以一百万元以上一千万元以下的罚款;对直接负责的主管人员和其他直接责任人员给予警告,并处以五十万元以上五百万元以下的罚款。

(二)《证券公司监督管理条例》

第七十条:(内容略)

(三)《非上市公众公司监督管理办法》

1. 第五十九条:证券公司、证券服务机构出具的文件有虚假记载、误导性陈述或者重大遗漏的,除依照《证券法》及相关法律法规的规定处罚外,中国证监会可视情节轻重,自确认之日起采取3个月至12个月内不接受该机构出具的相关专项文件,36个月内不接受相关签字人员出具的专项文件的监管措施。

2. 第六十条:公司及其他信息披露义务人未按照规定披露信息,或者所披露的信息有虚假记载、误导性陈述或者重大遗漏的,依照《证券法》进行处罚。

3. 第六十二条:信息披露义务人及其董事、监事、高级管理人员,公司控股股东、实际控制人,为信息披露义务人出具专项文件的证券公司、证券服务机构及其工作人员,违反《证券法》、行政法规和中国证监会相关规定的,中国证监会可以采取责令改正、监管谈话、出具警示函、认定为不适当人选等监管措施,并记入诚信档案;情节严重的,中国证监会可以对有关责任人员采取证券市场禁入的措施。

(四)《全国中小企业股份转让系统业务规则(试行)》

1. 第6.1条:全国股份转让系统公司可以对本业务规则第1.4条规定的监管对象采取下列自律监管措施:(一)要求申请挂牌公司、挂牌公司及其他信息披露义务人或者其董事(会)、监事(会)和高级管理人员、主办券商、证券服务机构及其相关人员对有关问题作出解释、说明和披露;(二)要求申请挂牌公司、挂牌公司聘请中介机构对公司存在的问题进行核查并发表意见;(三)约见谈话;(四)要求提交书面承诺;(五)出具警示函;(六)责令改正;(七)暂不受理相关主办券商、证券服务机构或其相关人员出具的文件;(八)暂停解除挂牌公司控股股东、实际控制人的股票限售;(九)限制证券账户交易;(十)向中国证监会报告有关违法违规行为;(十一)其他自律监管措施。监管对象应当积极配合全国股份转让系统公司的日常监管,在规定期限内回答问询,按照全国股份转让系统公司的要求提交说明,或者披露相应的更正或补充公告。

2. 第6.4条：主办券商违反本业务规则、全国股份转让系统公司其他相关业务规定的，全国股份转让系统公司视情节轻重给予以下处分，并记入诚信档案：(一)通报批评；(二)公开谴责；(三)限制、暂停直至终止其从事相关业务。

3. 第6.5条：主办券商的相关业务人员违反本业务规则、全国股份转让系统公司其他相关业务规定的，全国股份转让系统公司视情节轻重给予以下处分，并记入诚信档案：(一)通报批评；(二)公开谴责。

(五)《全国中小企业股份转让系统挂牌公司信息披露细则(试行)》

第五十二条第一款：主办券商未按规定履行持续督导职责，对挂牌公司及其他信息披露义务人的信息披露违规行为负有责任的，按照《督导工作指引》的规定对其采取自律监管措施或纪律处分。

(六)《全国中小企业股份转让系统主办券商持续督导工作指引(试行)》

1. 第四十五条：主办券商及其持续督导人员出现以下情形之一的，全国股份转让系统公司视情形对主办券商及其相关人员采取约见谈话、责令接受培训、出具警示函、责令改正等自律监管措施：(一)未建立或者未有效执行持续督导工作制度、工作底稿管理制度、信息隔离制度；(二)未按规定对挂牌公司信息披露文件进行事前审查；(三)未按规定对挂牌公司进行核查或者现场检查；(四)未按规定对挂牌公司相关人员进行培训；(五)未按规定向全国股份转让系统公司报告挂牌公司重大情况；(六)全国股份转让系统公司规定的其他情形。

2. 第四十六条：主办券商及其持续督导人员出现以下情形之一的，全国股份转让系统公司视情形对主办券商及其相关人员采取出具警示函、暂不受理文件、通报批评、公开谴责等自律监管措施或纪律处分；情形严重的，限制、暂停直至终止主办券商从事推荐业务；并视情节轻重，及时向中国证监会报告：(一)持续督导工作底稿等与督导相关的文件存在虚假记载、误导性陈述或者重大遗漏，或者未按规定建立持续督导工作底稿；(二)唆使、协助或者参与挂牌公司披露存在虚假记载、误导性陈述或者重大遗漏的信息；(三)不配合全国股份转让系统公司自律管理工作；(四)通过持续督导工作谋取不正当利益；(五)严重违反诚实守信、勤勉尽责义务的其他情形。

四、违规案例

案例1:西部证券推荐吉林森东电力设备股份有限公司(以下简称“森东电力”)新三板挂牌的尽职调查及信息披露不充分

(一)基本案情

1. 西部证券在推荐森东电力新三板挂牌的尽职调查结论未真实反映森东电力股权情况,公开转让说明书及主办券商推荐报告披露的森东电力股权情况与公司实际股权情况不符。

森东电力在西部证券公司对其尽职调查期间(2014年9月~2015年5月),以3元/股的价格,向49名公司员工发行(转让)原始股,共计213.09万元;此外,森东电力还向部分社会人员发行(转让)原始股。截至目前,森东电力未就这部分原始股股东持股情况办理工商变更登记,也未向购买股份人员返还股份认购款,森东电力存在股权纠纷情形,导致其股权不清晰。前述问题发生在西部证券尽职调查期间,西部证券对此未给予足够关注,也未能在《公开转让说明书》及《主办券商推荐报告》中披露森东电力股权的真实情况。

2. 尽职调查结论未真实反映森东电力独立性存在的问题,未有效关注森东电力大额资金存储于控股股东邱某新个人银行卡内,导致森东电力与其控股股东资产混同,资产不独立的问题未能在公开转让说明书中如实披露。

森东电力存在公司资金与实际控制人邱某新个人资金混同的情况,邱某新3张银行卡与森东电力存在大额资金往来。森东电力会计账簿记载的库存现金大多存储于邱某新个人银行卡中,森东电力与其控股股东存在资产混同的情况。西部证券在尽职调查过程中没有对公司相关会计资料进行深入核查,没有有效揭示森东电力与控股股东资金混同甚至涉及控股股东资金占用的问题,从而导致西部证券参与签署的《公开转让说明书》披露的森东电力资产独立情况与实际情况不符。

上述行为违反了《非上市公众公司监督管理办法》第六条、第五十四条的相关规定。

(二)处理结果

吉林证监局依据《非上市公众公司监督管理办法》之规定,对西部证券采取出具警示函监督管理措施。提醒西部证券在开展新三板挂牌推荐业务中要勤勉尽责地进行尽职调查,认真履行审慎核查义务,保证所出具文件的真实性、准确性和完整性,并限期提交书面整改报告。

案例2:财通证券在对浙江思考投资管理股份有限公司(以下简称"思考投资")持续督导期间,未对披露信息进行有效事前审查,未督导挂牌公司诚实守信、规范履行信息披露义务和完善公司治理

(一)基本案情

1. 在财通证券持续督导期间,挂牌企业思考投资关联交易未履行股东大会审议程序

根据思考投资2015年年报披露,岳某斌、钱某英、覃某梅、胡某赛、毛某蓉、雷某明均为公司实际控制人,池某弟为公司财务负责人。2015年,思考投资以支付投资咨询费的名义向岳某斌、覃某梅、胡某赛以及岳某斌的弟弟岳某武分别支付1100万元、96.8万元、42.65万元、132.126万元,构成关联交易。

2015年10月22日,思考投资披露编号为2015－099号的对外投资公告,拟与实际控制人毛某蓉、覃某梅、胡某赛、钱某英以及实际控制人岳某斌的弟弟岳某武分别共同出资设立5家控股子公司,注册资本均为500万元,公司占比99.80%;2015年10月22日,思考投资披露编号为2015－100号的对外投资公告,拟与实际控制人雷某明、池某弟共同出资设立控股子公司,注册资本为500万元,公司占比为99.80%;2015年10月23日,思考投资披露编号为2015－102号的对外投资公告,拟与岳某武共同出资设立子公司,注册资本为5000万元,思考投资占比51%,上述行为构成关联交易。

2. 思考投资实际控制人资金占用情况信息披露不真实、不及时

2015年2月4日至2015年3月18日,思考投资实际控制人岳某斌通过自己母亲付某贵的账户占用公司资金626.47万元,占用期限42天。岳某斌于2016年1月18日向公司支付占用期间利息33,160.25元。2015年4月22日至2015年7月20日,岳某斌占用公司资金396.5万元,占用期限89天。两笔资金占用共计1022.97万元。

以上资金占用的情况,思考投资未在事实发生之日起两个转让日内披露;思考投资于2015年8月披露2015年半年度报告,其中第六节"重要事项"部分中,对于是否存在股东及其关联方占用或转移公司资金、资产及其他资源的情况,思考投资填写"否"。直到公司2016年3月披露2015年年度报告时,才将上述资金占用情况予以披露。

3. 思考投资关联交易信息披露不真实、不及时

对于上述思考投资以支付投资咨询费的名义向实际控制人以及实际控制人的直系亲属支付费用的关联交易行为,思考投资未予及时披露。对于上述公司与实际控制人以及实际控制人的直系亲属共同出资设立子公司的关联交易行为,思考投资披露的 3 份对外投资公告均披露不构成关联交易。公司于 2016 年 1 月发布了两份偶发性关联交易公告(公告编号 2016 - 004、2016 - 022),才对上述交易作为关联交易进行了披露。

4. 关联交易信息披露不完整

思考投资 2014 年股东大会审议通过“关于对公司 2014 年度关联交易确认的议案”,相关决议中只有题目没有内容。提请股东大会审议该议案的思考投资和召开 2014 年股东大会通知公告中,只有题目,没有内容。

5. 股东大会参会人数信息披露不准

经查明,思考投资 2015 年第三次临时股东大会实际参会股东及股东代表 16 名,对外披露有 15 名股东及股东代表参会,2015 年第九次临时股东大会实际参会股东及股东代表 17 名,对外披露 16 名股东及股东代表参会,以上会议公开披露参会人数与实际参会人数不符,属于信息披露不准确。

6. 思考投资未采取有效措施防范实际控制人资金占用

思考投资发生了上述实际控制人资金占用情况,而公司章程未建立防止股东及其关联方占用或转移公司资金的相关制度,也未采取有效措施防止上述情况发生。

思考投资存在下列资金管理不规范问题:一是股票发行过程中,公司将收到的认购款 2. 81 亿元划转至付某贵个人账户,随后于当日将 2. 81 亿元从付某贵个人账户重新存入公司账户;二是将应退还的 296. 73 万元股票发行认购款通过实际控制人个人账户进行退还;三是将应付给基金经理的 746. 9 万元投资咨询费通过实际控制人个人账户支付。公司未建立完善的资金管理内控制度和资金使用审批流程,存在未经任何内部决策程序即可将资金直接划转至实际控制人账户的情况,存在其他资金被占用的潜在风险。

财通证券作为思考投资的主办券商,未能对思考投资披露的公告进行有效事前审查,未能督导思考投资诚实守信、规范履行信息披露义务和完善公司治理,违反了《全国中小企业股份转让系统业务规则(试行)》第 1. 5 条和第 4. 2. 6 条,《全国中小企业股份转让系统挂牌公司信息披露细则(试行)》第十条,以及《全国中小企业股份转让系统主办券商管理细则(试行)》第二十九条的规定。

(二)处理结果

全国股转公司根据《全国中小企业股份转让系统主办券商持续督导工作指引(试行)》之规定,对财通证券采取出具警示函的自律监管措施。提醒财通证券应高度重视上述问题,吸取教训,认真履行主办券商应尽的持续督导义务,督促挂牌公司诚实履行信息披露义务,规范公司治理,杜绝类似问题再次发生。否则,将进一步采取自律监管措施或给予纪律处分。

案例3:华林证券在对长沙族兴新材料股份有限公司(以下简称"族兴新材")持续督导期间,未勤勉尽责

(一)基本案情

1. 未督导公司正确办理股票暂停转让

2016年4月11日华林证券在未完整收到族兴新材股票暂停转让申请材料,也未向全国股转公司提交股票暂停转让申请的情况下,即为族兴新材披露《长沙族兴新材料股份有限公司关于上市申请获证监会受理并在全国中小企业股份转让系统暂停转让的公告》,导致族兴新材股票在该公告披露后,实际仍处于可交易状态,直至2017年3月28日,全国股转公司发现其股票仍处于可交易状态,随即给其办理了紧急停牌。在此期间,其股票有买单报入,但无实际成交。

华林证券作为族兴新材的主办券商,违反了《全国中小企业股份转让系统挂牌公司暂停与恢复转让业务指南(试行)》"一、暂停转让申请(一)"、《全国中小企业股份转让系统主办券商持续督导工作指引(试行)》第二十二条和《全国中小企业股份转让系统业务规则(试行)》第5.7条的规定。

贺某波作为族兴新材的持续督导人员,未能勤勉尽责,对以上违规行为负有直接责任,违反了《全国中小企业股份转让系统主办券商持续督导工作指引(试行)》第二条的规定。

2. 未督导公司及时披露重大信息

2016年9月12日、2016年10月31日在族兴新材分别向证监会提交首次公开发行股票并在创业板上市中止审查申请、恢复审查申请且均获同意的情况下,华林证券未能及时督导族兴新材在全国股转系统指定信息披露平台进行信息披露。

华林证券的上述行为违反了《全国中小企业股份转让系统主办券商持续督导工作指引(试行)》第二条的规定。同时,华林证券未有效执行持续督导工作制度导致了上述违规事实的发生,其行为违反了《全国中小企业股份转让系统主办券商持续督导工作指引(试行)》第三十条的规定。贺某波作为族兴新材的持续督导人员,未能勤勉尽责,对以上违规行为负有直接责任,违反了《全国中小企业股份转让系统主办券商持续督导工作指引(试行)》第二条的规定。

(二)处理结果

1. 对单位的处罚

全国股转公司依据《全国中小企业股份转让系统主办券商持续督导工作指引(试行)》规定,对华林证券给予暂停从事部分推荐业务3个月的纪律处分,并记入诚信档案。

2. 对个人的处罚

全国股转公司依据《全国中小企业股份转让系统主办券商持续督导工作指引(试行)》规定,对贺某波采取暂不受理其出具的文件3个月的自律监管措施。

五、附件

附件1-3 证券公司及从业人员非上市公众公司挂牌推荐业务违规监管处罚

序号	年份	监管机构	处罚案由	处罚结果
1	2016	全国股转公司	西南证券在成都仁新科技股份有限公司推荐挂牌申报材料中的公开转让说明书与审计报告附注多处信息披露不一致	约见谈话
2	2016	吉林证监局	西部证券在推荐吉林森东电力设备股份有限公司(以下简称"森东电力")新三板挂牌时,其尽职调查结论未真实反映森东电力股权情况,公开转让说明书及主办券商推荐报告披露的森东电力股权情况与公司实际股权情况不符;尽职调查结论未真实反映森东电力独立性存在的问题	出具警示函监
3	2016	全国股转公司	国泰君安证券在新疆瑞兆源生态农业有限公司推荐挂牌申报材料中,未充分披露挂牌公司股东办理股权质押登记情况	出具警示函

续表

序号	年份	监管机构	处罚案由	处罚结果
4	2016	全国股转公司	英大证券作为原江苏透平密封高科技股份有限公司(现更名为易思维信息技术股份有限公司,以下简称“透平商科”)持续督导机构,未能勤勉尽责地督导透平高科按照相关规定履行股票暂停转让的程序并真实披露信息	约见谈话及要求提交书面承诺
5	2016	全国股转公司	长城证券作为聚融集团持续督导机构,未能勤勉尽责,未能督导挂牌公司规范履行信息披露义务、完善公司治理机制	约见谈话、要求提交书面承诺
6	2016	全国股转公司	中银证券作为唐山汇鑫嘉德节能减排科技股份有限公司的主办券商,在持续督导期间未勤勉尽责督导挂牌公司真实披露信息,构成违规	约见谈话
7	2016	全国股转公司	东吴证券作为常州爱特科技股份有限公司重大资产重组独立财务顾问,未履行诚实守信、勤勉尽责的义务	约见谈话及要求提交书面承诺
8	2016	全国股转公司	申万宏源证券作为常州爱特科技股份有限公司主办券商,未能勤勉尽责,未能督导挂牌公司规范履行信息披露义务	约见谈话
9	2016	全国股转公司	太平洋证券作为广德天运新技术股份有限公司主办券商,未能勤勉尽责,未能督导挂牌公司规范履行信息披露义务	约见谈话、要求提交书面承诺
10	2016	全国股转公司	国泰君安证券在担任参仙源参业股份有限公司重大资产重组财务顾问期间,所出具的独立财务顾问核查意见、重大资产重组相关信息披露程序及备案程序等存在违规行为	出具警示函
11	2016	全国股转公司	长城证券作为未按规定履行合格投资者报送义务,构成违规	出具警示函
12	2016	全国股转公司	东莞证券作为广东伯朗特智能装备股份有限公司的主办券商,未能对其信息披露文件进行有效事前审查,事后未能及时督导企业进行更正,未能尽到持续督导责任	约见谈话(场外业务部门负责人罗某)

续表

序号	年份	监管机构	处罚案由	处罚结果
13	2016	全国股转公司	广发证券在推荐泽辉股份申请挂牌新三板的尽职调查中,工作底稿直接复印会计师审计工作底稿作为尽职调查结果,未开展独立的尽职调查工作;仅要求对董事、监事、高级管理人员对某些事项进行承诺,来代替应履行的尽职调查程序	约见谈话并责令改正
14	2016	全国股转公司	银河证券在对挂牌公司江苏通灵电器股份有限公司持续督导期间,知悉挂牌公司存在违规行为后未督促整改,未能勤勉尽责	要求提交书面承诺
15	2016	全国股转公司	中投证券在对成都页游科技股份有限公司持续督导期间,未能对其公司治理不规范、信息披露违规行为及时作出反应,未能勤勉尽责	约见谈话并要求提交书面承诺
16	2016	全国股转公司	国信证券在担任李某红收购挂牌公司武汉三灵科技产业股份有限公司(以下简称“三灵科技”)的财务顾问过程中,财务顾问报告与实际情况不符	采取约见谈话并要求提交书面承诺(场外市场部负责人鲁某德)
17	2016	全国股转公司	收购人李某红通过协议方式对挂牌公司三灵科技进行收购,国盛证券作为三灵科技的主办券商同时担任收购方的财务顾问,国盛证券未能督导企业规范公司治理,遵守收购过渡期规定	约见谈话并要求提交书面承诺(投资银行部负责人刘某根、场外市场部负责人邓某)
18	2016	全国股转公司	财通证券在对浙江古纤道股份有限公司持续督导期间,知悉挂牌公司存在违规行为,未主动向当地证监局报告	要求提交书面承诺
19	2016	全国股转公司	西部证券作为新疆敦华石油技术股份有限公司资产重组独立财务顾问,出具的独立财务报告不准确	要求出具书面承诺
20	2016	全国股转公司	国都证券提交的《关于浙江芯能光伏科技股份有限公司尽职调查报告》存在明显错误,未能勤勉尽责	出具警示函

续表

序号	年份	监管机构	处罚案由	处罚结果
21	2016	全国股转公司	平安证券作为创元期货股份有限公司(以下简称“创元期货”)的主办券商,未能督促创元期货按照规定的要求履行信息披露义务,未能对创元期货的违规信息披露履行事前审查义务	要求提交书面承诺
22	2016	全国股转公司	平安证券作为浙江斯达电气设备股份有限公司(以下简称“斯达电气”)的主办券商,未能勤勉督促斯达电气按照规定的要求履行信息披露义务,未能对斯达电气的违规信息披露履行事前审查义务	要求提交书面承诺
23	2016	全国股转公司	国泰君安证券作为天津环宇橡塑股份有限公司进入全国股份转让系统挂牌并公开转让的主办券商,未在公开转让说明书等申报文件中充分披露重大诉讼信息	约见谈话并提交书面承诺的监管措施(部门负责人汲某立、时任项目负责人陈某鹏、时任内核专员施某浩)
24	2016	全国股转公司	国海证券在对深圳易普森科技股份有限公司(以下简称“易普森”)持续督导期间,未按要求督导易普森办理暂停转让事宜,且上传文件错误,导致信息披露内容不准确	约见谈话并要求提交书面承诺(公司副总裁燕某波、质控部总经理李某华)
25	2016	全国股转公司	财通证券在持续督导深圳市易图资讯股份有限公司(以下简称“易图资讯”)期间,已知悉易图资讯将进行利润分配,却未督促易图资讯按照规则要求的时间节点披露利润分配实施公告	要求提交书面承诺
26	2016	全国股转公司	东莞证券作为辰东意普万新材料(广东)有限公司(以下简称“意普万”)主办券商,持续督导期间知悉意普万实际控制人变更后未及时指导,督促挂牌公司规范履行信息披露义务	约见谈话(新三板业务分管副总裁部某民,项目负责人罗某琪)
27	2016	全国股转公司	中泰证券作为青岛思普润水处理股份有限公司推荐挂牌主办证券公司,未勤勉尽责,未确保申报材料准确、完整	要求提交书面承诺

续表

序号	年份	监管机构	处罚案由	处罚结果
28	2016	全国股转公司	中泰证券作为山东联科新材料股份有限公司(以下简称"联科股份")持续督导机构,对于联科股份公司治理及信息披露方面存在的违规事实未能审慎、恰当地发表意见,没有做到勤勉尽责	要求提交书面承诺
29	2016	全国股转公司	中山证券在持续督导上海皆悦文化影视传媒股份有限公司期间,未能发现挂牌公司信息披露遗漏,且披露的关于占用风险提示公告存在明显错误	约见谈话、要求提交书面承诺(陈某庆、王丙)
30	2016	全国股转公司	华泰证券为推荐江苏伊贝实业股份有限公司挂牌的主办券商,《公开转让说明书》未披露关联担保情形,且未勤勉履行补充核查义务	要求提交书面承诺
31	2016	全国股转公司	天风证券作为推荐河北德谦环保科技股份有限公司挂牌的主办券商,因工作人员失误,申报材料未及时上传 BPM 申报系统,工作人员在 BPM 系统擅自修改财务报告审计基准日期	要求提交书面承诺
32	2016	全国股转公司	五矿证券作为推荐陕西通海绒业股份有限公司挂牌的主办券商,在推荐挂牌过程中信息披露遗漏,未能勤勉尽责	要求提交书面承诺
33	2016	全国股转公司	国海证券作为推荐浙江鑫甬生物化工股份有限公司挂牌的主办券商,未勤勉尽责,未核查到关联方担保合同,申报材料信息披露遗漏	要求提交书面承诺
34	2016	全国股转公司	华福证券作为推荐青岛国林环保科技股份有限公司挂牌的主办券商,未按规定对其推荐挂牌公司董事和高级管理人员超过《公司法》规定25%的限额转让其所持股份的事项发表专项核查意见,未履行勤勉尽责义务	要求提交书面承诺

续表

序号	年份	监管机构	处罚案由	处罚结果
35	2016	全国股转公司	国信证券作为推荐深圳市捷佳伟创新能源装备股份有限公司(以下简称“捷佳伟创”)挂牌的主办券商,申请挂牌文件中存在未充分尽职履责的违规行为,尽职调查过程中未对捷佳伟创历史上股权变更的存疑事项进行深入全面的核查,未充分勤勉尽责地履行尽职调查职责,对于捷佳伟创历史上是否存在股权代持的事实在挂牌前后出具相反的核查意见,出具文件不准确、不完整	要求提交书面承诺
36	2016	全国股转公司	湘财证券在对北京利昌鸿达科技股份有限公司持续督导期间,未勤勉尽责,未督导挂牌公司办理暂停股票转让的业务申请事宜	约见谈话、要求提交书面承诺(龙某、赵某)
37	2016	全国股转公司	民生证券作为宁波惠尔顿婴童安全科技股份有限公司(以下简称“惠尔顿”)持续督导机构,未勤勉尽责,未及时发现惠尔顿办理权益分派业务操作流程违规和信息披露不真实问题	要求提交书面承诺
38	2016	全国股转公司	中信建投证券作为三门峡速达交通节能科技股份有限公司(以下简称“速达科技”)的主办券商兼独立财务顾问,未能在信息披露事前审查中发现速达科技对重组行为存在误判,也未能在明知公司交易行为构成重大资产重组的情况下督导公司规范履行相关程序	出具警示函、要求提交书面承诺
39	2016	全国股转公司	东莞证券作为推荐东莞兆舜有机硅科技股份有限公司进入全国中小企业股份转让系统挂牌主办券商,在知晓公司控股股东、实际控制人、董事长多次向公司借款的情况下,未督促公司对该事项进行披露	要求提交书面承诺
40	2016	全国股转公司	方正证券作为上海天信网络科技股份有限公司的主办券商,在核查过程中已关注到公司存在资金占用事项,但未及时督促公司履行信息披露义务,未能履行勤勉尽责义务,未能保证申请挂牌文件信息披露的真实、准确、完整	出示警示函

续表

序号	年份	监管机构	处罚案由	处罚结果
41	2016	全国股转公司	财通证券作为思考投资的主办券商，未能对思考投资披露的公告进行有效事前审查，未能督导思考投资诚实守信、规范履行信息披露义务和完善公司治理	出具警示函
42	2016	全国股转公司	财通证券作为浙江晨龙锯床股份有限公司（以下简称“晨龙锯床”）的主办券商，持续督导期间对晨龙锯床2015年半年报报告期内存在的资金占用问题进行了现场核查，却没有对晨龙锯床披露的2015年半年报进行有效事前审查，未能发现该半年报存在披露不真实的情况	约见谈话（投资银行三部负责人黄某文）
43	2016	全国股转公司	中信建投证券在提交珠海伊斯佳科技股份有限公司申请挂牌文件中关于股利分配事项的具体内容不完整，未充分对公开转让说明书的完整性进行核查	要求提交书面承诺
44	2016	全国股转公司	国信证券在推荐南京臣功制药股份有限公司（以下简称“臣功制药”）挂牌申请文件及反馈意见回复等申请文件中存在信息披露遗漏的违规行为，国信证券对臣功制药信息披露的完整性负有责任，未能勤勉尽责	要求提交书面承诺
45	2016	全国股转公司	安信证券在推荐深圳优力可科技股份有限公司挂牌申请文件中存在与事实不符内容	约见谈话并要求提交书面承诺（场外业务部负责人李丙、时任项目负责人及签字律师刘甲、签字会计师张乙）
46	2017	全国股转公司	信达证券作为原成都普罗米新科技股份有限公司（现用名成都十九号极速文化传播股份有限公司）的主办券商，持续督导期间已知悉挂牌公司实际控制人变更的情形，但未及时指导、督促挂牌公司履行《非上市公众公司收购管理办法》规定的信息披露义务	约见谈话（场外市场部负责人樊某、项目负责人袁某）

续表

序号	年份	监管机构	处罚案由	处罚结果
47	2017	全国股转公司	广发证券在推荐拉萨宝莲生物科技股份有限公司挂牌过程中，未勤勉尽责，公开转让说明书中披露对关联方应收款项认定、披露错误	要求提交书面承诺
48	2017	全国股转公司	万联证券在推荐河南华鑫漯阜物流股份有限公司申请挂牌中，就申报审查期间公司期后重大事项调查不充分，项目小组未勤勉尽责，仅采取了书面、电话问询方式了解	要求提交书面承诺
49	2017	全国股转公司	东吴证券在推荐“欢乐逛”挂牌过程中，关联交易披露不充分，未充分履行勤勉尽责义务	要求提交书面承诺
50	2017	全国股转公司	银河证券作为北京瑞星信息技术股份有限公司的主办券商，在核查过程中未关注到公司在《公开转让说明书》中使用非最终审定版的审计报告的财务数据，导致《公开转让说明书》财务报表中部分数据填写有误	要求提交书面承诺
51	2017	全国股转公司	海通证券作为杭州天元宠物用品股份有限公司（以下简称“天元宠物”）的主办券商，未能保证申请挂牌文件信息披露的真实、准确、完整，对于天元宠物的上述信息披露违规行为负有重要责任	要求提交书面承诺
52	2017	全国股转公司	湘财证券为“盟云移软”重大资产重组提供独立财务顾问服务，同时担任“盟云移软”的主办券商，在明知重大资产重组存在重大程序瑕疵的情况下，仍出具独立财务顾问报告	出具警示函、要求提交书面承诺
53	2017	全国股转公司	华泰证券在推荐“源衡公司”挂牌申请文件中，对挂牌公司环保处罚金额有误，未能勤勉尽责	要求提交书面承诺
54	2017	全国股转公司	首创证券推荐世纪天鸿教育科技股份有限公司申请挂牌文件中，信息披露不真实，首创证券未对公司披露事项充分勤勉尽责地履行尽职调查职责	要求提交书面承诺

续表

序号	年份	监管机构	处罚案由	处罚结果
55	2017	全国股转公司	招商证券在推荐安徽宣燃天然气股份有限公司挂牌过程中，未对公开转让说明书进行核查，信息披露不完整	要求提交书面承诺
56	2017	全国股转公司	东北证券在对济南同智创新能源科技股份有限公司持续督导期间，未能在知悉或者应当知悉挂牌公司发生违规对外担保之日起 15 个转让日内对其进行现场检查	要求提交书面承诺
57	2017	全国股转公司	中泰证券在对宁波瑞丽洗涤股份有限公司（以下简称瑞丽洗涤）持续督导期间，发现挂牌公司违规担保未按照公司章程履行审议程序，也未及时进行信息披露。中泰证券未能对瑞丽洗涤进行现场检查	要求提交书面承诺
58	2017	全国股转公司	华泰证券督导的恩施自治州好又多商贸股份有限公司挂牌后违规对外提供担保，未按照公司章程履行审议程序，也未及时进行信息披露。华泰证券未能在知悉或者应当知悉挂牌公司发生违规对外担保之日起 15 个转让日内对其进行现场检查	要求提交书面承诺
59	2017	全国股转公司	西南证券督导的山东文正衣品股份有限公司挂牌违规对外提供担保，未按照公司章程履行审议程序，也未及时进行信息披露。西南证券未能在知悉或者应当知悉挂牌公司发生违规对外担保之日起 15 个转让日内对其进行现场检查	要求提交书面承诺
60	2017	全国股转公司	西部证券督导的北京爱酷游科技股份有限公司在 12 个月内存在两次符合重大资产重组的投资行为，应当履行重组程序和信息披露义务，但西部证券未能在信息披露事前审查中发现公司重组行为，未能切实履行持续督导责任	要求提交书面承诺

续表

序号	年份	监管机构	处罚案由	处罚结果
61	2017	全国股转公司	华林证券在督导族兴新材期间,未能督导公司正确办理股票暂停转让手续、未能督导公司及时披露重大信息	暂停公司从事部分推荐业务3个月,记入诚信档案
62	2017	全国股转公司		暂不受理持续督导人员贺某出具的文件3个月
63	2017	全国股转公司	东兴证券作为挂牌公司时空客集团股份有限公司(以下简称“时空客”)的持续督导机构,在对时空客资金占用现场检查时未按要求编制检查工作方案和检查工作报告,时空客在出现不能规范履行信息披露义务的情况时,未对其启动相应现场检查	出具警示函
64	2017	全国股转公司	华龙证券作为洁誉科技(上海)股份有限公司(以下简称“洁誉科技”)推荐挂牌主办券商,未勤勉尽责,导致洁誉科技在未从上海股权交易中的摘牌的情况下办理完成了在全国股转系统的挂牌程序	出具警示函
65	2017	湖北证监局	长江证券作为山东鲁强电工科技股份有限公司推荐挂牌的主办券商,在尽职调查方面存在不足,重大合同披露不充分,未严格按照规定开展尽职调查和底稿管理工作	责令改正
66	2017	湖北证监局	东方花旗证券作为武汉银都文化传媒股份有限公司(以下简称“银都传媒”)推荐挂牌的主办券商,在执业过程中对关联方及关联交易核查程序不规范、未对毛利率异常采取有效调查手段、未对异常客户进行实质性核查、未对巨额预付账款进行审慎调查、未及时更正信息披露违规事项。银都传媒股权质押公告显示,东方花旗证券未对现金流的异常变动予以关注、未对现金交易保持应有的谨慎,且在持续督导期间未关注募集资金的异常变化,披露募集资金使用情况与事实明显不符	出具警示函

续表

序号	年份	监管机构	处罚案由	处罚结果
67	2017	全国股转公司	国信证券持续督导天涯社区网络科技股份有限公司重大资产重组时披露信息有误,国信证券作为持续督导证券公司,未对挂牌公司拟披露的公告进行事前审查,督导挂牌公司规范履行信息披露义务,指导挂牌公司规范办理暂停与恢复转让等业务,在持续督导过程中未履行勤勉尽责义务	要求提交书面承诺
68	2017	全国股转公司	海通证券作为中红普林医疗用品股份有限公司推荐挂牌主办券商,对申报材料中关联方的认定及披露不充分问题负有责任,未能勤勉尽责	要求提交书面承诺
69	2017	全国股转公司	财通证券作为西双版纳新高深橡胶股份有限公司推荐挂牌的主办券商,对申请挂牌文件中信息披露遗漏违规行为负有责任,未能勤勉尽责	要求提交书面承诺
70	2017	全国股转公司	东方财富证券对阿尼信息技术股份有限公司持续督导期间,为挂牌公司申请恢复转让业务违规且信息披露有误	要求提交书面承诺
71	2017	全国股转公司	安信证券作为深圳市大族元亨光电股份有限公司(以下简称“元亨光电”)的主办券商,在对元亨光电2015年年度报告进行事前审查过程中未能勤勉尽责,未及时督促元亨光电披露法律意见书、规范履行信息披露义务	要求提交书面承诺
72	2017	全国股转公司	申万宏源证券作为上海誉德动力技术集团股份有限公司(以下简称“誉德股份”)推荐挂牌的主办券商,未审慎关注誉德股份审计报告出具主体的资质瑕疵问题,未勤勉尽责履行核查义务	出具警示函
73	2017	全国股转公司	华龙证券作为宁夏圣荣沐园林绿化股份有限公司推荐挂牌的主办券商,未督导挂牌公司按规定程序办理信息披露,负有责任	出具警示函

续表

序号	年份	监管机构	处罚案由	处罚结果
74	2017	全国股转公司	东海证券作为北京博雅英杰科技股份有限公司（以下简称“博雅科技”）持续督导机构，未能发现挂牌公司信息披露错误，在发现博雅科技存在资金占用行为后未能进行全面检查，未能督促博雅科技建立和完善公司章程	出具警示函
75	2017	全国股转公司	安信证券在对深圳市优能控股股份有限公司持续督导期间，未与挂牌公司建立有效的日常联系机制，未能在出现相关规定情形时对公司进行现场检查，未能勤勉尽责履行持续督导职责	要求提交书面承诺
76	2017	全国股转公司	东兴证券在对安徽瑞格电梯服务股份有限公司（以下简称“瑞格股份”）持续督导期间，在瑞格股份未提交会计师事务所正式出具的审计报告的情况下为其进行信息披露，对于该行为未及时报告或发布风险警示公告，未能尽职履行持续督导义务，未能督导瑞格股份诚实守信、规范履行信息披露义务	要求提交书面承诺
77	2017	全国股转公司	申万宏源作为西藏房掌柜网络股份有限公司（以下简称“房掌柜”）推荐挂牌的主办券商，在挂牌审查期间，没有有效核查房掌柜增资事项，未做到勤勉尽责	出具警示函
78	2017	全国股转公司	德邦证券作为上海众盟软件科技股份有限公司（以下简称“众盟软件”）的主办券商，在持续督导期间，未发现暂停转让申请材料错误，并提示以错误方式提交暂停转让申请；同时，在众盟软件暂停转让申请材料不完备的情况下，对其暂停转让公告予以披露	要求提交书面承诺

续表

序号	年份	监管机构	处罚案由	处罚结果
79	2017	全国股转公司	东北证券作为北京天际数字技术股份有限公司（以下简称“天际数字”）持续督导机构，在为天际数字披露年报过程中，未履行内部控制审批程序，年报披露完成后补提审批流程，但未注明审计报告未经审计机构盖章；在天际数字未提交会计师事务所出具的审计报告盖章件的情况下为其进行信息披露并填报分层财务数据，对于该行为未及时向全国股转公司报告或发布风险警示公告	出具警示函并责令改正
80	2017	全国股转公司	长江证券作为大连凯洋世界海鲜股份有限公司推荐挂牌的主办券商，申报材料信息披露不完整，且在推荐挂牌过程中，尽职调查不充分，未尽到审慎核查、勤勉尽责义务	约见谈话并要求提交书面承诺
81	2018	青岛证监局	安信证券作为青岛奥盖克化工股份有限公司（以下简称“奥盖克”）推荐挂牌主办券商，对对外担保核查程序不规范、未对奥盖克与关联方之间大额异常资金往来审慎关注	出具警示函
82	2018	山西证监局	东方花旗证券作为山西澳坤生物农业股份有限公司推荐挂牌的主办券商，在持续督导过程中未对异常交易进行实质性核查、未对诉讼事项进行审慎核查、关联方及关联交易核查程序不规范	对项目负责人袁某丽出具警示函，记入诚信档案
83	2018	江苏证监局	万联证券作为张家港中讯邮电科技股份有限公司（以下简称“中讯邮电”）持续督导机构，在中讯邮电信息披露审核过程中，未勤勉尽责，存在明显疏漏	出具警示函

续表

<table>
<tr><th>序号</th><th>年份</th><th>监管机构</th><th>处罚案由</th><th>处罚结果</th></tr>
<tr><td>84</td><td>2018</td><td>广东证监局</td><td>中泰证券作为中青朗顿(太湖)教育文化科技股份有限公司(以下简称“朗顿教育”)持续督导机构以及2015年重大资产重组项目的独立财务顾问,在对朗顿教育信息披露文件进行事前审查、持续督导其规范履行信息披露义务和完善公司治理机制等过程中,未能勤勉尽责、严格履行法定职责,未能及时予以关注并督促其采取有效措施予以整改。在为朗顿教育重大资产重组项目出具独立财务顾问报告过程中,未认真履行对尊天文化资产权属的审慎核查义务</td><td>出具警示函</td></tr>
<tr><td>85</td><td>2018</td><td>浙江证监局</td><td rowspan="2">国都证券作为浙江盛天文化传媒股份有限公司(以下简称“盛天传媒”)推荐挂牌主办券商,对大额定期存单未认真履行审慎核查义务,导致盛天传媒1.149亿元大额存单质押未被披露</td><td>出具警示函</td></tr>
<tr><td>86</td><td>2019</td><td>全国股转公司</td><td>出具警示函</td></tr>
<tr><td>87</td><td>2019</td><td>全国股转公司</td><td>东方花旗证券在对银都传媒持续督导期间,关联方及关联交易核查程序不规范、在核查收入真实性方面未能做到勤勉尽责、未关注募集资金的异常变化、未能督促银都传媒及时更正信息披露违规事项;在募集资金核查及临时报告的事前审查方面,未能勤勉履行主办券商持续督导义务,导致未能发现银都传媒存在募集资金使用情况披露不真实及关联交易未履行决策程序未被披露</td><td>出具警示函</td></tr>
<tr><td>88</td><td>2019</td><td>全国股转公司</td><td>万联证券作为中讯邮电主办券商,持续督导期间在年报信息披露审核过程中,未勤勉尽责,存在明显疏漏,未能及时发现年审报告造假的问题</td><td>出具警示函</td></tr>
</table>

续表

序号	年份	监管机构	处罚案由	处罚结果
89	2019	全国股转公司	中泰证券作为广东温迪数字传播股份有限公司(以下简称"温迪数字")主办券商,持续督导期间在对其信息披露文件进行事前审查、持续督导其履行信息披露义务和完善公司治理等过程中,未能勤勉尽责、严格履行法定职责,未能及时关注温迪数字违规问题并督促其采取有效措施予以整改	出具警示函
90	2019	江苏证监局	大通证券作为江苏焕鑫新材料股份有限公司(以下简称"焕鑫新材")主办券商,持续督导期间在对其定期报告、临时报告等信息披露文件进行审查过程中,未能勤勉尽责,未能认真履行审慎核查义务,未能及时发现焕鑫新材股东及关联方资金占用,未能有效督导焕鑫新材真实、准确、完整、及时地披露信息	出具警示函
91	2018	上海证监局	爱建证券作为元亨利珠宝股份有限公司、上海嘉捷通电路科技股份有限公司的主办券商,在尽职调查过程中未严格遵守行业执业规范,未认真履行审慎核查义务	出具警示函
92	2018	四川证监局	华西证券在宜宾市民生冷链股份有限公司新三板挂牌项目推荐尽调过程中未能勤勉尽责	出具警示函
93	2017	全国股转公司	中泰证券在山东宏力热泵能源股份有限公司、宁波亚锦电子科技股份有限公司挂牌过程中,推荐间接持有7%以上股份的公司挂牌,尽职调查工作底稿不健全,工作底稿与公开转让说明书披露信息不一致	责令改正

第四节　资产证券化业务

资产证券化业务,是指以基础资产所产生的现金流为偿付支持,通过结构化等方式进行信用增级,在此基础上发行资产支持证券的业务活动。自2005年开始试点以来,我国资产证券化业务已进入快速发展阶段,随着《证券公司及基金管理公司子公司资产证券化业务管理规定》及相关配套制度的出台,资产证券化业务有关的监管制度已较为完善。近年内,随着去杠杆以及资管新规落地,监管部门进一步加大资产证券化业务的检查力度,对应的业务合规问题已逐步显现。部分证券公司执业水平较差,不能很好地对项目进行评估分析,完成风险提示的责任,或因尽职调查不充分导致未发现风险,甚至主动忽略或掩盖风险,最终没能将资产风险有效地向投资者揭示,造成投资者的损失等问题成为监管处罚重点。可以预见,在现阶段去杠杆以及资管新规的背景下,一方面资产证券化成为企业融资重要手段,另一方面从严监管仍是未来业务发展的趋势。

一、违规处罚整体情况

统计期内,证券公司及从业人员在开展资产证券化业务过程中,因违规行为被处罚的案例共计11起,涉及8家证券公司、1名证券从业人员。

(一)证监会和各地证监局(10起)

均为行政监管措施。包括:(1)对9家证券公司出具警示函;(2)对1名证券从业人员出具警示函。

(二)中国基金业协会(1起)

为纪律处分,即暂停受理1家证券公司证券资产支持专项计划备案6个月。(具体见附件1-4:证券公司及从业人员资产证券化业务违规监管处罚)

二、违规行为分析

结合监管处罚案例分析,证券公司及从业人员开展资产证券化业务过程中,被处罚主要因以下三类违规行为。

(一)8 起处罚案例涉及项目尽职调查不充分

1. 未按照《证券公司及基金管理子公司资产证券化业务尽职调查工作指引》对相关交易主体和基础资产进行全面的尽职调查。

2. 未按照项目标准条款、计划说明书约定对循环购买的基础资产进行审查。

3. 未及时发现项目担保承诺函所用印章系伪造、部分尽职调查成员未在尽职调查报告上签字的问题等。

(二)6 起处罚案例涉及项目存续期管理不到位

1. 未按照《证券公司及基金管理公司子公司资产证券化业务管理规定》管理要求,在专项计划存续期间,督促原始权益人以及为专项计划提供服务的有关机构,履行法律规定及合同约定的义务。

2. 未对基础资产进行定期检查,未及时检查持续经营状况及基础资产现金流状况。

3. 未能及时发现部分项目原始权益人未按约定归集及转付资金、个别项目受让的基础资产发生大面积逾期的情况。

(三)3 起处罚案例涉及未及时履行信息披露义务

未按照《证券公司及基金管理公司子公司资产证券化业务信息披露指引》履行信息披露义务,未按计划说明书要求披露管理报告,未定期披露循环购买情况等。

三、处罚依据

监管机构对证券公司及从业人员在开展资产证券化业务时的违规行为的处罚依据一般是《证券公司及基金管理公司子公司资产证券化业务管理规定》《证券公司及基金管理公司子公司资产证券化业务尽职调查工作指引》《证券公

司及基金管理公司子公司资产证券化业务信息披露指引》《资产支持专项计划备案管理办法》等。

(一)《证券公司及基金管理公司子公司资产证券化业务管理规定》

第四十六条:中国证监会及其派出机构依法对资产证券化业务实行监督管理,并根据监管需要对资产证券化业务开展情况进行检查。对于违反本规定的,中国证监会及其派出机构可采取责令改正、监管谈话、出具警示函、责令公开说明、责令参加培训、责令定期报告、认定为不适当人选等监管措施;依法应予行政处罚的,依照《证券法》《证券投资基金法》等法律法规和中国证监会的有关规定进行处罚;涉嫌犯罪的,依法移送司法机关,追究其刑事责任。

(二)《资产支持专项计划备案管理办法》

1. 第二十四条:管理人、托管人、销售机构违反法律法规、本办法、协会章程及其他自律规则的,基金业协会可以视情节轻重对其采取谈话提醒、书面警示、要求限期改正、公开谴责、暂停备案、取消会员资格等纪律处分,对直接负责的主管人员和其他直接责任人员采取谈话提醒、书面警示、要求参加强制培训、行业内谴责、认定为不适当人选、暂停从业资格、取消从业资格等纪律处分。情节严重的,移交中国证监会处理。

2. 第二十五条:管理人未取得资产管理业务资格开展资产证券化业务的,基金业协会可取消其会员资格,移交中国证监会处理,且一年之内不再受理相关备案申请。对直接负责的主管人员和其他直接责任人员,协会可认定为不适当人选。

3. 第二十六条:管理人有下列情形之一的,基金业协会可视情节轻重,相应采取谈话提醒、书面警示、要求限期改正、暂停备案三个月等纪律处分;对直接负责的主管人员和其他直接责任人员,基金业协会可相应采取谈话提醒、书面警示、要求参加强制培训等纪律处分。(一)多次报备不及时、不完备、未按要求补正;(二)不配合问询、约谈;(三)专项计划被交易场所、登记结算机构、证券业协会等自律组织采取自律措施;(四)计划说明书等备案材料的内容与格式不符合基金业协会要求;(五)其他违反自律规则的行为。

4. 第二十七条:管理人有下列情形之一的,应当限期改正,基金业协会可视情节轻重相应采取公开谴责、暂停备案六个月、取消会员资格等纪律处分;对直接负责的主管人员和其他直接责任人员,基金业协会可相应采取要求参加强制培训、行业内谴责、认定为不适当人选、暂停从业资格、取消从业资格等纪律处分。(一)向合格投资者之外的单位或者个人非公开募集资金或者转让资产支持证券或专项计划合格投资者超过200人；（二）基础资产被列入负面清单；（三）备案材料及日常运行报告存在瞒报漏报、虚假记载、合规性问题；（四）不配合基金业协会自律检查；（五）未按规定完成备案，擅自在证券交易场所转让资产支持证券；（六）专项计划被证监会采取行政监管措施。（七）其他违反法律法规、证监会规定的行为。

5. 第二十八条：管理人设立的专项计划在一年之内出现两次以上重大风险事件的，基金业协会可暂停其专项计划备案，暂停期为三至六个月。情节严重的，移交中国证监会处理。

6. 第二十九条：管理人、托管人、销售机构在一年之内被基金业协会采取两次谈话提醒、书面警示、要求限期改正等纪律处分的，基金业协会可暂停其资产管理计划备案一至三个月；在二年之内被基金业协会采取两次公开谴责、暂停备案纪律处分的，基金业协会可采取取消会员资格纪律处分。从业人员在一年之内被采取两次谈话提醒、书面警示纪律处分的，基金业协会可要求其参加强制培训；在二年内被两次要求参加强制培训或行业内谴责的，基金业协会可采取认定为不适当人选、暂停从业资格、取消从业资格纪律处分。

7. 第三十条：因涉嫌违规等情形造成投资者损失，管理人、托管人、销售机构积极主动采取补偿投资者损失、与投资者达成和解等措施，减轻或消除不良影响的，基金业协会可以减轻对其的纪律处分。

四、违规案例

案例1：恒泰证券影响“宝信租赁二期资产支持专项计划”（以下简称“宝信二期”）等三只专项计划资产的独立性，破坏资产证券化业务的基础法律关系，使专项计划资产出现被侵占、挪用的风险

（一）基本案情

1. 宝信二期、“宝信租赁四期资产支持专项计划”（以下简称“宝信四期”）和“吉林水务供水收费权资产支持专项计划”（以下简称“吉林供水收费”）等三只资产支持专项计划（以下简称“专项计划”）均为恒泰证券管理。

上述三只专项计划的原始权益人按照约定将基础资产产生的回收款归集至监管账户后，在专项计划投资者不知情的情况下，短期内迅速转出。在专项计划账户划转归集资金日之前，重新将资金集中转回监管账户。案发时，累计从宝信二期监管账户转出的资金笔数为24笔，转出规模为2.75亿元；从宝信

四期监管账户转出的资金笔数为 21 笔,转出规模为 6.85 亿元;从吉林供水收费的资金归集账户转出的资金笔数为 188 笔,转出规模为 4.78 亿元。

2. 本案审理过程中,恒泰证券提出以下四点申辩理由:

第一,宝信二期、宝信四期和吉林供水收费项目存在基础资产现金流回款分散的特点,如果资金归集至监管账户后不能被原始权益人再使用,将经常出现监管账户沉淀大量资金的情况,大幅降低资金利用效率,进而提高原始权益人的整体资金成本。

第二,公司已经建立相对封闭、独立的基础资产现金流归集机制,设置了基础资产现金流依次进入收款账户、监管账户、托管账户的归集路径,同时设置了根据主体信用评级而调整的现金流归集频率,以便控制资金混同风险及资金挪用风险。

第三,现阶段大部分资产证券化业务本质是为原始权益人提供的融资服务,因此降低成本对该业务的顺利开展意义重大。

第四,宝信二期、宝信四期和吉林供水收费等项目虽存在原始权益人动用监管账户资金的情况,但这是项目协议及条款约定的,而这种约定符合监管要求,能够控制资金混同风险及资金挪用风险。

3. 中国基金业协会对案件事实作出以下认定:

(1)恒泰证券作为专项计划管理人,应当按照法律法规、自律规则的有关要求和合同约定,认真履行专项计划管理人职责,将专项计划持有人的利益摆在优先位置。根据有关法律和专项计划说明书,专项计划管理人恒泰证券代表专项计划的认购人按照有关协议购买基础资产后,基础资产的全部所有权和相关权益均转让给专项计划。因此,专项计划监管账户的归集资金属于专项计划资产,原始权益人和专项计划管理人无权擅自动用监管账户内的资金或者擅自约定监管账户内资金的使用。

(2)恒泰证券作为专项计划管理人,不仅未能忠于职守,反而认为"现阶段大部分资产证券化业务本质是为原始权益人提供的融资服务",混淆了债务融资业务与资产证券化业务,从降低原始权益人融资成本的角度出发,在专项计划持有人不知情的情况下,与原始权益人、监管银行签订《监管协议谅解备忘录》,约定"监管账户中的资金可由宝信租赁用于支付融资租赁业务的设备款或用于偿还宝信租赁向其他机构的借款",并且多次从监管账户转出归集资金。

上述行为违背了《证券投资基金法》《证券公司及基金管理公司子公司资产证券化业务管理规定》以及相关自律规则的要求,影响了专项计划资产的独立性,破坏了资产证券化业务的基础法律关系,使专项计划资产出现被侵占、挪用的风险。

同时,恒泰证券未按照《证券公司及基金管理公司子公司资产证券化业务信息披露指引》第十九条的规定,报告上述《监管协议谅解备忘录》有关内容。

(二)处理结果

鉴于上述基本事实和情节,根据《纪律处分实施办法(试行)》《资产支持专项计划备案管理办法》的规定,中国基金业协会决定自 2017 年 8 月 1 日起暂停受理恒泰证券资产支持专项计划备案,暂停期限为 6 个月。暂停期满,恒泰证券应当向中国证监会内蒙古监管局和中国基金业协会提交整改报告,经验收合格后,再予恢复受理资产支持专项计划备案。

案例 2:国信证券作为邹平电力购售电合同债权资产支持专项计划(以下简称"邹平电力 ABS")管理人未对基础资产进行全面的尽职调查,在存续期内未履行相应义务

(一)基本案情

1. 尽职调查方面

国信证券作为邹平电力 ABS 计划管理人,未对邹平电力 ABS 基础资产进行全面的尽职调查,出具的《邹平电力购售电合同债权资产支持专项计划说明书》部分内容存在虚假记载。

2. 存续期管理方面

在邹平电力 ABS 存续期间,国信证券未及时履行相关信息披露义务,未监督、检查邹平县电力集团有限公司持续经营情况和基础资产现金流情况。

上述行为违反了《证券公司及基金管理公司子公司资产证券化业务管理规定》第十三条、第四十一条和第四十二条的规定。

(二)处理结果

山东证监局根据《证券公司及基金管理公司子公司资产证券化业务管理规定》的规定,对国信证券采取出具警示函的监管措施。

案例 3:申万宏源证券资产证券化业务内控不完善

(一)基本案情

申万宏源证券作为资产支持专项计划管理人,存在以下问题:

第一,多个项目尽职调查不充分,未能及时发现个别项目担保承诺函所用印章系伪造,存在部分尽职调查成员未在尽职调查报告上签字、未按照项目标准条款和计划说明书约定对循环购买的基础资产进行审查的情形。

第二，部分项目存续期管理不到位，未对基础资产进行定期检查，未能及时发现部分项目原始权益人未按约定归集及转付资金、个别项目受让的基础资产发生大面积逾期的情况。

第三，个别项目未按照计划说明书要求披露季度管理报告，未定期披露循环购买情况。

上述情形不符合《证券公司及基金管理公司子公司资产证券化业务管理规定》《证券公司及基金管理公司子公司资产证券化业务尽职调查工作指引》《证券公司及基金管理公司子公司资产证券化业务信息披露指引》相关规定。

（二）处理结果

上海证监局根据《证券公司及基金管理公司子公司资产证券化业务管理规定》第四十六条的规定，对申万宏源证券公司予以警示。

五、附件

附件1－4　证券公司及从业人员资产证券化业务违规监管处罚

序号	年份	监管机构	处罚案由	处罚结果
1	2017	上海证监局	申万宏源作为资产支持专项计划管理人，个别尽职调查报告存在调查分析前后不一、报告结论缺乏充分证据支撑等情形，未能全面反映重要债务人偿付能力和资信水平	出具警示函
2	2017	基金业协会	恒泰证券作为专项计划管理人，未按照要求和合同约定，认真履行专项计划管理人职责，未将专项计划持有人的利益摆在优先位置，使专项计划资产出现被侵占、挪用的风险	暂停受理资产支持专项计划备案6个月
3	2018	山东证监局	国信证券作为“邹平电力ABS”计划管理人，未对邹平电力ABS基础资产进行全面的尽职调查，出具的材料部分内容存在虚假记载。在邹平电力ABS存续期间，未及时履行相关信息披露义务，未监督、检查邹平县电力集团有限公司持续经营情况和基础资产现金流情况	出具警示函

续表

序号	年份	监管机构	处罚案由	处罚结果
4	2018	证监会	天风证券作为金泰一期资产支持专项计划的管理人，对重要债务人的尽职调查不全面，对公司采取出具警示函的措施	出具警示函
5	2018	上海证监局	华菁证券作为资产支持专项计划管理人，个别项目存在资金划转不规范、信息披露不充分的问题	出具警示函
6	2018	上海证监局	申万宏源证券员工张某炜在担任“江西省小额贷款公司2015年小额贷款资产支持专项计划”项目负责人过程中，一是对担保机构尽职调查不到位，未能发现项目担保承诺函所用印章系伪造；二是尽职调查报告内容不规范，实际参与原始权益人现场尽职调查工作的人员未在尽职调查报告上签字；三是未按照项目标准条款和计划说明书约定对循环购买的基础资产进行审查；四是未妥善保管循环购买基础资产贷款合同等基础资产资料	出具警示函（项目负责人张某炜）
7	2018	上海证监局	申万宏源证券作为资产支持专项计划管理人，一是多个项目尽职调查不充分，未能及时发现个别项目担保承诺函所用印章系伪造，存在部分尽职调查成员未在尽职调查报告上签字、未按照项目标准条款和计划说明书约定对循环购买的基础资产进行审查的情形；二是部分项目存续期管理不到位，未对基础资产进行定期检查，未能及时发现部分项目原始权益人未按约定归集及转付资金、个别项目受让的基础资产发生大面积逾期的情况；三是个别项目未按照计划说明书要求披露季度管理报告，未定期披露循环购买情况	出具警示函

续表

序号	年份	监管机构	处罚案由	处罚结果
8	2019	辽宁证监局	恒泰证券作为庆汇租赁一期资产支持专项计划的计划管理人,未对专项计划基础资产进行全面地尽职调查,即存在部分尽职调查过程未严格执行程序,部分访谈未制作访谈记录,尽职调查底稿访谈记录不完整,部分访谈仅有录音、未经被访谈人签字等问题	出具警示函
9	2019	黑龙江证监局	华林证券作为红博会展信托受益权资产支持专项计划管理人,一是对特定原始权益人、担保人的尽职调查不到位。对相关主体内部控制、关联关系、担保人的债务结构等情况尽职调查不到位。二是存续期管理不到位、信息披露不及时,对专项计划的部分风险防范措施、增信措施落实不到位,风险监测不及时,披露不充分	出具警示函
10	2019	江苏证监局	华泰联合证券作为华泰美吉特灯都资产支持专项计划的财务顾问,未对专项计划基础资产进行有效的合规性审查,未能保证提供给管理人的信息真实、准确、完整	出具警示函
11	2019	陕西证监局	开源证券在开展资产证券化业务中,未充分履行资产支持专项计划管理人职责,有的项目未按照专项计划账户监管协议约定获取基础资产相关收费账户对账单,未有效核查专项计划资产是否与其他资产混同以及被侵占、挪用;基础资产产生现金流的能力较募集说明书预测发生较大变化,未及时进行信息披露	出具警示函

第二章　证券从业人员违规买卖股票

所谓证券从业人员违规买卖股票，指当事人作为证券从业人员，在证券公司从业期间利用本人、他人证券账户违规持有、买卖股票的行为。由于证券从业人员炒股，可能伴生内幕交易、利益输送等违法违规行为，破坏市场信心，因此，对于这一行为，国家现行的监管政策是明令禁止的。不幸的是，始终有抱有侥幸心理违规炒股的"业内人"仍是跃跃欲试，甚至为了逃避监管，使用非本人名下的"马甲"账户进行操作，部分人员更是同时存在代客户操作、代客户理财，甚至操纵证券市场等违规行为。监管部门在针对类似案件的处罚态度非常明确，严厉打击。

一、违规处罚整体情况

统计期内，证券公司及从业人员因违规买卖股票被处罚的案例共计 56 起，涉及 34 家证券公司、54 名证券从业人员。

（一）证监会及各地证监局（50 起）

1. 行政处罚 48 起。包括：（1）没收 32 名证券从业人员买卖股票违法所得合计 14，447. 18 万元；（2）对 47 名证券从业人员罚款合计 20，700. 47 万元；（3）对 7 名证券从业人员处以不同年限的市场禁入，其中有 2 名证券从业人员被终身禁入；（4）责令 14 名证券从业人员依法处理非法持有的剩余股票。

2. 监管措施 2 起。包括：责令 2 家证券公司增加合规检查次数。

(二)中国证券业协会(6起)

均为纪律处分。包括:(1)对5名证券从业人员处以行业内通报批评,记入证监会及协会诚信系统;(2)公开谴责1名证券从业人员,记入证监会及协会诚信系统。(具体见附件2-1:证券从业人员违规买卖股票监管处罚)

二、违规行为分析

监管部门对证券从业人员违法违规的处罚日趋严厉,惩处文件发布频率有明显递增趋势,有关案件亦充分说明,证券从业人员一定不要挑战法律底线,明知故犯,严重者将会对自己的职业生涯造成无法弥补的影响,甚至有可能会被采取市场禁入,往往得不偿失。结合监管处罚案例分析,证券从业人员违规持有买卖股票被处罚的行为表现及情节分析如下。

(一)违规行为表现

1. 仅存在利用本人、家属、亲戚、朋友等名下账户违规持有、买卖股票单一违法行为,合计44人,占比81.48%。

2. 同时存在违规买卖股票、代客操作(理财)两类违规行为,合计9人,占16.67%。

3. 同时存在违规买卖股票、操纵市场两类违规行为,合计1人,占1.85%。

(二)违规行为情节

不同违规情节,被处以罚款的金额有所不同。

1. 违法所得超过1000万元有5人。被没收违法所得合计11,745.91万元、罚款合计16,854.34万元,罚款金额为违法所得1.43倍,其中2人被处以违法所得3倍罚款。

2. 违法所得超过300万元小于1000万元有4人。被没收违法所得合计2037.21万元、罚款合计2863.74万元,罚款金额略高于违法所得。

3. 违法所得小于300万元有20人。被没收违法所得合计664.06万元、罚款合计706.39万元,罚款金额与违法所得基本相当。

4. 无违法所得但有罚款记录有16人,被处以罚款合计276.00万元。

证券从业人员违规买卖股票历年被罚没款金额对比如图3所示。

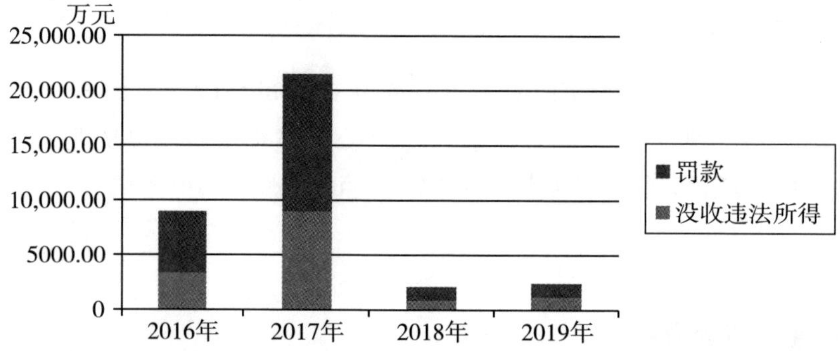

图3 证券从业人员违规买卖股票历年罚没款金额对比

(三)违规人员分布情况

1. 按年度分布情况分析,2017 年、2018 年处罚人数占比较高。

(1)2016 年 11 人,占 20.37%;(2)2017 年 19 人,占 35.19%;(3)2018 年19 人,占 35.19%;(4)2019 年 1 ~9 月 5 人,占 9.26%。

2. 按就职单位分布情况分析,个别证券公司出现频率较高。

(1)1 家证券公司有 4 人,占 7.41%;(2)东吴证券、国盛证券、国联证券、长城证券、中信证券 5 家证券公司各有 3 人,分别占 5.56%;(3)方正证券、平安证券等 6 家证券公司有 2 人,分别占 3.70%;(4)安信证券、国泰君安证券等 22 家证券公司各有 1 人,分别占 1.85%。

三、处罚依据

监管机构对证券从业人员违规买卖股票的处罚依据一般是《证券法》《证券公司监督管理条例》《证券业从业人员执业行为准则》等。

(一)《证券法》

1. 第四十条:证券公司的从业人员,在任期或者法定限期内,不得直接或者以化名、借他人名义持有、买卖股票或者其他具有股权性质的证券,也不得收受他人赠送的股票或者其他具有股权性质的证券。任何人在成为前款所列人员时,其原已持有的股票或者其他具有股权性质的证券,必须依法转让。

2. 第一百八十七条:法律、行政法规规定禁止参与股票交易的人员,违反本法第四十条的规定,直接或者以化名、借他人名义持有、买卖股票或者其他具有股权性质的证券的，责令依法处理非法持有的股票、其他具有股权性质的证券，没收违法所得，并处以买卖证券等值以下的罚款；属于国家工作人员的，还应当依法给予处分。

3. 第二百二十一条：违反法律、行政法规或者国务院证券监督管理机构的有关规定，情节严重的，国务院证券监督管理机构可以对有关责任人员采取证券市场禁入的措施。

(二)《证券公司监督管理条例》

第三十五条：证券公司应当建立并实施有效的管理制度，防范其从业人员直接或者以化名、他人名义持有、买卖股票，收受他人赠送的股票。

(三)《证券业从业人员执业行为准则》

第九条第七项：从业人员不得买卖法律明文禁止买卖的证券。

四、违规案例

案例1：湘财证券员工管某庆利用母亲、配偶等证券账户买卖股票

(一)基本案情

管某庆，系湘财证券某营业部的市场部客户经理，曾为北京天赐酬勤资产管理有限公司(以下简称“天赐酬勤”)控股股东、执行董事、总经理、法定代表人。2009年10月10日至2014年10月25日，实际控制母亲“蔡某英”、配偶(或女友)王某的母亲“孙某香”、“天赐酬勤”等3个账户交易股票，这3个账户(以下简称“账户组”)自开户起，均由管某庆作为客户经理在湘财证券某营业部管理，开户资料中预留同一联系地址，与管某庆从业信息中留存的家庭住址一致，此住址亦是天赐酬勤的住所，该住址的产权人为管某庆配偶(或女友)王某；“蔡某英”“天赐酬勤”账户的预留联系人均为王某。

此外，“天赐酬勤”2010年6月2日开立基金账户的授权委托书的联系地址有过涂改，涂改前的地址为管某庆在湘财证券营业部填写的各种资料的联系地址。账户组内银证转账记录显示，相关账户的资金来源和去向主要指向管某庆建设银行尾号为2908的账户。

截至2015年4月29日证监会查处日，上述账户组卖出股票总获利金额为10,727,279.34元，剩余部分股票未卖出。证监会根据证券营业部提供的交易

记录、相关交易的网上交易 IP 地址、MAC 地址、硬盘序列号、管某庆差旅行程情况以及证券账户开户资料、资金划转凭证、相关人员询问笔录等证据确认上述违法事实。本案查处过程中,当事人管某庆未要求陈述和申辩,也未要求听证。

(二)处理结果

1. 没收违法所得及罚款

证监会依据《证券法》(2016 年版)的规定,决定:(1)没收管某庆已获违法所得 10,727,279.34 元,并处以 32,181,838.02 元罚款。(2)责令管某庆依法处理非法持有的剩余股票,没收违法所得,并处以违法所得 3 倍罚款;如无违法所得,按其买入该部分股票的实际成本,处以等额罚款。

2. 市场禁入

证监会依据《证券法》(2016 年版)、《证券市场禁入规定》相关规定,对管某庆采取 5 年证券市场禁入措施,自宣布决定之日起,在禁入期间内,不得从事证券业务或者担任上市公司董事、监事、高级管理人员等职务。

案例 2:林某义在南方证券和中国建银投资证券从业期间利用朋友证券账户买卖股票

(一)基本案情

林某义于 2001 年 5 月 9 日至 2009 年 7 月 23 日,在南方证券和中国建银投资证券公司任职,系证券从业人员,林某义与姜某系朋友关系。2004 年 7 月 9 日至 2009 年 6 月 8 日,林某义操作姜某账户进行证券交易,期间累计交易股票 154 只,买入金额为 5,079,233,979.67 元,卖出金额为 5,162,722,415.61 元,共获利 70,653,391.23 元。

本案中,林某义提出三点申辩理由,一是其行政违法行为已经超过追诉时效,不应再予行政处罚。二是对其行政违法事实的调查全面性不足,不应作出行政处罚。认定林某义从业人员买卖股票应以姜某账户资金来源及归属为林某义本人为前提,而证监会在调查时称资金来源及归属不是调查方向,人民法院、证监会也未对资金来源及归属确权,这种情况下不具备作出行政处罚决定的条件。三是处罚金额过高,应当从轻、减轻处罚。其积极配合调查、提供相关资料,同时从立法趋势上看从业人员买卖股票行为正在逐渐放开,其违法行为的主观恶性及社会危害性均较小。

证监会依据相关劳动合同书、工资社保发缴记录、相关账户交易数据、银行账户资金流水、当事人询问笔录等证据证明认定有关违法事实,对当事人上述申辩理由回复如下。

1. 林某义操作姜某账户从事证券交易的最后日期为2009年6月8日,而公安机关于2010年8月13日作出姜某账户由林某义交易的侦查结论,发现了林某义的行政违法行为,因此,未超过行政处罚时效。

2. 人民法院虽未对姜某账户资金来源及归属的争议作出终审判决,但林某义在诉讼期间一直主张账户资金来源及归属为其本人所有,该案涉案期间证券账户及其资金由林某义控制、占有、使用、处分的证据形成了完整的证据链。该案法律适用适当。

3. 林某义提出的积极配合调查、主观恶性及社会危害性较小等理由不属于法定从轻或减轻事由,且给予违法所得1倍罚款已是较轻处罚,当事人的陈述申辩理由不能成立。

(二)处理结果

证监会依据《证券法》(2016年版)的规定,没收林某义违法所得70,653,391.23元,并处以70,653,391.23元罚款。本案中,林某义万万没有想到10多年前的行为仍然被追罚,极具警示意义,体现了证监会对证券从业人员违规买卖股票始终保持全面禁止态度。

案例3:太平洋证券员工杨某华利用母亲证券账户买卖股票

(一)基本案情

2013年1月18日至2016年9月12日,杨某华在太平洋证券股份有限公司腾冲光华东路证券营业部任总经理,为证券从业人员,实际控制并使用母亲“尹某芝”账户进行证券交易,期间先后交易“鼎立股份”等股票,累计买入股票成交金额301,001,569.78元,累计卖出股票成交金额317,467,957.24元,期末仍持有“同方股份”股票151,000股,已卖出股票累计盈利14,339,619.13元。

本案审查过程中,杨某华提出四点申辩理由:

一是本案所涉违法行为发生在云南省腾冲市,根据《行政处罚法》、《中国证监会派出机构监管职责规定》(以下简称《职责规定》)、《中国证券监督管理委员会派出机构行政处罚工作规定》的相关规定,证监会派出机构负责对辖区内证券期货违法违规案件以及证监会相关职能部门交办的案件或者事项进行调查。本案系上海证监局在调查其他案件时发现的违法行为,相比于原案件案由已经改变,上海证监局对本案不具有行政处罚管辖权,请求将本案移送至云南证监局办理。

二是当事人的代理人在听证会前阅卷过程中未查阅到本案的立案手续,本案行政处罚程序不合法,所调取的证据及得出的调查结论也因此不能成立。

三是通过杨某华工作的营业部下单的交易并非一定是杨某华本人操作,也可能由其他人操作,即使对杨某华进行处罚,由其他人操作的部分也不应计入杨某华违法买卖股票的行为中。

四是杨某华名下的相关手机及银行卡均为其母亲在使用和调配,其母亲除自己操作外,也有可能找其他人代为操作,但杨某华一直未操作过,对相关情况也不清楚。

上海证监局依据相关人员的证券账户资料、银行账户资料、询问笔录,太平洋证券腾冲光华东路营业部的电脑硬件信息,杨某华的劳动合同、《中国证券业执业证书》等证据证明认定有关违法事实,对上述申辩理由一一回复。

1. 根据《证券法》(2016 年版)第七条,国务院证券监督管理机构依法对全国证券市场实行集中统一监督管理,根据需要可以设立派出机构,按照授权履行监督管理职责。上海证监局作为证监会的派出机构,按照其授权,行使相关监督管理职责,行使相关职责的范围并不限于本辖区。根据《职责规定》第二十五条规定,派出机构负责对辖区内证券期货违法违规案件以及中国证监会相关职能部门交办的案件或者事项进行调查。上海证监局对本案的调查系由证监会相关职能部门交办,交办事项的范围不仅限于原案件所涉及的违法行为,还包含调查发现的相关违法违规事项。根据《职责规定》第二十九条规定,派出机构负责本单位立案调查的证券期货违法违规案件的审理工作,依法对证券期货违法违规当事人实施行政处罚。因此,对当事人第一项陈述申辩意见不予采纳。

2. 上海证监局已按规定履行本案立案手续,并向相关当事人送达了调查通知书,本案调查程序合法,对当事人第二项陈述申辩意见不予采纳。

3. 综合本案证据材料,足以认定杨某华控制并使用“尹某芝”账户买卖股票的行为,当事人也未就其第三项、第四项陈述申辩意见提出新的证据,上海证监局对上述意见不予采纳。

(二)处理结果

上海证监局依据《证券法》(2016 年版)的规定,责令杨某华依法处理非法持有的剩余股票,没收已获违法所得 14,339,619.13 元,并处以 43,018,857.39 元罚款。

案例4:海通证券员工朱某宇利用配偶账户买卖股票

(一)基本案情

朱某宇,2001年7月入职海通证券,许某媛为其配偶,"许某媛"证券账户于2006年9月8日开立于海通证券上海玉田支路营业部,下挂沪、深股东账户各一个。该证券账户对应的第三方存管银行为中国银行,于2006年9月7日开立于中国银行上海市曲阳支行,网上银行账户注册于2009年12月12日,手机号码为朱某宇手机号码。

涉案期间,朱某宇交通银行和民生银行累计转入10,075,490.00元,占比80.69%,许某媛转入799,000.00元,占比6.40%,以ATM转账和电话银行无折存款等方式累计转入1,611,411.64元,占比12.91%。账户的银证转账由朱某宇操作。

2011年7月至2017年3月,朱某宇分别使用手机136××××3573、138××××4629、139××××0978下单。139××××0978号码为朱某宇本人手机号码,136××××3573、138××××4629号码登记在许某媛名下。2007年7月至2009年8月,朱某宇通过海通证券公网IP实施交易;2012年1月至2015年9月通过家中电脑实施交易。

"许某媛"证券账户自2006年9月8日开户至2018年3月26日,累计交易股票34只,累计买入金额1,175,792,518.03元,累计卖出金额1,182,607,416.38元,账户盈利5,437,096.78元(已扣除相关税费),交易金额巨大,违法情节严重。

本案中,朱某宇曾提出三点申辩理由。一是其于调查日后已将涉案账户清空,本人已从海通证券离职,应将账户运作时间相应调整并重新计算获利情况。二是"许某媛"证券账户由夫妻双方共同操作。三是账户资金部分来源于夫妻双方父母投入,获利情况应作调整。

证监会根据相关证券账户资料、银行账户资料、相关人员询问笔录等证据认定上述违法事实,根据朱某宇提交的新证据,证监会对违法行为持续期间的申辩意见予以采纳,并重新计算违法所得。但朱某宇与许某媛二人均承认"许某媛"证券账户由朱某宇控制并操作,并且许某媛对股票市场的基本交易规则等不清楚,因此,对共同控制账户的申辩意见不予采纳。此外,由于当事人未能提供相应证据证明资金来源,证监会对相关申辩理由不予采纳。

(二)处理结果

1. 没收违法所得及罚款

证监会依据《证券法》(2016 年版)的规定,没收朱某宇违法所得 5,437,096.78 元,并处以 5,437,096.78 元罚款。

2. 市场禁入

证监会依据《证券法》(2016 年版)、《证券市场禁入规定》相关规定,对朱某宇采取 3 年证券市场禁入措施,自宣布决定之日起,在禁入期间内,不得从事证券业务或者担任上市公司、非上市公众公司的董事、监事、高级管理人员等职务。

案例 5:东吴证券员工辛某文利用母亲证券账户买卖股票

(一)基本案情

证监会根据相关劳动合同、证券执业证书、证券交易流水、相关账户资料、相关人员询问笔录等证据认定以下违法事实。

1. 辛某文 2009 年 9 月至 2016 年 9 月任东吴证券苏州滨河路证券营业部总经理,为证券从业人员。傅某珍为辛某文母亲。"傅某珍"普通证券账户和融资融券账户(以下简称"'傅某珍'账户")分别于 2013 年 4 月 10 日、2013 年 6 月 5 日在滨河路证券营业部开立,对应的三方存管银行账户均为同名工商银行尾号 2080 账户,资金主要来源为辛某文银行账户。

2. "傅某珍"账户自开户至 2015 年 5 月 11 日主要通过滨河路证券营业部 IP 和电脑进行网上委托下单,2015 年 5 月 12 日至 2016 年 8 月 31 日主要通过 MAC 为 ACB××××08B 的电脑进行网上委托下单。前述两个期间,"傅某珍"账户均由辛某文实际控制和使用,"傅某珍"账户的交易由辛某文决策并操作。

3. "傅某珍"账户自开立至 2016 年 8 月 31 日,累计买入成交金额 100,228,542.63 元。经计算,该账户累计卖出获利 10,987,259.07 元,余股账面亏损 47,941.73 元,合计获利 10,939,317.34 元。

本案中,当事人辛某文的违法行为持续时间长,证券交易金额和违法所得金额巨大,情节严重,整个案件查处过程中,当事人确认有关违法事实,未提出陈述、申辩意见,也未要求听证。

（二）处理结果

1. 没收违法所得及罚款

证监会根据当事人违法行为的事实、性质、情节与社会危害程度，依据《证券法》（2016 年版），责令辛某文依法处理非法持有的剩余股票，没收辛某文违法所得 10,939,317.34 元，并处以 10,939,317.34 元的罚款。

2. 市场禁入

证监会依据《证券法》（2016 年版）、《证券市场禁入规定》，对辛某文采取 3 年市场禁入措施，自宣布决定之日起，在禁入期间内，除不得继续在原机构从事证券业务或者担任原上市公司、非上市公众公司董事、监事、高级管理人员职务外，也不得在其他任何机构中从事证券业务或者担任其他上市公司、非上市公众公司董事、监事、高级管理人员职务。

五、附件

附件 2－1 证券从业人员违规买卖股票监管处罚

序号	年份	监管机构	处罚案由	处罚结果
1	2016	广东证监局	宋某龙在国泰君安证券从业期间利用本人名下和其配偶名下的账户交易股票	没收违法所得 23,417.40 元、罚款 5 万元
2	2016	证监会	罗某进在国信证券从业期间利用其职务便利，在进行辅导和保荐上市过程中，借他人名义受让、持有发行人股权，并在相关股票发行上市后卖出获利	1. 终身证券市场禁入；2. 没收违法所得 10,799,500 元、罚款 11,750,000 元
3	2016	证监会	朱某明在国开证券担任经纪人期间操纵证券市场的同时违规利用他人账户买卖股票	1. 终身证券市场禁入；2. 责令处理非法持有股票，没收违法所得 4,087,477.11 元、罚款 12,262,431.33 元
4	2016	吉林证监局	杨某在国盛证券从业期间利用“倪某娟”、“杨某江”账户买卖股票	责令依法处理非法持有的股票，并处以 8 万元罚款
5	2016	吉林证监局	于某薇在国盛证券从业期间利用“于某朋”证券账户买卖股票	责令依法处理非法持有股票，没收违法所得 4523.62 元，罚款 3 万元

续表

序号	年份	监管机构	处罚案由	处罚结果
6	2016	证监会	管某庆在湘财证券从业期间利用母亲“蔡某英”、女友“孙某香”等证券账户买卖股票	1. 5 年证券市场禁入；2. 没收已获违法所得 10,727,279.34 元、罚款 32,181,838.02 元；3. 责令依法处理非法持有的剩余股票，没收违法所得，并处以违法所得 3 倍罚款；如无违法所得，按其买入该部分股票的实际成本，处以等额罚款
7	2016	广东证监局	柯某斌在国信证券从业期间利用本人证券账户违法买卖股票	没收违法所得 4262.06 元
8	2016	大连证监局	王某锋在华西证券从业期间利用“许某”证券账户违法买卖股票	责令依法处置其非法持有的股票，罚款 3 万元
9	2016	北京证监局	洪某奇在中信证券从业期间利用“孙某杰”“祝某”“张某平”“郭某”“郭某萌”“杨某”等证券账户买卖股票	没收违法所得 7,211,535.63 元、罚款 3 万元
10	2016	证监会	陆某婷在华泰证券从业期间利用借用其配偶吴某的证券账户从事股票交易	没收违法所得 188,565.51 元、罚款 377,131.02 元
11	2016	北京证监局	曲某在中信证券从业期间利用兄弟证券账户买卖股票获利	没收违法所得 67,086.39 元，罚款 18 万元
12	2017	深圳证监局	敖某在平安证券从业期间利用家人证券账户违法买卖股票	罚款 10 万元
13	2017	广东证监局	朱某锋在中国国际金融股份有限公司从业期间利用“张某兰”证券账户持有、买卖股票	没收其违法所得 699,427.21 元，罚款 10 万元
14	2017	广东证监局	赵某在长城证券从业期间利用“许某某”“张某某”名下账户交易股票	没收违法所得 198,251.51 元、罚款 3 万元
15	2017	海南证监局	张某晨在平安证券从业期间使用本人证券账户买入持有股票	罚款 3 万元
16	2017	证监会	林某义在南方证券和中国建银投资证券从业期间利用朋友“姜某”证券账户买卖股票	没收违法所得 70,653,391.23 元、罚款 70,653,391.23 元
17	2017	北京证监局	黄某来在长城证券从业期间利用“袁某睿”、“兰某”及“李某”证券账户买卖股票	没收违法所得 3,635,962.07 元、罚款 10,907,886.21 元

续表

序号	年份	监管机构	处罚案由	处罚结果
18	2017	河北证监局	崔某军在华林证券从业期间借用胡某某等人证券账户买卖股票	没收违法所得6,878.27元、罚款13,756.54元
19	2017	重庆证监局	张某在爱建证券从业期间操作配偶陶某证券账户买卖股票	罚款10万元
20	2017	深圳证监局	杜某江在招商证券从业期间利用妻子"陶某"证券账户买卖股票	没收违法所得38.46万元,罚款38.46万元
21	2017	北京证监局	钟某在国信证券从业期间借用家政人员"薛某琼"、高中同学"王某磊"证券账户持有、买卖股票	责令依法处理非法持有的股票,并处以3万元罚款
22	2017	上海证监局	杨某华在太平洋证券从业期间利用母亲"尹某芝"证券账户买卖股票	责令处理非法持有的剩余股票,没收违法所得14,339,619.13元、罚款43,018,857.39元
23	2017	证监会	蒋某在安信证券从业期间利用妹夫"李某均"证券账户买卖股票	1.5年证券市场禁入;2.责令依法处理非法持有的股票,没收违法所得53,667.19元、罚款107,334.38元
24	2017	证监会	陆某在中国国际金融股份有限公司从业期间利用配偶父亲"林某勤"证券账户交易股票	责令依法处理非法持有的股票,罚款40万元
25	2017	山西证监局	山西证券股份有限公司员工存在违法买卖股票行为,公司未能及时发现并采取有效措施予以纠正	增加合规检查次数
26	2017	证券业协会	屈某在恒泰证券任职期间违规买卖股票	分别对屈某、张某、李某川、谢某莉在行业内通报批评,记入诚信系统
27	2017	证券业协会	张某在申万宏源证券任职期间买卖法律明文禁止买卖的证券	
28	2017	证券业协会	李某川在银河证券任职期间买卖法律明文禁止买卖的证券	
29	2017	证券业协会	谢某莉在申万宏源证券任职期间买卖法律明文禁止买卖的证券	
30	2017	证券业协会	陈某在申万宏源证券任职期间违规买卖股票	公开谴责,记入诚信系统
31	2017	证券业协会	魏某伟在申万宏源证券任职期间违规买卖股票	行业内通报批评,记入诚信系统

续表

序号	年份	监管机构	处罚案由	处罚结果
32	2018	山西证监局	贾某琪在山西证券从业期间利用“贾某兰”“高某琴”证券账户违法买卖股票	没收违法所得 343，029. 90 元，并处以 343，029. 90 元罚款
33	2018	江苏证监局	张某在国联证券从业期间利用配偶林某证券账户进行股票交易	没收违法所得 94，069 元，并处 94，069 元罚款
34	2018	江苏证监局	徐某武在国联证券从业期间利用配偶“王某”、朋友“段某某”证券账户进行股票交易	没收违法所得 746，446 元，罚款 746，446 元
35	2018	广东证监局	谢某在华安证券从业期间利用妻子“黎某裕”证券账户买卖股票	没收违法所得 27，066. 02 元，并处 54，132. 04 元罚款
36	2018	证监会	姚某在民族证券从业期间利用堂弟“姚某刚”、叔叔“姚某水”证券账户买卖股票	1. 3 年证券市场禁入；2. 责令依法处理非法持有的股票，没收违法所得 301，296 元，罚款 903，888 元
37	2018	大连证监局	于某在山西证券从业借“刘某”证券账户持有、买卖股票	罚款 5 万元
38	2018	北京证监局	刘某在宏信证券从业期间利用配偶“白某”、母亲“王某翠”证券账户买卖股票	没收违法所得 221，328. 63 元，并处以罚款 442，657. 26 元
39	2018	深圳证监局	谢某在五矿证券从业期间借用其妻、子和兄“谢某英”“谢某 1”“谢某 2”等 5 个证券账户买卖股票	责令依法处理非法持有股票，没收违法所得 135，862. 22 元，并处 30 万元罚款
40	2018	安徽证监局	独甲在财达证券从业期间借用配偶尹某证券账户、父亲独乙证券账户从事股票交易	罚款 6 万元
41	2018	广东证监局	姚某宇在中信证券从业期间利用“童某颖”证券账户买卖股票	没收违法所得 185，086. 96 元，并处以 185，086. 96 元罚款
42	2018	河北证监局	焦某森在财达证券从业期间利用李某国证券账户买卖股票	责令焦某森依法处理非法持有股票，罚款 4 万元
43	2018	证监会	姚某在方正证券从业期间利用他人账户买卖股票	责令依法处理非法持有的证券，没收违法所得 878，322. 35 元，并处以 878，322. 35 元罚款
44	2018	证监会	曾某山在中银证券从业期间控制使用姐姐“曾某芬”证券账户买卖股票	没收违法所得 502，744 元，并处以 510，000 元罚款

续表

序号	年份	监管机构	处罚案由	处罚结果
45	2018	江苏证监局	王某在西部证券、东吴证券从业期间操作配偶"吴某"及配偶妹妹"吴某芳"证券账户买卖股票	罚款3万元
46	2018	证监会	贺某哲在华融证券从业期间私下接受客户委托买卖证券并利用"管某云"证券账户违法买卖股票	1. 10年证券市场禁入; 2. 责令其依法处理非法持有的股票,罚款100万元
47	2018	证监会	杭某一在东吴证券从业期间与何某英、徐某音、董某梅、许某英5人集资并利用何某英证券账户买卖股票	没收违法所得295,758.62元,并处887,275.86元罚款
48	2018	重庆证监局	罗某媛在长城证券从业期间,借用其父亲罗某清证券账户违规持有、买卖股票	责令罗某媛依法处理非法持有的股票,并处以60,000元罚款
49	2018	陕西证监局	张某学在国盛证券从业期间私下接受客户委托买卖证券并利用兄长张某学、岳父杨某长、岳母赵某娥、配偶之妹杨某等4人的证券账户从事股票交易	罚款5万元
50	2018	证监会	朱某宇在海通证券从业期间利用配偶"许某媛"证券账户买卖股票	1. 3年证券市场禁入;2. 没收违法所得5,437,096.78元,并处5,437,096.78元罚款
51	2019	证监会	赵某在中航证券从业期间利用父亲"赵某毅"证券账户买卖股票	罚款60万元
52	2019	证监会	肖某彬在中信建投证券从业期间利用配偶"易某媛"证券账户买卖股票	责令依法处理非法持有的股票,没收违法所得48,735.11元,并处以146,205.33元罚款
53	2019	证监会	刘某聪在方正证券从业期间与朋友朱某明口头约定,二人共同出资进行股票交易,由刘某聪操作朱某明的证券账户进行交易	罚款10万元
54	2019	证监会	辛某文在东吴证券从业期间利用母亲"傅某珍"证券账户买入股票	1. 3年市场禁入措施;2. 责令处理非法持有剩余股票,没收违法所得10,939,317.34元,罚款10,939,317.34元

续表

序号	年份	监管机构	处罚案由	处罚结果
55	2019	广东证监局	国信证券广东南海分公司存在员工借用客户名义买卖股票的行为，分公司未能及时发现并有效实施合规管理。同时，分公司对回访时客户身份明显存疑的情况未采取进一步的核查措施	责令增加内部合规检查次数（分公司）
56	2019	四川证监局	王某科先后在华泰证券成都梓潼桥西街证券营业部、华泰证券成都晋阳路证券营业部工作期间，借用他人账户违法买卖股票	责令依法处理非法持有的股票，没收违法所得 1,230,162.12 元，并处以 30 万元罚款

第三章　证券从业人员代客操作(理财)

所谓代客操作(理财),是指证券公司员工私下接受客户委托,掌握客户账户密码并代理客户进行操作,甚至代理从事证券投资理财的行为,一般是从业人员与投资者私下签署相关合同或口头约定。类似行为基本属于投资者盲目相信证券从业人员违法承诺、证券从业人员所谓的专业知识与投资经验,存在较大合规隐患,属于我国现行法规明令禁止的行为。当然,尽管监管部门及证券公司都在强调严格禁止从业人员违规代客操作(理财),采取了一系列的严密防范措施,并在对投资者进行电话回访过程中进行充分的风险揭示,但市场中仍有一些证券从业人员以经验丰富、专业炒股、承诺保底收益、约定收益分成等手段,骗得客户信任,私下为投资者操作或理财,当出现投资损失后,常常引发矛盾纠纷,此类案例从未绝迹。

一、违规处罚整体情况

统计期内,证券从业人员违规代客操作(理财)被处罚的案例共计71起,涉及36家证券公司、58名证券从业人员。

(一)证监会及各地证监局(65起)

1.行政处罚26起。包括:(1)警告21名证券从业人员;(2)对24名证券从业人员处以罚款,合计832.82万元;(3)没收6名证券从业人员违法所得,合计266.48万元;(4)对4名证券从业人员处以不同年限市场禁入。

2.监管措施39起。包括:(1)对20名证券从业人员以及1家证券营业部出具警示函;(2)责令6家证券公司、4家证券营业部(分公司)、1名证券从业人员限期改正;(3)9家证券营业部(分公司)增加合规检查次数;(4)监管谈话4次,涉及4名证券从业人员。

(二)中国证券业协会(6起)

均为纪律处分。包括:(1)对2名证券从业人员处以暂停执业2年,记入证监会及协会诚信系统;(2)注销4名证券从业人员证券执业证书,2~3年内不受理执业证书申请,记入证监会及协会诚信系统。[具体见附件3-1:证券从业人员代客操作(理财)监管处罚]

二、违规行为分析

(一)证券公司分支机构属于从业人员代客操作的高发地带,且有少量证券分支机构负责人带头违规

1. 从被处罚的案由分析,有63起涉及证券公司分支机构(分公司、营业部)员工代客操作(理财),占被处罚案例的88.73%。
2. 结合被处罚的58人名单分析,12人在担任营业部负责人期间存在违规为客户代理证券交易的行为,占被处罚人员的20.69%。

(二)部分人员同时存在代客理财行为,且代客理财人员实际操作以亏损居多

结合相关处罚文件分析,10人被明确认定在操作他人证券账户过程中,有约定分享投资收益的行为,占被处罚人数的17.24%。而且,其中仅1人有非法所得,占比10%,最终却被处以违法所得2倍金额的罚款,明显得不偿失。

这一数据也充分说明,投资者抱着盈利的美好愿景,凭着对证券从业人员的信任,就将自己的账户交给其操作,同样风险巨大。

(三)赚取佣金也许并非代客操作全部目的

去除上述因代客理财被处罚的10人,其余被处罚的48人中,仅6人被认定有违法所得,占比12.5%。可以侧面反映,大部分被处罚的人员也许是出于维护客户、提升客户服务质量、体现专业服务等良好愿望而代客操作,但忽略了职业合规要求,值得大家警惕。

(四)代客操作(理财)蛛丝马迹较多,无法瞒天过海

结合有关处罚案例分析,监管部门在查处此类案件过程中,一般会结合劳动合同书、合规执业承诺书、证券账户资料、证券交易委托流水、银行流水、电脑MAC地址、登陆互联网IP地址、聊天记录(微信、QQ、短信、邮件)、情况说明、询问笔录、手机通讯记录、监控录像等诸多证据,违规人员很难通过事后补救措施"毁尸灭迹",在铁证面前,大部分被处罚人员未进行任何申辩。

(五)部分证券公司因员工代客操作被处罚的频率相对较高

申万宏源证券、浙商证券累计5起,广发证券4起,恒泰证券、国盛证券等5家证券公司各有3起,上述8家证券公司因该项违规被处罚的合计次数占整个市场相关处罚总数的比重达四成。

(六)代客操作(理财)虽无法杜绝,但可主动防范

对证券公司而言,随着市场行情变幻莫测,员工违规代理客户操作账户的行为所造成的风险隐患会防不胜防,而且一旦因员工操作的客户账户亏损超出客户的承受能力,将引发客户投诉并使客户认为证券公司对员工管理工作不到位,还有可能会引发法律风险。为防范风险,证券公司应在投资者教育、员工的合规培训和员工异常行为实时监控等方面采取预防工作措施。

1. 在与客户的开户协议中着重提醒客户注意账户及密码的保密,强调客户对自己的不当行为自负风险。

2. 持续强化员工执业行为管理,针对营销、客户服务人员的执业特点,经常性开展培训和督导,提高员工合规执业意识。

3. 持续优化相关管理制度,健全内控机制,提高系统监控技术,定期对经纪业务人员用计算机、手机、办公电话等终端设备委托下单情况进行排摸检查,采取有效措施切实防范员工擅自代客理财的违规行为,要求员工签署不得代客理财、不得代客操作的合规承诺。

4. 重视对客户进行合规回访,确认客户是否将账户密码告知他人、账户是否本人操作、是否委托他人代理操作等异常现象,及时发现风险隐患。

三、处罚依据

结合有关处罚案例,监管机构对证券从业人员违规代客操作(理财)的处罚

依据一般包括《证券法》《证券公司监督管理条例》《证券经纪人管理暂行规定》。

(一)《证券法》

1. 第二百零九条:证券公司违反本法第一百三十四条第一款的规定接受客户的全权委托买卖证券的,或者违反本法第一百三十五条的规定对客户的收益或者赔偿客户的损失作出承诺的,责令改正,给予警告,没收违法所得,并处以违法所得一倍以上十倍以下的罚款;没有违法所得或者违法所得不足五十万元的,处以五十万元以上五百万元以下的罚款;情节严重的,并处撤销相关业务许可。对直接负责的主管人员和其他直接责任人员给予警告,并处以二十万元以上二百万元以下的罚款。

2. 第二百一十条:证券公司的从业人员违反本法第一百三十六条的规定,私下接受客户委托买卖证券的,责令改正,给予警告,没收违法所得,并处以违法所得一倍以上十倍以下的罚款;没有违法所得的,处以五十万元以下的罚款。

(二)《证券公司监督管理条例》

第八十九条:违反本条例的规定,有下列情形之一的,责令改正,给予警告,没收违法所得,并处以违法所得等值罚款;没有违法所得或者违法所得不足3万元的,处以3万元以下的罚款;情节严重的,撤销任职资格或者证券从业资格:……(四)证券经纪人接受客户的委托,为客户办理证券认购、交易等事项。

(三)《证券经纪人管理暂行规定》

1. 第十三条:证券经纪人应当在本规定第十一条规定和证券公司授权的范围内执业,不得有下列行为:(一)替客户办理账户开立、注销、转移,证券认购、交易或者资金存取、划转、查询等事宜……;(三)与客户约定分享投资收益,对客户证券买卖的收益或者赔偿证券买卖的损失作出承诺;……。

2. 第二十五条:证监会及其派出机构依法对证券经纪人进行监督管理。对违法违规的证券经纪人,依法采取监管措施或者予以行政处罚。对违反规定或者因管理不善导致证券经纪人违法违规、客户大量投诉、出现重大纠纷、不稳定事件的证券公司,可以要求其提高经纪业务风险资本准备计算比例和有关证券营业部的分支机构风险资本准备计算金额,并依法采取限制其证券经纪人规模等监管措施或者予以行政处罚。证券公司和证券经纪人的失信行为信息,记入证券期货市场诚信信息数据库系统。

四、违规案例

案例1:国海证券成都天仁路证券营业部员工刘某勇代客户操作

(一)基本案情

2015年8月3日至2016年8月31日,刘某勇任职国海证券成都天仁路证券营业部。从业期间,存在以下违规事实。

1. 2015年7月26日,试用期的刘某勇,在营业部组织的推介会上称"签约了后,操作过程是自己做决策,公司有其他人进行操作",并称"营业部会和客户签订协议,进行二八分成,这就是公司的'资管型'服务"。以上宣传内容明显涉及代客户作出投资决策以及分享投资收益。

2. 刘某勇在营业部担任投资顾问期间,私下接受营业部客户孙某锐委托买卖证券,累计发生1571笔;私下接受营业部客户王某委托买卖证券,累计发生148笔。

本案中,虽然刘某勇在接受孙某锐、王某委托进行证券交易期间没有违法所得,但上述事实有相关人员劳务合同、相关证券投资顾问服务协议、客户开户文件和交易流水、QQ聊天记录,相关人员谈话笔录和书面说明,营业部回访录音文件、推介会录音、《国海证券股份有限公司关于成都天仁路证券营业部专项合规检查报告》等为证,证据确凿、事实清楚,违反了《证券法》(2016年版)第一百四十五条之规定,构成了《证券法》(2016年版)第二百一十五条所述违法行为。

(二)处理结果

1. 对个人的处罚

鉴于案发后,刘某勇能够积极配合调查且主动赔偿损失,四川证监局依据《证券法》(2016年版)及《行政处罚法》相关规定,责令刘某勇改正,给予警告,并处罚款5万元。

2. 对单位的处罚

鉴于刘某勇任职营业部对上述违规行为未能及时发现并有效实施合规管理,同时,营业部客户回访工作不到位,导致未能及时发现并纠正上述违规行为,四川证监局依据《证券公司监督管理条例》相关规定,责令国海证券成都天仁路证券营业部增加内部合规检查次数,在2017年8月1日至2018年7月31

日,每季度至少开展 1 次内部合规检查,并在每次检查后 10 个工作日内报送合规检查报告。

案例 2:浙商证券员工苏某明私下接受客户委托买卖证券

(一)基本案情

苏某明,原浙商证券江苏分公司员工,经江苏证监局查实,该员工 2015 年 12 月至 2016 年 12 月在从事经纪业务营销活动过程中,私下接受"金某华"等多名客户委托买卖证券。随后,浙江证监局进一步核查并最终牵涉到浙商证券总部以及合规总监、分管经纪业务副总裁。

1. 公司对客户"金某华"的异常交易监控预警信息处理不到位,客户回访工作未能起到及时发现并纠正员工违法违规行为的作用。

2. 公司对江苏分公司员工苏某明的入职管理及执业行为管理不到位,未能有效防范和控制员工违法违规风险。

上述事实反映出浙商证券全员合规文化尚未有效建立,个别员工风险意识薄弱;公司在防范员工私下接受客户委托买卖证券、代客操作等方面,存在内控制度不健全、合规管理落实不到位、制度执行不力等问题。高某,作为公司时任合规总监,未能对公司员工执业行为的合规性进行有效管理和监督;赵某江,作为公司分管经纪业务的副总经理,亦对上述违规行为负有重要管理责任。

(二)处理结果

1. 对个人处罚

江苏证监局依据《证券经纪人管理暂行规定》,对苏某明采取责令改正的监督管理措施。

2. 对单位的处罚

(1)浙江证监局根据《证券公司监督管理条例》,对浙商证券采取责令改正的行政监督管理措施。责成对上述问题予以改正,并对公司全体员工是否存在私下接受客户委托买卖证券行为进行全面检查并整治,于 2017 年 5 月 31 日前提交检查和整改报告。

(2)浙江证监局根据《证券公司董事、监事和高级管理人员任职资格监管办法》,分别对浙商证券合规总监高某、分管经纪业务的副总经理赵某江两人采取监管谈话的行政监管措施。

案例3:国盛证券陕西宝鸡宝虢路营业部负责人张某学私下接受客户委托买卖证券

(一)基本案情

张某学,2014年9月25日起任国盛证券宝鸡宝虢路证券营业部(筹)负责人;该营业部后更名为国盛证券宝鸡行政中心证券营业部,2017年5月16日张某学被暂停负责人职务,2017年7月26日被免职。张某学在营业部任职期间,私下接受客户祁某燕委托,于2016年4月27日至2017年5月5日,操作祁某燕证券账户,共下单交易1386笔,累计交易金额28,652.03万元,该账户处于亏损状态,未产生收益。违反《证券法》(2016年版)第一百四十五条的规定,构成《证券法》(2016年版)第二百一十五条所述违法行为。

本案中,张某学同时存在借他人名义持有、买卖股票问题。在案件查处过程中,张某学提出其违法行为情节较轻、社会危害程度小,私下接受客户祁某燕委托买卖证券行为没有产生违法所得,且已经给予客户相应经济补偿,未产生严重社会影响。

陕西证监局结合相关证书、合同、情况说明、涉案人员询问笔录、证券账户开户和委托交易记录、银行账户资料等证据证明,进一步复核后认为,在审理中已经充分考虑到当事人违法行为的事实、性质、情节和社会危害程度,故对当事人提出的从轻处罚的申辩意见不予采纳。同时,根据《证券法》(2016年版)第二百三十三条和《证券市场禁入规定》第五条规定,结合当事人违法行为交易金额、未产生违法所得、已经给予客户经济补偿以及社会危害程度较小等情况,依法可以不采取证券市场禁入措施。

(二)处理结果

1.对个人的处罚

陕西证监局依据《证券法》(2016年版)对张某学私下接受客户委托买卖证券的违法行为,给予警告,并处以15万元罚款;同时,对张某学作为证券从业人员借他人名义持有、买卖股票的违法行为,处以5万元罚款。

2.对单位的处罚

陕西证监局按照《证券公司监督管理条例》,一是责令营业部限期改正,1个月内完成整改并向证监局书面报告整改情况;二是责令增加内部合规检查次数,在2018年8月1日至2019年7月31日,每季度至少开展1次内部合规检查,并在每次检查结束后10个工作日内报送合规检查报告。

五、附件

附件3-1　证券从业人员代客操作(理财)监管处罚

序号	年份	监管机构	处罚案由	处罚结果
1	2016	河北证监局	大同证券员工户玉某私下接受客户委托买卖证券	1. 警告;2. 罚款2万元
2	2016	北京证监局	中信建投证券北京望京中环南路证券营业部员工王某远涉嫌私下接受客户委托买卖证券	1. 警告;2. 没收违法所得5698.18元;3. 罚款10万元
3	2016	证监会	广发证券南京市北京东路营业部员工赵某民私下接受客户委托交易股票	1. 警告;2. 罚款10万元
4	2016	证监会		3年证券市场禁入
5	2016	浙江证监局	浙商证券原监事长李某路私下接受客户委托理财引发诉讼纠纷	责令改正(公司)
6	2016	河南证监局	武某红在方正证券郑州天明路证券营业部执业期间,接受客户委托操作客户证券账户	出具警示函
7	2016	北京证监局	申万宏源证券北京分公司所辖营业部均存在从业人员代客操作行为,且在知悉员工违法违规行为但未及时向当地证监局报告	增加合规检查次数(分公司)
8	2016	安徽证监局	周某在西南证券淮南龙湖中路证券营业部担任负责人期间,违规为客户代理证券交易	增加合规检查次数
9	2016	安徽证监局		出具警示函(周某)
10	2016	四川证监局	张某忠在申万宏源证券成都槐树街证券营业部任经纪人期间,与客户邹某签订《合作理财协议》,代理股票操作并约定分成	出具警示函(谭某)
11	2016	湖南证监局	方正证券邵阳邵水西路证券营业部员工谭某奇用邵阳市工商银行广场支行驻点电脑,代多名客户证券账户交易股票;营业部未将该电脑纳入异常交易监控范围;营业部知悉匿名投诉对象为公司原员工谭某奇,未能按公司制度要求妥善处理客户投诉	增加合规检查次数
12	2016	湖南证监局		出具警示函

续表

序号	年份	监管机构	处罚案由	处罚结果
13	2017	证监会	广某毅在华泰联合证券任投资银行部副总监(保荐代表人)期间,私下接受他人委托,使用“孙某峰”证券账户买卖五粮液、中联重科等10只证券	1. 警告;2. 没收违法所得145.25万元;3. 罚款435.75万元
14	2017	证监会		5年证券市场禁入
15	2017	重庆证监局	张某在爱建证券工作期间,操作配偶陶某证券账户买卖股票,并私下接受客户委托,操作樊某琴证券账户、王某证券账户买卖证券	1. 警告;2. 罚款10万元
16	2017	深圳证监局	杜某江在招商证券从业期间私下接受客户的全权委托,操作“陈某某”“范某某”“杰仁某科技(北京)有限公司”“刘某某”“李某”“祖某某”“冯某某”7个证券账户买卖股票	1. 警告;2. 罚款20万元
17	2017	山西证监局	李某伟担任恒泰证券太原平阳路营业部经理期间,操作“李某梅”、“陈某春”及“赵某松”账户交易股票	罚款10万元
18	2017	云南证监局	吴某在安信证券保山保岫东路证券营业部担任负责人期间,代理投资者买卖股票	出具警示函
19	2017	浙江证监局	苏某明在浙商证券任职期间私下接受客户金某华委托买卖证券	责令改正(公司)
20	2017	江苏证监局		责令改正(苏某明)
21	2017	浙江证监局		监管谈话(合规总监高某)
22	2017	浙江证监局		监管谈话(副总经理赵某江)
23	2017	山西证监局	李某伟在恒泰证券太原平阳路证券营业部担任负责人期间替客户办理证券账户交易	出具警示函(李某)
24	2017	山西证监局		责令改正(营业部)
25	2017	四川证监局	国海证券成都天仁路证券营业部员工刘某勇,在试用期间营销宣传涉及代客户作出投资决策以及分享投资收益的内容;担任营业部投资顾问期间,私下接受营业部客户委托买卖证券	1. 警告;2. 罚款5万元(刘某)
26	2017	四川证监局		增加合规检查次数(营业部)

续表

序号	年份	监管机构	处罚案由	处罚结果
27	2017	山西证监局	田某在大同证券阳城新阳东街证券营业部从业期间,替投资者田某胜卖出股票	出具警示函,并记入证券期货市场诚信档案
28	2017	湖北证监局	国盛证券宜昌夷陵大道证券营业部原负责人欧阳某及原员工王某、原证券经纪人白某君在营业部任职期间利用向公司报备的手机号码为多名客户下单	出具警示函(营业部)
29	2017	证券业协会	申万宏源证券张某忠接受客户邹某委托买卖证券,并与客户约定分享投资收益,且被客户投诉	暂停执业 2 年,记入证监会及协会诚信系统
30	2017	证券业协会	中信建投证券员工钟某顺接受客户舒某松(代理人范某娥)委托买卖证券,并与客户约定分享投资收益,且被客户投诉	暂停执业 2 年,记入证监会及协会诚信系统
31	2017	证券业协会	兴业证券员工吴某兴未经所在机构授权,超出执业范围向客户推荐介绍他人操作客户账户、为客户与他人委托理财提供便利	注销执业证书,2 年不受理执业证书申请,记入诚信系统
32	2017	证券业协会	首创证券员工王某庆作为证券经纪人,存在违规操作客户账户的行为	注销执业证书,3 年不受理执业证书申请,记入诚信系统
33	2018	江苏证监局	徐某武在国联证券从业期间操作朋友“段某某”证券账户进行股票交易	1. 没收违法所得 1,145,673 元;2. 罚款 1,145,673 元
34	2018	广东证监局	蒋某辉在国元证券中山体育路证券营业部任职期间,接受李某平等多名客户委托,利用“梁某根”“黄某玲”证券账户买卖证券	1. 警告;2. 罚款 10 万元
35	2018	广东证监局	谢某在华安证券广州番禺丽江花园证券营业部任职期间私下接受客户何某梅、张某华、谢某群委托,与账户所有人共同控制并操作“何某梅”“张某华”“谢某群”3 个证券账户买卖证券	1. 警告;2. 没收违法所得 28,979.58 元;3. 罚款 15 万元

续表

序号	年份	监管机构	处罚案由	处罚结果
36	2018	江苏证监局	黄某琪在财富证券任职期间接受客户李某委托,多次使用营业部客户区电脑和本人手机操作李某账户进行股票交易	1. 警告;2. 罚款 10 万元
37	2018	大连证监局	于某在山西证券大连五五路营业部任职期间,私自接受李某某、裴某某、张某某、刘某等 6 名客户的委托买卖证券,累计代为交易 7000 余笔,总成交金额 11 亿余元	1. 警告;2. 罚款 15 万元
38	2018	上海证监局	钟某顺在中信建投证券上海华灵路证券营业部工作期间,与范某娥(代舒某松)签订资产管理协议,操作营业部客户舒某松的证券账户进行股票买卖	1. 警告;2. 没收违法所得 31,429.89 元;3. 罚款 10 万元
39	2018	北京证监局	刘某就职于宏信证券任职期间,刘某私下接受傅某美、韩某琴、秦某春、吴某、骆某阁、方某伟和北京某投资管理有限公司等客户委托,操作其证券账户买卖证券	1. 警告;2. 没收违法所得 566.12 元;3. 罚款 10 万元
40	2018	安徽证监局	独某担任财达证券合肥潜山路营业部总经理期间,多次接受相关客户委托,操作“张某”“韩某”“许某”“徐某”等 10 个账户,进行证券交易	1. 警告;2. 罚款 10 万元
41	2018	山东证监局	徐某在为中信证券聊城东昌东路证券营业部从业期间,使用个人电子设备代客户聊城晚报传媒有限公司发出了基金交易指令	1. 警告;2. 罚款 10 万元
42	2018	安徽证监局	陈某飞时任海通证券阜阳某营业部证券经纪人,接受李某委托要求在营业部的电脑及其本人手机上多次登录“李某”账户进行了多笔下单操作	1. 警告;2. 罚款 5000 元
43	2018	广东证监局	叶某在安信证券潮州潮安证券营业部从业期间,私下接受客户洪某雄、吴某武、莫某松委托,操作“洪某”“吴某”“莫某”3 个证券账户买卖证券	1. 警告;2. 罚款 20 万元

续表

序号	年份	监管机构	处罚案由	处罚结果
44	2018	证监会	贺某哲、贺某在HR证券从业期间，私下接受客户委托买卖证券、并预定按照8:2分享买卖证券收益，但代理交易不保证本金安全	1. 警告;2. 各处30万元罚款
45	2018	证监会	贺某哲、贺某在HR证券从业期间，私下接受客户委托买卖证券、并预定按照8:2分享买卖证券收益，但代理交易不保证本金安全	市场禁入(分别为10年、5年)
46	2018	重庆证监局	王某天在长城证券重庆观音桥证券营业部和长城证券重庆金童路证券营业部从业期间，接受客户委托，操作"左某""闫某""王某""熊某""曾某""罗某"6个证券账户买卖相关证券	1. 警告;2. 罚款10万元
47	2018	安徽证监局	海通证券阜阳清河东路证券营业部存在经纪人使用客户交易区电脑代客户交易股票的情况	增加合规检查次数
48	2018	浙江证监局	陈某在中信证券杭州凤起路证券营业部从业期间，操作投资者应某强的证券账户买入融信租赁345,000股	出具警示函
49	2018	上海证监局	周某在西部证券上海第三分公司从业期间，存在代客户证券交易的行为	出具警示函
50	2018	上海证监局	袁某在华鑫证券上海曹杨路证券营业部担任客户经理期间，存在代客户进行证券交易的行为	出具警示函
51	2018	安徽证监局	刘某锁在华安证券北京中关村大街证券营业部担任投资顾问期间，存在违规代客户作出交易决策并向客户保证收益的行为	出具警示函
52	2018	陕西证监局	张某学在国盛证券宝鸡宝虢路证券营业部任职期间，接受客户祁某燕委托，操作祁某燕证券账户	1. 警告;2. 罚款15万元
53	2018	陕西证监局	张某学在国盛证券宝鸡宝虢路证券营业部任职期间，接受客户祁某燕委托，操作祁某燕证券账户	1. 责令改正;2. 增加合规检查次数(营业部)
54	2018	青岛证监局	李某光在任职西藏东方财富证券青岛同兴路证券营业部证券经纪人期间，私下接受投资者委托买卖证券，同时反映营业部内部控制不完善	1. 责令改正;2. 增加合规检查次数(营业部)
55	2018	青岛证监局	李某光在任职西藏东方财富证券青岛同兴路证券营业部证券经纪人期间，私下接受投资者委托买卖证券，同时反映营业部内部控制不完善	出具警示函(李某)

续表

序号	年份	监管机构	处罚案由	处罚结果
56	2018	贵州证监局	戴某静在申万宏源证券贵州分公司担任经纪人期间,存在操作他人证券账户、利用他人资金进行股票交易,并约定分享投资收益的行为	出具警示函
57	2018	上海证监局	林某在担任东方证券上海富特西三路证券营业部负责人期间,代理客户进行账户操作	出具警示函
58	2018	天津证监局	周某波在中天证券天津中山路证券营业部从业期间,用个人报备手机代客户发出新股申购委托指令,代客户证券认购	监管谈话,记入证券期货市场诚信档案
59	2018	浙江证监局	包某兵在广发证券台州白云山西路证券营业部从业期间,替客户办理证券交易操作(同时私自违规为客户的融资活动提供便利;营业部现场使用和管理电脑等设备不符合公司内部管理规定)	出具警示函(包某)
60	2018	浙江证监局		责令改正(营业部)
61	2019	证券业协会	王某芝在兴业证券从业期间,代客户进行证券交易	注销执业证书,3 年内不受理执业证书申请;记入诚信信息管理系统
62	2019	证券业协会	钟某全在国海证券从业期间,被实名举报代客户周某桃交易,且不配合广东证监局调查	注销执业证书,3 年内不受理执业证书申请;记入诚信信息管理系统
63	2019	福建证监局	王某光在 JZ 证券福建分公司从业期间,替客户办理证券认购、交易、资金查询,并与客户约定分享投资收益	出具警示函
64	2019	安徽证监局	王某在国元证券马鞍山雨山西路营业部从业期间,替客户进行证券交易	出具警示函
65	2019	天津证监局	王某明在新时代证券天津长江道营业部从业期间替客户办理证券认购	监管谈话
66	2019	四川证监局	王某科先后在华泰证券成都梓潼桥西街证券营业部、华泰证券成都晋阳路证券营业部工作期间,接受客户委托买卖证券	增加合规检查次数(营业部)
67	2019	四川证监局		责令改正,给予警告,并处罚款 10 万元

续表

序号	年份	监管机构	处罚案由	处罚结果
68	2019	浙江证监局	廖某满在申万宏源证券公司从业期间，替客户办理证券认购、交易操作	出具警示函
69	2019	浙江证监局	高某华在华林证券公司从业期间，替客户办理证券交易操作	出具警示函
70	2019	广东证监局	国信证券广东南海分公司存在员工私下接受客户委托买卖证券的行为，分公司未能及时发现并有效实施合规管理	责令增加合规检查次数（分公司）
71	2019	青岛证监局	杨某君在证券公司从业期间，存在替客户交易的行为	出具警示函

第四章　代销金融产品业务

所谓代销金融产品，是指证券公司接受金融产品发行人的委托，为其销售金融产品或者介绍金融产品购买人的行为。该业务不仅为客户提供了多元化的理财渠道、丰富了证券公司产品线、留住客户资产，还为证券公司带来了可观的业务收入。但是，证券公司作为代销机构，需要对代销产品的来源、公司以及投资项目进行审查，需要在代销过程中履行充分的信息披露与风险提示义务，并严格落实适当性管理的明确要求。近年来，类似"员工飞单销售产品""代销产品风险揭示不到位""推荐产品承诺收益"等违规行为引起客户纠纷、甚至被监管处罚的情况屡有发生。

一、违规处罚整体情况

统计期内，证券公司及从业人员在代销金融产品业务过程中，因违规行为被处罚的案例共计 35 起，涉及 22 家证券公司、7 名证券从业人员。

（一）证监会及各地证监局（33 起）

均为行政监管措施，包括：(1)暂停 2 家证券公司、1 家营业部开展代销金融产品业务 6 个月。(2)责令 9 家证券公司、9 家营业部改正。(3)责令 4 家证券公司、3 家营业部增加合规检查次数。(4)对 7 家营业部(分公司)、3 名从业人员出具警示函。(5)认定 1 人为不适当人选，自决定作出之日起两年内不得担任证券公司的董事、监事、高级管理人员和分支机构负责人等职务或者实际履行上述职务。(6)对 1 名分支机构负责人予以公开谴责。

(二)中国证券业协会(2 起)

均为纪律处分。包括：注销 2 人执业证书，并记入证监会及协会诚信系统。(具体见附件 4－1：证券公司及从业人员代销金融产品业务违规监管处罚)

二、违规行为分析

证券公司及从业人员在代销金融产品过程中，较易出现违规的行为主要包括飞单销售、适当性管理不规范、宣传推介不规范以及其他的违规行为，历年各类处罚数量分布如图 4 所示。

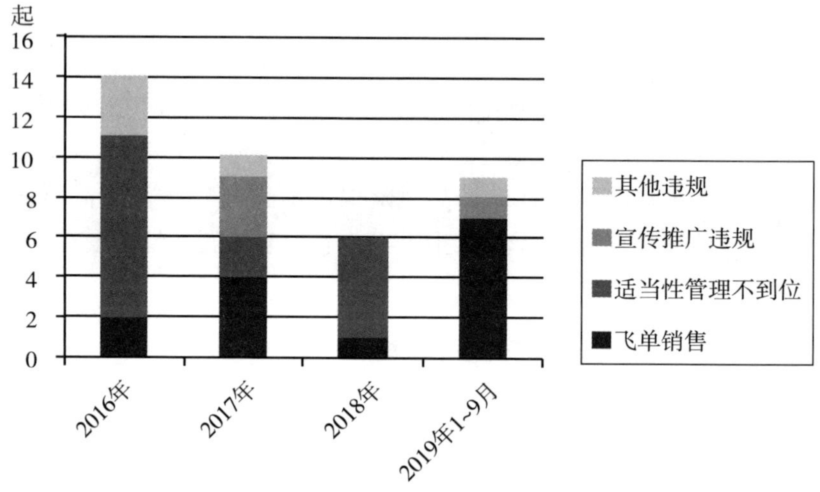

图 4 证券公司及从业人员代销金融产品业务违规行为对比

(一)飞单销售，涉及 14 起，占比 40%

证券从业人员与社会人员内外串通，私自销售非公司总部评审、授权的私募基金等第三方机构金融产品，也就是俗称的“飞单”销售。现有公开信息显示，有个别案例甚至涉嫌非法集资、合同诈骗犯罪等严重违法问题，涉及刑事处罚，其中 2019 年查处类似问题数量明显增加。

(二)销售适当性管理不到位,涉及16起,占比45.71%

1. 客户在付款购买金融产品前未签署风险揭示书。

2. 客户风险承受能力与购买产品风险等级不匹配但未按规定要求客户签署不适当警示书。

3. 未尽到充分了解客户的义务,投资者背景调查流于形式,甚至诱导投资者不填写真实信息。

4. 代销产品时未让投资者填写风险适应性调查问卷或风险适当性结果评估确认单。

5. 客户未在产品销售合同(含电子合同)上签字。

6. 汇集不合格投资者资金以员工(或某客户)个人名义购买私募产品。

(三)违规宣传推介,涉及5起,占比14.28%

1. 宣传对象不合规。例如,向风险承受能力与产品风险等级不匹配的客户推介金融产品;利用微信公众号、QQ群等渠道向不特定对象公开宣传推介私募资产管理产品。

2. 宣传推介内容错误或不合规。例如,片面强调收益,甚至承诺收益;未按要求披露风险。

(四)其他违规行为,涉及5单,占比14.28%

主要表现在:不具备基金从业资格人员参与基金销售业务;合规培训不足等。

上述违规案例及处理结果,主要呈现以下三个特点。

一是违规行为发生在分支机构,但有时会连累到公司总部。

上述案例中被处罚的起因几乎都是证券公司分支机构员工在开展业务过程中的违规行为,但不同情节、不同监管机构,最终的处罚结果略有差异,部分案例直接导致公司总部被处罚。例如,上述35起处罚案例,有11起是直接针对公司总部,占比约31.43%。

二是证券公司分支机构负责人在该类违规案例中常被作为主要负责人被罚。

上述被处罚的7名个人,有5人为证券公司分支机构负责人,处罚理由大部分与营业部员工飞单销售有关,当然也有个别负责人亲自牵头组织有关违规活动。

三是个别证券公司因员工违规代销金融产品行为被严重处罚。

上述处罚案例中,国信证券一家就发生6起,占17.14%。此外,中信证券、光大证券分别有3起;东莞证券、东北证券、中投证券各有2起。

三、处罚依据

监管机构对证券从业人员代销金融产品过程中违规行为的处罚依据一般是《证券法》《证券公司和证券投资基金管理公司合规管理办法》《证券公司代销金融产品管理规定》《证券公司监督管理条例》《关于加强证券经纪业务管理的规定》。有关监管文件对代销金融产品业务产品引入与评审、签订代销协议、宣传与推广、客户适当性管理、客户回访等业务环节均提出了较为具体的合规要求,并明确了对应的惩戒措施及标准。

(一)《证券法》

1. 第一百三十五条:证券公司不得对客户证券买卖的收益或者赔偿证券买卖的损失作出承诺。

2. 第一百九十八条:证券公司违反本法第八十八条的规定未履行或者未按照规定履行投资者适当性管理义务的,责令改正,给予警告,并处以十万元以上一百万元以下的罚款。对直接负责的主管人员和其他直接责任人员给予警告,并处以二十万元以下的罚款。

3. 第一百九十三条:违反本法第五十六条第一款、第三款的规定,编造、传播虚假信息或者误导性信息,扰乱证券市场的,没收违法所得,并处以违法所得一倍以上十倍以下的罚款;没有违法所得或者违法所得不足二十万元的,处以二十万元以上二百万元以下的罚款。

(二)《证券公司和证券投资基金管理公司合规管理办法》

第三十二条:证券基金经营机构违反本办法规定的,中国证监会可以采取出具警示函、责令定期报告、责令改正、监管谈话等行政监管措施;对直接负责的董事、监事、高级管理人员和其他责任人员,可以采取出具警示函、责令参加培训、责令改正、监管谈话、认定为不适当人选等行政监管措施。证券基金经营机构违反本办法规定导致公司出现治理结构不健全、内部控制不完善等情形的,对证券基金经营机构及其直接负责的董事、监事、高级管理人员和其他直接责任人员,依照《证券投资基金法》第二十四条、《证券公司监督管理条例》第七十条采取行政监管措施。

(三)《证券公司代销金融产品管理规定》

第二十条:证券公司及其从业人员违反本规定的,证监会及其派出机构依法采取监管措施或者给予行政处罚。

(四)《证券公司监督管理条例》

第七十条(内容略)

(五)《关于加强证券经纪业务管理的规定》

第八条(内容略)

四、违规案例

案例1:国信证券无锡梁溪路证券营业部代销产品业务内控执行不到位

(一)基本案情

江苏证监局根据投资者投诉,对国信证券无锡梁溪路证券营业部销售金元惠理西藏信托 FOT2 号专项资产管理计划情况进行调查核实,发现存在以下问题。

1. 未尽到充分了解客户的义务,投资者背景调查流于形式。投资者周某在产品风险承受能力调查中选择的投资经验与其在营业部实际投资经历不一致,但营业部未进一步核实。

2. 未根据对客户风险状况的基本判断,为客户推荐与其风险承受能力相匹配的金融产品。投资者周某年龄较大(购买产品时勾选年龄“60 岁以上”),在营业部开立证券账户以来仅有一次 10 万元基金投资记录,未有过买卖股票等其他投资经验;而营业部推荐其购买的金元惠理西藏信托 FOT2 号专项资产管理计划,属于较为复杂的金融产品,且最低认购规模为 100 万元,明显高于营业部所掌握的投资者周某的投资能力和日常交易额。

3. 对客户的风险承受能力评估体系不够完善。营业部对投资者周某风险承受能力的评估所使用的资产管理人上海金元惠理资产管理有限公司提供的《风险承受能力调查表》等材料,主观性较强,客观性与针对性不足,不能够全面客观反映投资者周某真实的风险承受能力。

上述问题反映营业部在投资者适当性管理方面存在严重不足,违反了《证券公司监督管理条例》第二十九条的规定。

(二)处理结果

江苏证监局根据《证券公司监督管理条例》规定,暂停国信证券无锡梁溪路证券营业部开展代销金融产品业务 6 个月,强调在整改期限到期时应经检查验收,营业部方可继续开展代销金融产品业务。值得注意的是,该营业部 2016 年 1 月份、3 月份曾因代销金融产品业务出现违规行为先后两次被江苏证监局责令整改或出具警示函。

案例 2:东北证券长沙芙蓉中路证券营业部员工飞单销售且涉嫌诈骗

(一)基本案情

1. 湖南证监局在检查中发现东北证券长沙芙蓉中路证券营业部存在以下问题:一是……。二是营业部针对部分代销金融产品未组织培训,营销人员对公司金融产品的信息了解不全。三是营业部前员工李某涉嫌合同诈骗犯罪,部分员工和经纪人私自推介或销售非东北证券股份有限公司自主发行或代销的金融产品,内部岗位制衡失效。四是营业部对李某涉嫌合同诈骗犯罪一事未及时向证监局报告。

上述问题反映出营业部内部控制不完善,违反了《证券公司内部控制指引》第十三条第一款第一项、第二项和第二十三条第二款,《证券公司代销金融产品管理规定》第十七条以及《证券公司分支机构监管规定》第十八条的规定。

2. 东北证券上述违规问题,亦引起总部所在地监管部门吉林证监局的关注,经调查,吉林证监局认为上述问题持续时间较长、涉及金额大,后果严重,影响恶劣。虽未发现东北证券参与有关诈骗活动,但公司存在对营业部负责人把关不严、监督机制失效等问题,反映出公司内部控制不完善、经营管理混乱。

(二)处理结果

1. 湖南证监局根据《证券公司监督管理条例》规定,责令营业部限期改正、暂停营业部开展代销金融产品业务 6 个月。

2. 吉林证监局按照《证券公司监督管理条例》的规定,一是责令东北证券公司限期改正;二是责令增加内部合规检查的次数,东北证券公司应当对全部分支机构进行合规检查并限时提交检查报告和整改报告;三是责令东北证券暂停开展代销金融产品业务 6 个月。

案例3：东莞证券某分公司负责人赵某组织员工“飞单”销售

(一)基本案情

广东证监局在检查中发现，东莞证券股份有限公司虎门分公司原负责人赵某在未经过东莞证券股份有限公司审批的情况下，组织员工向客户销售非东莞证券代销的私募证券投资基金。上述行为违反了《证券公司和证券投资基金管理公司合规管理办法》第六条、《证券公司代销金融产品管理规定》第六条的规定。

同时，广东证监局认为赵某上述行为一并违反了《证券公司董事、监事和高级管理人员任职资格监管办法》第四条的规定。

(二)处理结果

1. 对单位的处罚

广东证监局按照《证券公司和证券投资基金管理公司合规管理办法》《证券公司代销金融产品管理规定》的规定，对东莞证券股份有限公司虎门分公司采取出具警示函的行政监管措施。

2. 对个人的处罚

广东证监局按照《证券公司代销金融产品管理规定》《证券公司董事、监事和高级管理人员任职资格监管办法》规定，认定赵某为不适当人选，自决定作出之日起两年内不得担任证券公司的董事、监事、高级管理人员和分支机构负责人等职务或者实际履行上述职务。

五、附件

附件4－1　证券公司及从业人员代销金融产品业务违规监管处罚

序号	年份	监管机构	处罚案由	处罚结果
1	2016	江苏证监局	国信证券某营业部客户在购买金融产品前未签署风险揭示书、风险承受能力与产品风险等级不匹配，但国信证券未按规定要求客户签署不适当警示书	责令改正(营业部)
2	2016	浙江证监局	浙商证券下属营业部向风险承受能力与产品风险等级不匹配的客户推介金融产品	责令改正(公司总部)

续表

序号	年份	监管机构	处罚案由	处罚结果
3	2016	证监会	渤海证券未严格按要求对基金从业人员投资基金的行为进行管理；对公募基金业务投资管理人员的合规培训时间少于 20 小时	责令改正(公司总部)
4	2016	江苏证监局	国信证券某营业部在开展代销金融产品业务中，合同签署时没有向个别客户出示相关备查文件	出具警示函(营业部)
5	2016	北京证监局	长城证券某营业部代销产品时未让投资者填写风险适应性调查问卷、风险适当性结果评估确认单，客户未在产品合同上签字	责令增加内部合规检查次数(营业部)
6	2016	证监会	平安证券部已签署的代销协议内容不符合法规规定；公司制度未规定与委托人事先约定违约情况下的处置预案和应急安排，未规定关于客户安抚、督促委托人履行职责等内容	增加内部合规检查次数(公司总部)
7	2016	天津证监局	国信证券某营业部客户在购买金融产品前未签署风险揭示书；客户在购买金融产品时，其风险承受能力与产品风险等级不匹配，营业部未按规定与客户签署《金融产品适当性评估告知及客户投资确认书》	责令改正(营业部)
8	2016	上海证监局	中投证券某营业部客户风险承受能力和申购的金融产品风险等级不匹配，但营业部并未将判断结论书面告知客户，提示其审慎决策并由其签字确认；且营业部未执行公司内控制度，在客户开展 ETF 交易业务前与其签署 ETF 交易系统使用协议和风险揭示书	责令改正(营业部)
9	2016	深圳证监局	国信证券天津、江苏、青岛等地营业部在开展代销金融产品业务中存在以下问题：个别客户在付款购买金融产品前未签署风险揭示书；个别客户在购买金融产品时，其风险承受能力与产品风险等级不匹配，营业部未按规定与客户签署《金融产品适当性评估告知及客户投资确认书》；合同签署时没有向个别客户出示相关备查文件；在部分文件中将“资产管理计划”错误描述为“信托”	责令改正(公司总部)

续表

序号	年份	监管机构	处罚案由	处罚结果
10	2016	江苏证监局	国信证券某营业部销售产品时存在以下问题:一是未尽到充分了解客户的义务,投资者背景调查流于形式。二是未根据对客户风险状况的基本判断,为客户推荐与其风险承受能力相匹配的金融产品。三是对客户的风险承受能力评估体系不够完善	暂停营业部开展代销金融产品业务6个月
11	2016	辽宁证监局	广发证券某营业部在代销产品过程中,存在以下违规行为:(1)营业部未能全面、公正、准确地介绍金融产品有关信息,充分说明金融产品的主要风险特征;未能保证金融产品营销人员充分了解所负责推介金融产品的信息。(2)营业部在产品销售过程中的风险揭示不到位	责令改正(营业部)
12	2016	湖南证监局	东北证券某营业部存在以下问题:一是营业部业务合同文本与重要空白凭证的保管、领用未实行双人负责制,部分重要合同无领用登记记录。二是营业部针对部分代销金融产品未组织培训,营销人员对公司金融产品的信息了解不全。三是营业部前员工李某涉嫌合同诈骗犯罪,部分员工和经纪人私自推介或销售非东北证券股份有限公司自主发行或代销的金融产品,内部岗位制衡失效,且营业部未及时向证监局报告	1. 责令改正;2. 暂停营业部开展代销金融产品业务6个月(营业部)
13	2016	证券业协会	中银国际证券员工左某成被实名举报私自代销金融产品	注销执业证书,并记入诚信系统
14	2017	证监会	西部证券营业部利用同名微信公众号向不特定对象公开宣传推介私募资产管理产品	责令改正(公司总部)
15	2017	深圳证监局	中信证券北京好运街营业部未经公司审批同意擅自在公司官网和“券商中国”微信公众号发布“2016年双11活动宣传推介材料”,宣传推介材料部分表述片面强调收益	1. 责令改正(公司总部);2. 责令增加合规检查次数(公司总部)

续表

序号	年份	监管机构	处罚案由	处罚结果
16	2017	河南证监局	中投证券某营业部存在员工与不合格投资者订立协议,汇集不合格投资者资金以员工个人名义购买私募产品的问题	责令增加合规检查次数(营业部)
17	2017	吉林证监局	东北证券某营业部前员工涉嫌合同诈骗犯罪,部分员工和经纪人私自推介或销售非公司自主发行或代销的金融产品,持续时间较长、涉及金额大,后果严重,影响恶劣。虽未发现公司参与有关诈骗活动,但公司存在对营业部负责人把关不严、监督机制失效等问题。反映出公司内部控制不完善、经营管理混乱	1. 责令改正(公司总部);2. 责令增加合规检查次数(公司总部);3. 暂停公司开展代销金融产品业务6个月
18	2017	河南证监局	中原证券存在以下违规行为:(1)某分公司未经公司总部批准,擅自代销金融产品;(2)某分公司负责人周某及员工汇集不合格投资者资金,以周某和员工个人名义购买私募基金产品	1. 责令改正(公司);2. 增加合规检查次数(公司);3. 对分公司负责人周某予以公开谴责
19	2017	上海证监局	上海证券某营业部存在以下问题:(1)部分技术、合规人员参与客户介绍和产品营销业务,部分不具备基金从业资格人员参与公募基金销售业务。(2)"掌上营业厅"自助终端启用后,部分营销人员存在对客户具体操作进行提示或指导的情形,针对个别客户还存在代为填写相关信息的情况。(3)营业部在处理部分客户资金到账异常经济纠纷时,对有关客户资金解冻操作未经双人复核;对客户进行经济补偿的方式和金额存在差异	出具警示函(营业部)
20	2017	青岛证监局	招商证券青岛分公司员工擅自销售非公司自主发行或代销的金融产品	出具警示函(分公司)
21	2017	证券业协会	国信证券员工陈某私下向投资者销售所在机构代销的资管产品	注销执业证书,3年不受理执业证书申请,记入诚信系统

续表

序号	年份	监管机构	处罚案由	处罚结果
22	2017	证监会	华泰证券公司营业部及资产管理子公司分别利用同名微信公众号、官方网站向不特定对象公开宣传推介私募资产管理产品	责令改正(公司总部)
23	2018	北京证监局	国都证券某营业部在销售产品过程中存在以下问题:一是对客户填列的投资经历与在营业部的实际投资经历不一致的情况,未收集客户的相关资料,予以进一步核实,没有做到真正了解客户的情况。二是在客户回访时,对向风险承受能力较低的保守型客户销售高风险金融产品的情况,未核实销售人员是否存在不适当的推介行为	责令改正(营业部)
24	2018	上海证监局	光大证券上海仙霞路营业部在代销非公开募集产品的过程中,存在以下问题:投资者购买产品的资金系由营业部6名员工汇集,且营业部明知该投资者提供的信息不真实、不准确,未告知其后果,也未拒绝向其销售产品	出具警示函(营业部)
25	2018	上海证监局	光大证券上海仙霞路营业部在代销非公开募集产品的过程中存在以下问题:投资者购买相关产品的资金系由营业部的6名员工汇集。营业部明知该投资者提供的信息不真实、不准确,未告知其后果,也未拒绝向其销售产品。鲁某作为营业部总经理,对此负有直接责任	出具警示函
26	2018	上海证监局	光大证券上海仙霞路营业部在代销非公开募集产品的过程中存在投资者适当性管理问题,董某作为公司分管营业部的高级管理人员,对此负有直接责任	出具警示函
27	2018	内蒙古证监局	恒泰证券被客户投诉,存在以下问题:未签订代销协议的情况下,代销P2P金融产品;违规保证产品最低收益率,且未采取有效措施提示客户签署风险揭示书	责令改正(公司总部)

续表

序号	年份	监管机构	处罚案由	处罚结果
28	2019	辽宁证监局	大通证券某营业部存在以下问题：(1)部分员工私自推介或销售非大通证券股份有限公司自主发行或代销的金融产品。(2)营业部存在不具有基金销售资格的员工进行基金产品销售的情况。(3)营业部未针对代销的部分金融产品进行必要的培训。(4)营业部在发现有员工私自代销产品，引发投资者投诉维权后，未及时向证监局进行报告。此外，营业部使用未经公司审批和备案的开户专用章开展业务、个别员工在使用印章过程中未履行审批和登记程序	1. 责令改正(营业部)；2. 增加合规检查次数(营业部)
29	2019	广东证监局	银河证券东莞东城中路证券营业部存在员工私下为私募基金管理公司介绍私募基金购买人，私自推介非公司代销的金融产品，并且向投资者承诺保本保收益的行为	出具警示函(营业部)
30	2019	上海证监局	中信证券上海环球金融中心证券营业部存在部分员工擅自销售非公司自主发行或代销的金融产品的违规行为。孙某作为时任营业部负责人，对营业部上述违规行为负有直接责任和管理责任	出具警示函(营业部)
31	2019	上海证监局		出具警示函(孙某)
32	2019	广东证监局	东莞证券虎门分公司原负责人赵某鸿在未经公司审批的情况下，组织员工向客户销售非公司代销的私募证券投资基金	出具警示函(分公司)
33	2019	广东证监局		认定为不适当人选，两年内不得担任证券公司的董事、监事、高级管理人和分支机构负责人等职务或者实际履行上述职务(赵某鸿)
34	2019	江苏证监局	华泰证券在代销“聚潮资产－中科招商新三板Ⅰ期A、B专项资管计划”过程中，存在使用未经报备的宣传推介材料的情形	责令改正(公司总部)
35	2019	江苏证监局	东吴证券苏州吴江中山北路证券营业部部分员工推介或销售非东吴证券股份有限公司自主发行或代销的金融产品	责令改正(营业部)

第五章　研究与咨询业务

第一节　发布研究报告业务

所谓发布研究报告业务，是指证券公司、证券投资咨询机构对证券及证券相关产品的价值、市场走势或者相关影响因素进行分析，形成证券估值、投资评级等投资分析意见，制作证券研究报告，并向客户发布的行为。证券公司及研究人员在开展相关业务过程中，如何遵循独立、客观、公平、审慎原则，如何有效防范利益冲突，公平对待发布对象，避免传播虚假、不实、误导性信息，监管规章制度均有明确规定。但令人遗憾的是，自 2011 年 1 月 1 日《发布证券研究报告暂行规定》正式实施以来，类似奇葩研报、乌龙研报、虚假研报等风险事件仍时有发生。

一、违规处罚整体情况

统计期内，证券公司及从业人员在发布研究报告业务过程中，因违规行为被处罚的案例共计 20 起，涉及 9 家证券公司、16 名证券从业人员。

（一）证监会及各地证监局（12 起）

1. 行政处罚 1 起。包括：对 2 名从业人员合计罚款 35 万元，同时责令改正。

2. 监管措施 11 起。包括：（1）责令 3 家公司增加合规检查次数；（2）对 3 家公司及 1 名证券从业人员出具警示函；（3）对 6 名证券从业人员进行监管谈话，其中2人为研究所负责人；(4)责令1家证券公司改正，并进行内部责任追究。

(二)中国证券业协会(8起)

均为纪律处分。包括：(1)暂停1名研究人员执业2年，记入协会诚信信息管理系统；(2)注销1名证券分析师执业证书，并在3年内不受理证券分析师执业注册申请，记入证券业从业人员诚信信息管理系统和中国证监会诚信档案数据库。

此外，2016年4月27日，中国证券业协会发布消息称，个别证券分析师撰写的证券研究报告存在用语不客观、不审慎、过度娱乐化、低俗化等问题，违反了协会《证券分析师执业行为准则》的有关规定。经认真调查核实，证券业协会依法依规对6名证券从业人员采取了自律惩戒措施，并将相关情况记入协会从业人员诚信信息系统。(具体见附件5－1：证券公司及从业人员发布研究报告业务违规监管处罚)

二、违规行为分析

结合监管处罚案例分析，证券公司及从业人员发布研究报告业务过程中，被处罚主要因以下三类违规行为。

(一)8起处罚案例涉及研究报告信息来源问题

1. 缺乏必要的调研程序，凭借主观臆断和遐想，闭门造车，报告缺乏必要的数据及信息支持。

2. 研究报告使用的信息数据来源缺失或不明确，甚至存在以虚假信息、市场传言、过期新闻、敏感信息或者内幕信息为依据撰写并发布研究报告等。

(二)10起案例涉及研究报告质量审核不规范问题

1. 有6起涉及用语不客观、不审慎、过度娱乐化、低俗化等问题。

2. 有4起涉及研究报告粗制滥造，质量把关流于形式，报告缺少风险提示，报告对具体证券后市表现作出明确判断等问题。

(三)4起处罚案例涉及其他违规行为

1. 研究人员在行业评比前违规拉票，造成恶劣社会影响。

2. 无证券投资咨询执业资格发布研究报告等。

此外,证券公司发布研究报告阶段有部分违规行为较为隐蔽,暂时未被查实或追究责任。如研究报告发布时区别对待客户,提前将调研信息或研究观点发送给关系户,导致不同客户观点和结论不同、不同客户得到研究报告的时间不同,违反独立性原则与同一性原则。

三、处罚依据

监管机构针对发布研究报告业务中证券公司及从业人员违规行为的处罚所依据的一般是《证券法》《发布证券研究报告暂行规定》《证券公司监督管理条例》等。

(一)《证券法》

1. 第二百零六条:违反本法第七十八条第一款、第三款的规定,扰乱证券市场的,由证券监督管理机构责令改正,没收违法所得,并处以违法所得一倍以上五倍以下的罚款;没有违法所得或者违法所得不足三万元的,处以三万元以上二十万元以下的罚款。

2. 第二百零七条:违反本法第七十八条第二款的规定,在证券交易活动中作出虚假陈述或者信息误导的,责令改正,处以三万元以上二十万元以下的罚款;属于国家工作人员的,还应当依法给予行政处分。

(二)《发布证券研究报告暂行规定》

第二十二条:证券公司、证券投资咨询机构及其人员违反法律、行政法规和本规定的,中国证监会及其派出机构可以采取责令改正、监管谈话、出具警示函、责令增加内部合规检查次数并提交合规检查报告、责令暂停发布证券研究报告、责令处分有关人员等监管措施;情节严重的,中国证监会依照法律、行政法规和有关规定作出行政处罚;涉嫌犯罪的,依法移送司法机关。

(三)《证券公司监督管理条例》

第七十条(内容略)

四、违规案例

案例1:东方证券研究员浦某、郑某误导发布“安硕信息”

(一)基本案情

1. 浦某,时任东方证券研究所计算机行业首席分析师;郑某,时任东方证券研究所计算机行业研究员。中国证监会根据上市公司临时公告、询问笔录、邮件等证据认定:

(1)2014年6月22日至2015年4月30日,东方证券浦某、郑某根据上市公司上海安硕信息技术股份有限公司提供的“一纵一横”发展战略、征信业务、数据业务、小贷云业务、互联网金融业务等不准确、不完整且缺乏实现基础的信息,在未经东方证券内控部门审批、复核的情况下,使用“极具业务延展性……、强烈看好……、最优质的银行IT标的……、无与伦比……、绝对领先”“公司市场规模是百亿元量级、收入将可达12亿元、30亿元市值远未反映公司实际价值、市值空间有望超过200亿元、市值超千亿元、……200亿元绝不是终点”等诱导性和夸大性的语言文字编写邮件,向128家基金、证券公司、私募等机构的1279名人员累计发送邮件1.1万余封,传播“安硕信息”开展互联网金融服务业务和互联网金融业务的情况。

(2)“安硕信息”披露且经东方证券浦某、郑某传播上述信息后,部分基金管理公司于2014年11月1日至2015年5月27日大量买入“安硕信息”,累计共有221只公募基金持有“安硕信息”最高达1808.21万股,占“安硕信息”流通股的74.84%。“安硕信息”股价从2014年4月30日28.30元上涨至2015年5月13日450元,涨幅为15.9倍。

2. 本案审理过程中,当事人郑某提出数项申辩意见:

(1)其本人不是证券分析报告及其他传播信息的签署人、决策者及责任人,仅按负责人要求承担素材收集和内容起草工作,无权决定报告的内容及发布与否,无权决定推介材料发送内容和发送范围,仅按照公司流程和负责人要求,履行本职工作,未违反法律规定。

(2)其本人撰写调研纪要据实记录,相关内容受安硕信息公司不准确、不完整描述影响,并非本人意思表示。

(3)请证监会充分考虑各责任主体在本案中的责任,酌情减轻处罚。

3. 证监会认为,当事人浦某、郑某的行为违反了《证券法》(2016年版)第七十八条第二款禁止证券服务机构及其人员在证券交易活动中作出信息误导的规定，构成《证券法》第二百零七条规定的信息误导违法行为。认定郑某使用诱导性和夸大性的语言文字编写证券分析报告和推介材料，其辩解称草拟内容受安硕信息公司不准确、不完整描述影响和非本人意思表示，与客观事实不符。综合分析，认为郑某未能客观、谨慎、诚实地开展投资咨询服务，未能勤勉尽责履行职务行为，应承担相应法律责任，对于其辩解称草拟分析报告和推介材料系职务行为，无权决定发送内容和发送范围，未违反法律规定的申辩理由不予采纳。此外，对郑某提出的各责任主体在本案中的主次责任，已予以考虑。

（二）处理结果

证监会根据当事人违法行为的事实、性质、情节与社会危害程度，依据《证券法》（2016 年版）的规定，责令浦某改正，并处以 20 万元罚款；责令郑某改正，并处以 15 万元罚款。

案例 2：东吴证券马某、汤某撰写《福成深度报告二：3 个 100 亿元支撑市值翻倍》等研究报告质量存在严重问题

（一）基本案情

1. 丁某，时任东吴证券研究所所长；马某、汤某，时任东吴证券研究员。2016 年 10 月 13 日东吴证券发布由马某、汤某撰写的研究报告《福成深度报告二：3 个 100 亿元支撑市值翻倍》，将福成股份“捧上了天”，研报称：福成股份是殡葬行业未来绝对龙头，3 个 100 亿元值得关注。第一个 100 亿元：120 亿元市值有 140 亿元净利润，30 年之内开发完毕。宝塔陵园规划一期 12.5 万个墓穴，4 万个骨灰格位。共 3 期，全部建成后 40 万个墓穴。第二个 100 亿元：100 亿元产业并购基金并购各地经营性墓地牌照，第一期 10 亿元已有宜兴龙墅收购项目落地，不排除近期继续拓展，猜测第一期基金后续并购利润不低于 1.5 亿元，后续基金规模还有 90 亿元。第三个 100 亿元：大股东手中 100 亿元现金，公司现金充沛。

东吴证券的研报再度成为有关公司股价上涨的催化剂，不到一周多的时间，福成股份股价涨幅近 10%。但上述研究报告质量存在严重问题，报告未遵循合规、客观、专业、审慎的要求，未能保证引用的信息来源合法合规，研究方法缺乏专业审慎，分析结论依据不足。其中：

（1）报告内所指的宝塔陵园周围原本是三河市当地早年开矿留下的一些荒山、荒坡，土地破坏严重，该部分荒山、荒坡已被大股东及相关企业长期使用，现处于平整、绿化、种植果树及生态修复之中，该类情形荒山、荒坡土地面积大致为3000亩，但目前并不在上市公司及宝塔陵园名下。

（2）研报称后续并购基金规模还有90亿元，而上市公司目前产业并购基金规模只有10亿元人民币。

（3）研报称大股东有充足资金作为福成和辉产业并购基金的劣后端，这仅仅是一种推测与可能，也取决于大股东的投资方向和决策。

2. 江苏证监局认为，上述行为违反了《发布证券研究报告暂行规定》（证监会公告〔2010〕28号）第九条、第十条的规定。其中：东吴证券公司对研究报告审核工作不到位，反映公司存在内部管理不完善、从业人员合规意识淡薄；丁某作为研究所所长，负有领导责任；马某、汤某作为署名作者，对该研究报告质量负有直接责任。

（二）处理结果

江苏证监局根据《发布证券研究报告暂行规定》的规定，对东吴证券公司采取责令限期改正的行政监管措施。同时要求丁某、马某、汤某三人接受监管谈话。

案例3：海通证券研究员施某发布"江特电机"相关研究报告估值倍数调整依据不充分、不审慎，且信息来源标注不完整

（一）基本案情

1. 施某，时任海通证券研究员。2017年7月30日至9月19日，海通证券公司发布4篇"江特电机"研究报告。存在以下违规行为：

（1）7月30日，海通证券发布标题为《云母提锂龙头将放量　原料充足弹性大》的研究报告，作者为施某，预计江特电机2017～2019年EPS分别为0.29元/股，0.42元/股和0.59元/股，给予2017年45倍估值，对应目标价13.05元。

（2）8月8日，海通证券发布标题为《新能源政策拖累上半年业绩　静待碳酸锂放量提升业绩》的研究报告，作者为施某，预计江特电机2017～2019年EPS分别为0.30元/股，0.42元/股和0.60元/股，给予2017年50倍估值，对应目标价15.00元。

（3）9月12日，海通证券发布标题为《三大产业齐发展　云母提锂龙头将起航》的研究报告，作者为施某，预计江特电机增发摊薄后2017～2019年EPS分别为0.30元/股，0.40元/股和0.53元/股，给予2018年70倍估对应目标价28.00元。

（4）9月19日，海通证券发布标题为《云母提锂技术完成　量升成本降业绩可期》的研究报告，作者为施某，预计江特电机2017年EPS为0.30元/股，增发摊薄后2018、2019年EPS分别为0.40元/股和0.53元/股，2018年70倍估值,对应目标价28.00元。

在海通证券研报密集唱多江特电机的影响下,江特电机股价自7月31日至9月14日累计涨幅高达72.55%。

2. 上海证监局在事后检查中,发现上述4份研究报告中通过调整估值倍数方式,即"给予2017年45倍估值"至"给予2017年50倍估值"、"给予2018年70倍估值",将"江特电机"6个月内目标股价从7月30日的13.05元提升至8月8日的15元、9月12日的28元。有关估值倍数调整依据不充分,不审慎。此外,在上述研究报告中信息来源标注不完整,未载明引用信息来自投资者关系活动记录表及上市公司相关公告内容。

(二)处理结果

上海证监局根据《发布证券研究报告暂行规定》规定,对施某采取出具警示函的行政监管措施。

五、附件

附件5-1　证券公司及从业人员发布研究报告业务违规监管处罚

<table>
<tr><th>序号</th><th>年份</th><th>监管机构</th><th>处罚案由</th><th>处罚结果</th></tr>
<tr><td>1</td><td>2016</td><td>证监会</td><td>东方证券研究员浦某、郑某发布与"安硕信息"有关的误导信息</td><td>责令改正,并分别处以20万元、15万元罚款</td></tr>
<tr><td>2</td><td>2016</td><td>湖北证监局</td><td>长江证券在开展研究报告业务时内部控制不完善</td><td>增加合规检查次数(公司)</td></tr>
<tr><td>3</td><td>2016</td><td>湖南证监局</td><td>方正证券研究所员工廖某无证券投资咨询执业资格发布推荐中兴通讯股票研究报告</td><td>出具警示函(公司)</td></tr>
<tr><td>4</td><td>2016</td><td>北京证监局</td><td>中国国际金融股份有限公司发布某研究报告重大敏感信息使用审慎性不足</td><td>增加合规检查次数(公司)</td></tr>
<tr><td>5</td><td>2016</td><td>江苏证监局</td><td rowspan="2">东吴证券马某、汤某撰写《福成深度报告二:3个100亿支撑市值翻倍》等研究报告质量存在严重问题,报告未遵循合规、客观、专业、审慎的要求,未保证引用的信息来源合法合规,研究方法缺乏专业审慎,分析结论依据不足</td><td>监管谈话(研究所长丁某及马某、汤某)</td></tr>
<tr><td>6</td><td>2016</td><td>江苏证监局</td><td>责令改正(公司),并进行内部责任追究</td></tr>
</table>

续表

<table>
<tr><th>序号</th><th>年份</th><th>监管机构</th><th>处罚案由</th><th>处罚结果</th></tr>
<tr><td>7</td><td>2016</td><td>江苏证监局</td><td>国联证券张某生撰写《从国家队成本看当前市场估值：投资策略思考点评》研究报告质量存在问题，未保证引用信息来源合法合规，研究方法缺乏专业审慎，分析结论依据不足</td><td>监管谈话（张某生、研究所长马某星）</td></tr>
<tr><td>8</td><td>2017</td><td>深圳证监局</td><td>安信证券发布《杭萧钢构：技术授权模式助高增，布局河北有望受益雄安新区建设》研究报告表述不严谨</td><td>出具警示函（公司）</td></tr>
<tr><td>9</td><td>2017</td><td>上海证监局</td><td>海通证券施某发布“江特电机”有关研究报告估值倍数调整依据不充分、不审慎，信息来源标注不完整</td><td>出具警示函（施某）</td></tr>
<tr><td>10</td><td>2018</td><td>深圳证监局</td><td>安信证券研究咨询业务客户服务管理制度不健全，客户服务档案管理不完善</td><td>增加合规检查次数（公司）</td></tr>
<tr><td>11</td><td>2018</td><td>北京证监局</td><td rowspan="2">民生证券员工郑某，发布关于江苏保千里视像科技集团股份有限公司相关研究报告时，未对保千里被立案调查情况进行风险提示，风险提示审慎性不足。未能对保千里及相关当事人受到行政处罚事项对公司的影响作出客观、审慎、专业的分析，相关判断理由不充分，结论不审慎</td><td>出具警示函（公司）</td></tr>
<tr><td>12</td><td>2019</td><td>证券业协会</td><td>暂停执业 2 年，记入协会诚信信息管理系统（郑某）</td></tr>
<tr><td>13</td><td>2018</td><td>湖南证监局</td><td rowspan="2">方正证券马某 2018 年 9 月 17 日在深圳参与朋友聚餐，参与聚餐人员中，因其为第十六届新财富最佳分析师评选活动候选分析师，会餐时另有对第十六届新财富最佳分析师评选有投票权的当事人，马某支付此次聚餐费用，客观上构成了向其他利益关系人输送不正当利益的事实</td><td>监管谈话</td></tr>
<tr><td>14</td><td>2019</td><td>证券业协会</td><td>注销证券分析师执业证书，并在 3 年内不受理证券分析师执业注册申请。记入诚信系统（马某）</td></tr>
</table>

除了上述案例，证券分析师出于博眼球、抢时效等多重原因的考虑，发布的研报不严谨、不完善甚至有忽悠嫌疑的新闻从未绝迹，一些奇葩研报曾令市场

一片哗然。2016年4月27日,中国证券业协会分别对相关证券分析师采取了自律惩戒措施。值得欣慰的是,在严监管的高压之下,证券公司研究报告逐渐回归理性,研究报告质量明显提升。

第二节　证券投资顾问业务

所谓证券投资顾问业务,是指证券公司依据《证券、期货投资咨询管理暂行办法》《证券投资顾问业务暂行规定》等法律法规,接受客户委托,按照约定向客户提供涉及证券及证券相关产品的投资建议服务,辅助客户作出投资决策,并直接或者间接获取经济利益的经营活动,是证券投资咨询业务的一种基本形式。自2011年1月1日试点以来,证券公司投资顾问业务虽然发展势头良好,签约客户迅速攀升,但业务服务内容基本趋同,多以推荐股票为主,部分证券公司甚至以提升客户交易佣金或者以投资顾问为名达到挽留客户的主要目的,存在明显的利益驱动。这类模式不但没有帮助证券公司提升竞争力,反而提升了客户预期,为客户抱怨、投诉、甚至纠纷引起诉讼埋下隐患。充分显示证券公司及从业人员对投资顾问业务定位不清晰,缺乏统一服务标准和规范流程,甚至急功近利,可能直接引爆投资顾问业务风险,导致监管处罚。

一、违规处罚整体情况

统计期内,证券公司及从业人员在开展投资顾问业务过程中违规行为被处罚的案例共计15起,涉及9家证券公司、11名证券从业人员。

(一)证监会及各地证监局(14起)

1. 行政处罚1起。包括:对1名证券从业人员罚款15万元。

2. 监管措施13起。包括:(1)责令2家证券公司、2家分支机构、1名证券从业人员改正;(2)约见2名合规总监谈话;(3)对5人出具警示函;(4)责令1家营业部增加合规检查次数;(5)对1家证券公司予以谴责。

(二)中国证券业协会(1起)

纪律处分1起。包括:注销1名从业人员执业证书,2年不受理执业证书申

请,记入证监会及协会诚信信息管理系统。(具体见附件5-2:证券公司及从业人员投资顾问业务违规监管处罚)

二、违规行为分析

结合监管处罚案例分析,可以看出,证券公司及从业人员开展投资顾问业务过程中,主要因以下三类违规行为被处罚。

(一)人员资格管理问题,合计7起,占比46.67%

无证券投资咨询执业资格的人员向客户提供证券投资顾问服务。当然这也一定程度上反映出随着近两年来越来越多的证券公司大力推进财富管理转型,证券公司执业证券投资顾问的数量明显不足。

(二)信息来源不合规问题,合计3起,占比20%

投资顾问人员以未经核实的信息,甚至虚假信息、市场传言或者内幕信息为依据向客户提供投资分析及相应服务。

(三)其他违规行为,合计5起,占比33.33%

1. 投资顾问人员向客户承诺或保证投资收益;或与客户约定分享投资收益或者分担投资损失。
2. 客户适当性管理不规范,投资顾问产品风险等级与客户投资习惯及风险承受能力不匹配。
3. 投资顾问业务收费或合约签订手续不规范引起客户投诉。
4. 向他人推荐股票,明示或暗示买卖价位、时点和数量等。

综合上述案例,绝大部分违规行为发生在分支机构,在未造成重大不良影响或客户重大损失的情况下,监管部门以直接向行为人出具警示函或责令其改正作为主要惩处手段,处罚文件一般下达至相关分支机构,仅有个别案例牵涉到公司总部。

三、处罚依据

监管机构对证券公司及从业人员开展投资顾问业务违规行为的处罚依据一般包括《证券、期货投资咨询管理暂行办法》《证券投资顾问业务暂行规定》

《证券公司监督管理条例》等。

(一)《证券、期货投资咨询管理暂行办法》

1. 第三十三条:证券、期货投资咨询机构有下列行为之一的,由地方证管办(证监会)处一万元以上,五万元以下的罚款;情节严重的,地方证管办(证监会)应当向中国证监会报告,由中国证监会作出暂停或者撤销其业务资格的处罚:(一)向证券监管部门报送的文件、资料有虚假陈述或者重大遗漏的;(二)未按照本办法规定履行报告和年检义务的;(三)未按照本办法规定履行对本机构有关情况发生变化的变更手续的;(四)本机构证券、期货投资咨询人员违反本办法规定,受到证券监管部门行政处罚的;(五)干扰、阻碍地方证管办(证监会)检查、调查,或者隐瞒、销毁证据的。

2. 第三十四条:证券、期货投资咨询机构违反本办法第十八条、第十九条、第二十条、第二十一条、第二十二条、第二十三条、第二十四条、第二十五条、第二十八条规定的,由地方证管办(证监会)单处或者并处警告、没收违法所得、一万元以上十万元以下罚款;情节严重的,地方证管办(证监会)应当向中国证监会报告,由中国证监会作出暂停或者撤销业务资格的处罚;构成犯罪的,依法追究刑事责任。

3. 第三十五条:证券经营机构、期货经纪机构违反本办法第二十六条规定的,由地方证管办(证监会)责令改正,并处以警告或者一万元以上五万元以下罚款。

4. 第三十六条:证券、期货投资咨询人员违反本办法第十八条、第十九条、第二十条、第二十一条、第二十二条、第二十四条的规定或者未按本办法规定向证券主管部门履行报告、年检义务的,由地方证管办(证监会)单处或者并处警告、没收违法所得、一万元以上三万元以下罚款;情节严重的,地方证管办(证监会)应当向中国证监会报告,由中国证监会作出暂停或者撤销其业务资格的处罚;构成犯罪的,依法追究刑事责任。

(二)《证券投资顾问业务暂行规定》

第三十三条:证券公司、证券投资咨询机构及其人员从事证券投资顾问业务,违反法律、行政法规和本规定的,中国证监会及其派出机构可以采取责令改正、监管谈话、出具警示函、责令增加内部合规检查次数并提交合规检查报告、责令清理违规业务、责令暂停新增客户、责令处分有关人员等监管措施;情节严重的,中国证监会依照法律、行政法规和有关规定作出行政处罚;涉嫌犯罪的,依法移送司法机关。

(三)《证券公司监督管理条例》

第七十条(内容略)

四、违规案例

案例1:西南证券淮南龙湖中路证券营业部负责人违规从事证券期货投资咨询业务

(一)基本案情

周某,在西南证券淮南龙湖中路证券营业部担任负责人期间,存在违规为客户代理证券交易、违规从事证券期货投资咨询业务等问题。安徽证监局认为,上述行为违反了《证券经纪人管理暂行规定》(证监会公告〔2009〕2号)第十三条、《证券、期货投资咨询管理暂行办法》(证委发〔1997〕96号)第十二条的相关规定;同时也暴露出该营业部内部控制体系不完善,合规管理和风险控制机制存在明显缺陷。

(二)处理结果

1. 对单位的处罚

安徽证监局根据《证券公司监督管理条例》的规定,责令西南证券自监督管理措施下发之日起6个月内,每3个月对营业部开展1次内部合规检查,并在每次检查后10个工作日内报送合规检查报告。

2. 对个人的处罚

安徽证监局根据《证券经纪人管理暂行规定》《证券、期货投资咨询管理暂行办法》《证券投资顾问业务暂行规定》相关规定,对周某出具警示函。

案例2:东方证券马某不具备证券投资顾问执业资格违规荐股

(一)基本案情

马某,在东方证券成都建设路营业部担任理财顾问期间,在不具备证券投资顾问执业资格的情况下通过电话方式向客户推荐股票。上述行为,违反了《证券投资顾问业务暂行规定》第七条"向客户提供证券投资顾问服务的人员,应当具有证券投资咨询执业资格,并在中国证券业协会注册登记为证券投资顾问”的规定。

（二）处理结果

四川证监局依据《证券投资顾问业务暂行规定》的规定，对马某出具警示函。

五、附件

附件5－2　证券公司及从业人员投资顾问业务违规监管处罚

<table>
<tr><th>序号</th><th>年份</th><th>监管机构</th><th>处罚案由</th><th>处罚结果</th></tr>
<tr><td>1</td><td>2016</td><td>证监会</td><td rowspan="2">五矿证券投资咨询部总经理王某春未经核实在其微博上转发对证券市场有重大影响的信息，导致该虚假消息的进一步地传播和蔓延，误导了投资者，扰乱了证券市场</td><td>责令改正，并处以15万元罚款</td></tr>
<tr><td>2</td><td>2016</td><td>深圳证监局</td><td>责令改正（公司）</td></tr>
<tr><td>3</td><td>2016</td><td>安徽证监局</td><td rowspan="2">西南证券淮南龙湖中路证券营业部负责人周某违规从事证券期货投资咨询业务</td><td>出具警示函（周某）</td></tr>
<tr><td>4</td><td>2016</td><td>安徽证监局</td><td>增加合规检查次数（营业部）</td></tr>
<tr><td>5</td><td>2016</td><td>湖南证监局</td><td rowspan="3">方正证券部营业分部在向客户提供证券投资顾问服务并收取服务费用的情况下，未按要求与客户签订证券投资顾问协议</td><td>责令改正、对公司给予谴责</td></tr>
<tr><td>6</td><td>2016</td><td>湖南证监局</td><td>监管谈话（合规总监何某）</td></tr>
<tr><td>7</td><td>2016</td><td>湖南证监局</td><td>监管谈话（合规总监孙某）</td></tr>
<tr><td>8</td><td>2018</td><td>安徽证监局</td><td>九州证券安徽分公司经纪人宋某阳在不具备证券投资咨询执业资格的情况下向客户提供证券投资咨询服务，并推荐客户在非正规期权交易平台进行期权交易</td><td>出具警示函</td></tr>
<tr><td>9</td><td>2018</td><td>四川证监局</td><td>东方证券成都建设路营业部理财顾问马某在不具备证券投资顾问执业资格的情况下，通过电话方式向客户推荐股票</td><td>出具警示函</td></tr>
<tr><td>10</td><td>2018</td><td>上海证监局</td><td>浙商证券上海万航渡路证券营业部员工李某英向客户发送的信息中存在误导客户的内容</td><td>出具警示函（李某英）</td></tr>
</table>

续表

序号	年份	监管机构	处罚案由	处罚结果
11	2018	证券业协会	东方证券员工毛某营在不具备证券投资咨询执业资格的情况下，向他人推荐股票，明示或暗示买卖价位、时点和数量	注销执业证书，2 年不受理执业证书申请。记入诚信系统（毛某营）
12	2019	陕西证监局	平安证券陕西分公司客户经理马某飞未取得证券投资咨询执业资格，通过微信向客户张某推荐股票	责令改正（马某飞）
13	2019	陕西证监局	平安证券陕西分公司客户经理马某飞未取得证券投资咨询执业资格，通过微信向客户张某推荐股票	责令改正（分公司）
14	2019	江苏证监局	天风证券南京庐山路营业部存在无证券投资咨询执业资格的人员向客户提供证券投资顾问服务	责令改正（营业部）
15	2019	安徽证监局	吴某超于财达证券铜陵义安大道证券营业部任职营销经理期间，在不具备证券投资顾问执业资格的情况下，向客户提供证券投资顾问服务	出具警示函（吴某超）

第六章　资产管理类业务

资产管理业务在发达国家是一种最为普遍和较为成熟的金融中介服务,其绝大多数金融投资活动都是通过资产管理的方式实现的。近几年我国证券公司的资产管理业务,已与经纪业务、投行业务、自营业务、融资融券业务并列成为我国证券公司的五大业务之一,成为证券业务创新发展最具潜力的领域。但实践中也有部分证券公司以委托理财的名义非法从事融资活动,向客户承诺证券买卖的收益或赔偿证券买卖的损失,即通常所说的"保本保底",使资产管理业务演变成为变相融资业务,不仅损害客户的合法权益,也给证券公司带来重大风险。此外,由于同类资管业务的监管规则和标准不一致,导致监管套利活动频繁,一些产品多层嵌套,风险底数不清,资金池模式蕴含流动性风险,部分产品成为信贷出表的渠道,刚性兑付普遍,在正规金融体系之外形成监管不足的影子银行,一定程度上干扰了宏观调控,提高了社会融资成本,影响了金融服务实体经济的质效,加剧了风险的跨行业、跨市场传递。可以说,资产管理业务从产品设计到产品到期清算等各个环节均存在不同风险,需要证券公司引起足够重视。

一、违规处罚整体情况

统计期内,证券公司及从业人员在开展资产管理业务过程中因违规行为被处罚的案例共计 45 起,涉及 23 家证券公司、28 名证券从业人员。

(一)证监会及各地证监局(43 起)

均为行政监管措施。包括:(1)责令 8 家证券公司增加资产管理业务合规检查次数。(2)责令11家证券公司改正。(3)对1家证券公司、1名从业人员出具警示函。(4)对22名证券从业人员予以监管谈话。(5)认定3人为不适当人选,分别2年、8年、10年不等期限内不得担任证券公司资产管理业务相关职务。(6)分别暂停2家证券公司6个月、12个月开展新的资产管理业务。(7)撤销1名证券从业人员担任证券公司高级管理人员任职资格。

(二)中国证券业协会(2起)

均为纪律处分。包括:注销2人执业证书,3年不受理其执业证书申请,记入证监会及证券业协会诚信系统。(具体见附件6-1:证券公司及从业人员资产管理业务违规监管处罚)

二、违规行为分析

结合监管处罚案例分析,证券公司及从业人员在开展资产管理业务过程中,主要因以下五类违规行为被处罚。

(一)6起处罚案例涉及投资决策环节存在不足

未对投资标的进行充分研究、未对标的资产的评估价值作出合理判断;业务开展过程中未能勤勉尽责、未能切实履行勤勉尽责的管理人义务。

(二)20起处罚案例涉及风险控制环节存在不足

1. 有12起处罚案例参与新股网下申购时,出现申报金额超出资管计划现金总额问题;4起涉及交易结算环节风控不到位,形成账户透支。

2. 有3起处罚案例涉及未按合同约定对投资交易行为进行监控分析、未建立对投向非标资产的资产管理计划的专门质量控制制度及动态风险监测机制。

3. 有1起处罚案例交易对手管理薄弱、债券信用评级管理未全面覆盖等。

(三)8起处罚案例涉及合规管理不规范

1. 定向资产管理计划运作管理中存在规避监管要求变更产品类型的情况。

2. 投研人员未如实向公司报备直系亲属证券投资信息,长期存在投研人员在交易时间内未上交手机的情况。

3. 通讯工具管理弱化,内控制度缺少对电话录音、电子邮件、即时通讯工具等定期抽查要求,对员工使用外部邮箱未进行监控,电话录音未覆盖全体员工。

4. 资产管理业务运作不规范，存在代签名、代盖章现象。

5. 投资主办人与实际管理人不一致。

6. 产品发生重大变更未及时告知客户。

7. 资产管理产品与提供投资顾问服务的信托产品之间存在异常交易。

8. 对作为投资顾问管理的产品账户交易监控不到位等。

（四）8 起处罚案例涉及销售与推介环节不规范

1. 未向客户全面、准确介绍产品特点、风险收益特征以及讲解有关业务规则和集合资产管理合同内容。

2. 未充分了解委托人的真实身份、资产与收入以及风险承受能力，或客户风险测评流于形式，销售适当性管理不到位。

3. 向客户宣传保本、保收益等。

（五）10 起处罚案例涉及其他不规范行为

1. 未就投资比例突破合同约定、持有债券重大违约、融资人未按时足额支付利息等对资管计划持续运营、客户利益有重要影响的事项履行风险事项报告及信息披露义务。

2. 产品估值不准确。

3. 违反人员隔离、物理隔离、信息隔离等原则。

4. 未按要求及时披露资产管理定期报告等。

不同类别违规行为数量对比如图 5 所示，从图中可知资产管理业务中风险控制环节属于违规行为高发地带。

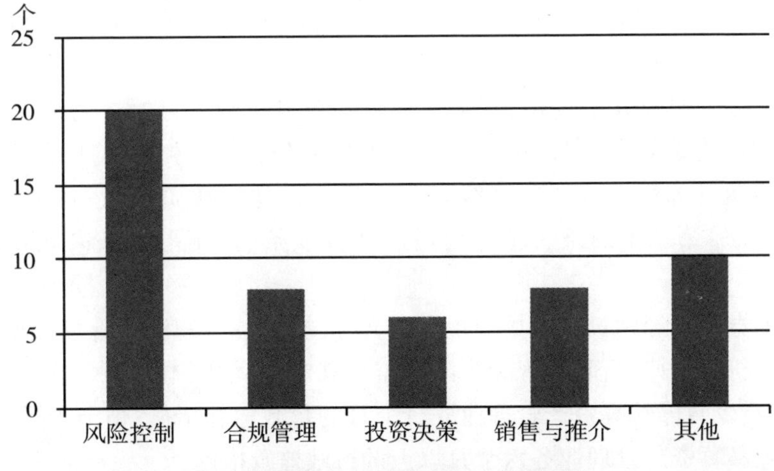

图 5　资产管理业务违规行为数量对比

三、处罚依据

监管机构对证券公司及从业人员资产管理业务违规行为的处罚依据包括《证券法》《证券期货经营机构私募资产管理业务管理办法》《证券公司监督管理条例》《证券期货经营机构私募资产管理计划运作管理规定》《关于规范金融机构资产管理业务的指导意见》等。

(一)《证券法》

1. 第一百九十八条(内容略)

2. 第二百零六条:证券公司违反本法第一百二十八条的规定,未采取有效隔离措施防范利益冲突,或者未分开办理相关业务、混合操作的,责令改正,给予警告,没收违法所得,并处以违法所得一倍以上十倍以下的罚款;没有违法所得或者违法所得不足五十万元的,处以五十万元以上五百万元以下的罚款;情节严重的,并处撤销相关业务许可。对直接负责的主管人员和其他直接责任人员给予警告,并处以二十万元以上二百万元以下的罚款。

(二)《证券期货经营机构私募资产管理业务管理办法》

1. 证券期货经营机构、托管人、销售机构和投资顾问等服务机构违反法律、行政法规、本办法及中国证监会其他规定的,中国证监会及相关派出机构可以对其采取责令改正、监管谈话、出具警示函、责令定期报告、暂不受理与行政许可有关的文件等行政监管措施;对直接负责的主管人员和其他直接责任人员,采取监管谈话、出具警示函、责令参加培训、认定为不适当人选等行政监管措施。

2. 证券公司及其子公司、基金管理公司及其子公司违反本办法规定构成公司治理结构不健全、内部控制不完善等情形的,对证券公司、基金管理公司及其直接负责的董事、监事、高级管理人员和其他直接责任人员,依照《证券投资基金法》第二十四条、《证券公司监督管理条例》第七十条采取行政监管措施。

3. 证券期货经营机构未尽合规审查义务,提交备案的资产管理计划明显或者频繁不符合法律、行政法规和中国证监会规定的,依照本条第一款、第二款规定,采取责令暂停私募资产管理业务三个月的行政监管措施;情节严重的,采取责令暂停私募资产管理业务六个月以上的行政监管措施。

4. 证券期货经营机构、托管人、销售机构和投资顾问等服务机构有下列情形之一且情节严重的，除法律、行政法规另有规定外，给予警告，并处三万元以下罚款，对直接负责的主管人员和其他直接责任人员，给予警告，并处三万元以下罚款：未按规定履行管理人和托管人职责，或者从事禁止行为；聘请不符合条件的销售机构、投资顾问；违反关于产品分级、非公开募集、投资运作、信息披露、风险管理等。

5. 证券期货经营机构、托管人、销售机构和投资顾问等服务机构的相关从业人员违反法律、行政法规和本办法规定，情节严重的，中国证监会可以依法采取市场禁入措施。

（三）《证券公司监督管理条例》

第七十条（内容略）

（四）《证券期货经营机构私募资产管理计划运作管理规定》

2018年9月，中国证监会发布《证券期货经营机构私募资产管理计划运作管理规定》，进一步确定了法律关系，重塑了证券公司资产管理业务法律规则体系；确定了证券公司单一和集合资管计划的成立标准、进一步明确了集合资管产品的募集期限和建仓期；明确集合资管计划应当采取组合投资方式，并增加了对集合资管计划投资集中度的限制；对资管计划投资于非标准化债权类资产实施限额管理，并对投资于非标准化资产的质量控制提出了更高要求；进一步强化了投资者适当性管理要求；加强了流动性风险管理。其中第四十二条规定：

证券期货经营机构、托管人、销售机构和投资顾问等服务机构违反本规定的，中国证监会及相关派出机构可以根据《管理办法》等规定，对其采取责令改正、监管谈话、出具警示函、责令定期报告、暂不受理与行政许可有关的文件等行政监管措施；对直接负责的主管人员和其他直接责任人员，采取监管谈话、出具警示函、责令参加培训、认定为不适当人选等行政监管措施。证券期货经营机构违反本规定，依法应予行政处罚的，依照有关规定进行行政处罚；涉嫌犯罪的，依法移送司法机关，追究刑事责任。

（五）《关于规范金融机构资产管理业务的指导意见》

中国人民银行、中国银行保险监督管理委员会、中国证券监督管理委员会、国家外汇管理局经国务院同意联合印发了《关于规范金融机构资产管理业务的指导意见》（银发〔2018〕106号），按照产品类型统一监管标准，从募集方式和投资性质两个维度对资产管理产品进行分类，分别统一投资范围、杠杆约束、信息披露等要求。坚持产品和投资者匹配原则，加强投资者适当性管理，强化金融机构的勤勉尽责和信息披露义务。明确资产管理业务不得承诺保本保收益，打破刚性兑付。严格非标准化债权类资产投资要求，禁止资金池，防范影子银行风险和流动性风险。分类统一负债和分级杠杆要求，消除多层嵌套，抑制通道业务。加强监管协调，强化宏观审慎管理和功能监管。坚持防范风险与有序规范相结合，合理设置过渡期，给予金融机构资产管理业务有序整改和转型时间，确保金融市场稳定运行。

四、违规案例

案例1：中信证券资管产品参与新股网下申购申报的金额超过产品持有现金总额

（一）基本案情

中信证券作为管理人，在为中信证券积极策略1号集合资产管理计划、中信证券股债双赢集合资产管理计划、中信理财2号集合资产管理计划、中信证券贵宾丰元5号集合资产管理计划、中信证券积极策略15号集合资产管理计划、中信证券积极策略16号集合资产管理计划、中信证券贵宾定制71号集合资产管理计划申报参与新股网下申购的金额超过相关集合计划现金总额，违反《证券公司集合资产管理业务实施细则》第三十四条的规定。

（二）处理结果

深圳证监局认定中信证券员工杨某作为资产管理业务行政负责人、张某亮作为资产管理业务财富管理业务投资负责人、罗某作为集合计划新股品种经理，对有关违规事项负有直接管理责任，依据《证券公司集合资产管理业务实施细则》第六十五条的规定，对上述三人采取监管谈话措施。

案例2：渤海证券资产管理业务内控不完善

（一）基本案情

渤海证券在从事集合资产管理业务活动中，存在下列违法行为。

1. 未向客户全面、准确介绍产品特点、风险收益特征以及讲解有关业务规则和集合资产管理合同内容。

2. 未按照合同约定向投资人寄送对账单。

3. 客户适当性管理未勤勉尽责。

上述行为违反了《证券公司监督管理条例》第三十条、第三十一条、《证券公司客户资产管理业务管理办法》第三条以及《证券公司集合资产管理业务实施细则》第十七条、第四十一条的规定。

(二)处理结果

天津证监局依据《证券公司客户资产管理业务管理办法》的规定，分别对渤海证券黄某宇、周某、杜某员三名证券从业人员实施监管谈话(黄某宇为渤海证券资产管理总部高级项目经理、该项业务的直接责任人;周某为资产管理总部高级项目经理、该项业务的直接责任人;杜某员为资产管理总部高级项目经理、该项业务的直接责任人)。

五、附件

附件6－1　证券公司及从业人员资产管理业务违规监管处罚

序号	年份	监管机构	处罚案由	处罚结果
1	2016	四川证监局	国金证券上海资管分公司2016年1月19日在上交所固定收益平台进行协议式债券逆回购交易时，因分公司交易员账户选择错误，造成“国金慧盈常熟1号定向资产管理计划”账户透支6157万元	增加合规检查次数
2	2016	上海证监局	国泰君安证券资管公司作为国泰君安新利6号集合资产管理计划的资产管理人，投资决策和交易执行环节控制存在不足，在未对投资标的进行充分研究的基础上，根据委托人投资建议买入股票，未能切实履行勤勉尽责的管理人义务，未能采取有效措施防范利益冲突	增加合规检查次数

续表

序号	年份	监管机构	处罚案由	处罚结果
3	2016	江西证监局	中航证券资管系统风控功能不完善和内部控制流程执行不到位。在为客户进行交易委托申报前，未在集中交易系统对客户资金是否足额进行校验，导致日终清算时客户资金账户余额不足，形成透支；在申买前未对交易所需资金进行冻结，申买后又在未校验客户可用资金余额的情况下，使用资管系统、以账户日初资金余额为依据开始后续交易，导致该账户全天交易额大于账户日初资金余额，发生日间超买、透支	责令改正
4	2016	北京证监局	首创证券在管理产品的托管银行未实际执行转账的情况下，未核验交易资金，完成资管产品买入交易的交收工作，导致产品账户当天透支，日终结算时占用公司其他客户的资金	增加合规检查次数
5	2016	深圳证监局	中山证券在汉红系列定向资产管理计划运作管理中存在规避监管要求变更产品类型等内控不规范问题	责令改正
6	2017	北京证监局	新时代证券管理的某集合资产管理计划在上海证券交易所融资回购到期时，资金未及时转入相关账户，导致发生客户资金账户透支，占用了公司其他客户的资金	增加合规检查次数
7	2017	陕西证监局	开源证券管理的集合资产管理计划在参与新股网下申购时，申报金额超出资管计划现金总额	监管谈话（资产管理部负责人及产品投资主办人李某）
8	2017	上海证监局	海通证券资管公司在集合资产管理计划申购新股过程中，多只集合计划的申报金额超过集合计划现金总额	监管谈话（投资主办人周某刚）
9	2017	上海证监局		监管谈话（分管投资的副总经理张某军）
10	2017	上海证监局		监管谈话（投资主办人张某）
11	2017	上海证监局		监管谈话（投资主办人杨某宾）

续表

序号	年份	监管机构	处罚案由	处罚结果
12	2017	上海证监局	光大证券资管公司在集合资产管理计划申购新股过程中,多只集合计划的申报金额超过集合计划现金总额	监管谈话(公司总经理汪某)
13	2017	上海证监局		监管谈话(投资主办人沈某)
14	2017	上海证监局		监管谈话(投资主办人王某)
15	2017	上海证监局		监管谈话(合规总监郑某平)
16	2017	深圳证监局	中信证券3只产品参与新股网下申购申报的金额超过集合计划现金总额	监管谈话(资产管理业务行政负责人杨某、资产管理业务财富管理业务投资负责人张某亮、集合计划新股品种经理罗某)
17	2017	深圳证监局	安信证券2只产品申购新股时申报的金额超过集合计划现金总额	监管谈话(公司资产管理部行政负责人王某,投资主办人周某、许某可,资产管理部风控人员陈某)
18	2017	上海证监局	东方证券资管公司个别基金投资运作违反基金合同关于投资比例和投资策略的约定;多次发生基金可用头寸透支问题;个别投研人员未如实向公司报备直系亲属证券投资信息,长期存在投研人员在交易时间内未上交手机的情况;通讯工具管理弱化,内控制度缺少对电话录音、电子邮件、即时通讯工具等定期抽查要求,对员工使用外部邮箱未进行监控,电话录音未覆盖全体员工	责令改正

续表

序号	年份	监管机构	处罚案由	处罚结果
19	2017	证监会	国海证券资产管理部门协助证券承销部门销售债券，员工管理混乱，激励约束机制失衡；资产管理业务运作不规范，代签名、代盖章现象严重，投资主办人与实际管理人不一致，产品发生重大变更未及时告知客户，资产管理产品与提供投资顾问服务的信托产品之间存在异常交易	公开谴责（合规总监付某）
20	2017	证监会		增加合规检查次数
21	2017	证监会		认定为不适当人选，10 年内不得担任证券公司资产管理业务相关职务（资产管理业务分部负责人张某）
22	2017	证监会		撤销担任证券公司高级管理人员任职资格的监督管理措施（分管资产管理业务的高级管理人员胡某）
23	2017	证监会		认定为不适当人选，8 年内不得担任证券公司资产管理业务相关职务（资产管理业务部门负责具体操作员工郭某）
24	2017	证券业协会		注销张某、郭某 2 人执业证书，3 年不受理执业证书申请；记入证监会及协会诚信系统
25	2017	证券业协会		
26	2017	湖北证监局	天风证券资产管理业务制度不完善，关键流程节点的复核工作机制不健全，未制定流动性风险预案等；多个集合资产管理计划在申购新股过程中，存在现金总额申报金额超过集合资产管理计划现金总额	增加合规检查次数
27	2017	天津证监局	渤海证券在从事集合资产管理业务活动中，未向客户全面、准确介绍产品特点、风险收益特征以及讲解有关业务规则和集合资产管理合同内容；未按照合同约定向投资人寄送对账单；客户适当性管理未勤勉尽责	监管谈话（资产管理总部高级项目经理黄某宇）
28	2017	天津证监局		监管谈话（资产管理总部高级项目经理周某）
29	2017	天津证监局		监管谈话（资产管理总部高级项目经理杜某）
30	2017	安徽证监局	国元证券资产管理业务部门存在超出部门职责开展业务、个别资管产品运作管理不规范、内控机制不健全、合规风控管理不到位等问题	责令改正

续表

序号	年份	监管机构	处罚案由	处罚结果
31	2017	上海证监局	海通资管公司从事定向资产管理业务未审慎尽责，在管理海通国贸1号定向资产管理计划及海通磐石1号定向资产管理计划过程中，未按合同约定对投资交易行为进行监控分析	责令改正
32	2017	广西证监局	国海证券在“国海明利股份1号集合资产管理计划”募集过程中，未充分了解劣后级份额委托人的真实身份、资产与收入以及风险承受能力，适当性管理不到位；公司营销人员在向一些客户宣传推介时，风险揭示不到位、宣传保本保收益	责令改正
33	2018	上海证监局	华泰证券资产管理公司投资者适当性管理落实不到位，存在风险测评问卷填写不完整、部分客户信息填写前后矛盾等问题；投资、交易制度不健全，存在交易对手管理薄弱、债券信用评级管理未全面覆盖、询价管理不规范、异常交易管理不到位等问题	出具警示函
34	2018	青海证监局	九州证券在管理九州瀚海系列资产管理计划过程中，宣传推介不规范，个别客户经理在向客户宣传推介时，宣传保本保收益；产品管理不到位，尽职调查不到位，未充分评估投资风险；对资金管控不到位；对投后资产管控不到位；风控措施的履约担保不到位；信息披露不及时；处置信访、投诉不得当	暂停开展新的资产管理业务6个月
35	2018	青海证监局		监管谈话（资产管理业务分管副总经理金某）
36	2018	内蒙古证监局	国融证券多只产品同日发生同向交易、多只产品持有债券发生重大违约，未向投资者披露，未向当地证监局报告；资管产品进行买断式卖出回购后产品估值不准确；证券资产管理事业部、财富管理部人员混合办公，未进行区分隔离	责令整改，增加合规检查次数

续表

序号	年份	监管机构	处罚案由	处罚结果
37	2019	证监会	国融证券资产管理与负责投顾的财富管理人员混合办公，对公司投顾资产管理产品买卖债券缺乏有效监控	暂停资产管理产品备案 1 年
38	2019	证监会		出具警示函（资产管理事业部总经理陈某）
39	2019	证监会		认定为不适当人选，2 年内不得担任证券公司资产管理业务或者债券业务相关职务（分管资产管理部副总经理王某）
40	2019	陕西证监局	开源证券未能遵守审慎经营规则，制定科学合理的资产管理业务投资决策和风险管理制度，有效防范和控制风险，业务开展与资本实力、管理能力及风险控制水平不相适应；未能充分履行主动管理职责，部分资管计划委托第三方公司对资管计划项下资产收益权进行管理和处分，资产收益权终止日与资管计划期限不匹配；未按规定有序压缩应当整改的资管计划规模；未建立对投向非标资产的资产管理计划的专门质量控制制度及动态风险监测机制，部分资管计划对投资对象、交易对手等尽职调查不充分，存续期内未对各类风险进行准确识别、审慎评估、动态监控、及时应对和全程管理；未及时就个别资管计划投资比例突破合同约定、融资人未按时足额支付利息等对资管计划持续运营、客户利益有重要影响的事项履行风险事项报告及信息披露义务	监管谈话（公司主管资产管理业务的高级管理人员武某良、资产管理业务部门负责人李某）
41	2019	陕西证监局		责令改正
42	2019	湖南证监局	财富证券在定向资产管理业务运作过程中，未及时向个别委托人披露个别季度的资产管理季度报告；定向资产管理业务投资决策制度不健全；未有效控制资管部门与其他业务部门之间敏感信息的不当流动和使用，未有效避免资管业务与其他业务之间的利益冲突	增加合规检查次数

续表

序号	年份	监管机构	处罚案由	处罚结果
43	2019	江苏证监局	东海证券 2014 年有关资产管理计划尽职调查不充分,未对标的资产的评估价值作出合理判断,业务开展过程中未能勤勉尽责	责令改正
44	2019	陕西证监局	中邮证券资管部门的债券交易审批未建立分级授权相关制度;资管业务尽职调查不充分,有的资管计划关于融资人的尽职调查未对现金流量进行分析,也未分析融资人 2015 年、2016 年扣非后净利润连续为负带来的偿债能力风险	责令改正
45	2019	上海证监局	爱建证券向客户发送的资产管理计划宣传推介短信存在夸大宣传、未充分提示风险等问题;此外,未及时更新资产管理业务相关制度	责令改正

第七章 信用类业务

证券公司信用类业务主要包括融资融券业务、股票质押式回购业务及约定式回购业务等，业务实质是证券公司为客户提供融资（融券）服务，通过向客户融出资金、证券来获取一定收入。此类业务本身具有高杠杆、高风险的特点，决定了投资者适当性管理的重要性，证券公司及从业人员必须确保参与投资者具备足够投资经验和较强风险承受能力。但始终有部分证券公司为了短期利益，放松了适当性管理要求、忽视风险揭示和投资者教育，甚至违反账户实名制等规定，纵容违法违规和不当谋利行为的发生，损害了公平交易和投资者利益。还有少数证券公司为了交易量和短期收益，协助某些机构利用 HOMS 等系统进行场外配资。2014 年、2015 年，监管部门先后对中信证券、海通证券和国泰君安等多家公司存在违规为到期融资融券合约展期问题、向不符合条件的客户融资融券、违规为客户与客户之间融资活动提供便利等问题进行了严肃处理，分别采取暂停新开融资融券客户信用账户 3 个月、责令限期改正、增加内部合规检查次数、出具警示函等行政监管措施，对证券公司一味追求短期经济利益的行为起到了有效遏制作用，但从 2016 年以来的监管处罚案例来看，类似问题并未绝迹，需持续进行规范。

一、违规处罚整体情况

统计期内，证券公司及从业人员在开展信用类业务过程中，因违规行为被处罚的案例共计 40 起，涉及 26 家证券公司、12 名证券从业人员，罚没款项合计 23, 836. 18 万元。

（一）证监会及各地证监局（39 起）

1. 行政处罚 4 起。包括：没收 4 家证券公司违法所得合计 6155.61 万元、罚款合计 17,680.57 万元，同时对相关单位进行警告并责令改正。

2. 监管措施 35 起。包括：(1) 责令 4 家证券公司、1 家营业部增加合规检查次数；(2) 对 4 家证券公司、5 家营业部以及 6 名证券从业人员出具警示函；(3) 责令 4 家证券公司、4 家营业部改正；(4) 监管谈话 3 名证券从业人员；(5) 认定 2 名证券从业人员为不适当人选，两年内不得担任证券公司的董事、监事、高级管理人员和分支机构负责人等职务或实际履行上述职责；(6) 暂停 1 家证券公司股票质押式回购交易业务 6 个月，责令公司改正并处分有关责任人员；(7) 暂停 1 家公司新开证券账户 1 个月。

（二）中国证券业协会（1 起）

为纪律处分。包括：注销 1 名证券从业人员执业证书，3 年不受理执业证书申请，并记入证监会及协会诚信系统。（具体见附件 7 - 1：证券公司及从业人员信用类业务违规监管处罚）

二、违规行为分析

结合监管处罚案例分析，证券公司及从业人员开展信用类业务过程中，主要因以下四类违规行为被处罚。

（一）对外部接入 HOMS 系统、FPRC 系统等第三方交易终端软件，未进行软件认证许可，未对外部系统接入实施有效管理，对相关客户身份情况缺乏了解，合计 4 起，占比 10%

2015 年 7 月 12 日，证监会发布《关于清理整顿违法从事证券业务活动的意见》之后，华泰证券、海通证券、广发证券、方正证券仍未采取有效措施严格审查客户身份的真实性，在已知悉并关注 HOMS 系统等系统存在引发违规配资及违反账户实名制等风险的情况下，未采集上述客户身份识别信息的情况下，未实施有效了解客户身份的回访、检查等程序。对于这 4 家证券公司，证监会责令其改正，给予警告，没收违法所得、并处 3 倍金额的罚款。

(二)违规为客户间融资提供便利,合计20起,占比50%

上述处罚案例中,认定14家证券营业部存在员工违规为客户与他人之间的融资以及出借证券账户提供中介或其他便利行为,甚至为双方提供担保,扰乱证券市场秩序,共计发出处罚文书20份。

(三)股票质押及约定购回业务内控不完善,合计7起,占比17.5%

结合监管部门2019年8月向各证券公司下发的《机构监管情况通报》以及上述处罚案例,除了业务定位不清、盲目追逐利益外,还存在股票质押及约定购回业务被处罚两大类违规问题。

1. 尽职调查不完备、甚至缺乏尽职调查。(1)对融入方身份、财务状况、经营状况、信用状况、担保状况、融资投向、风险承受能力等方面的尽职调查存在缺陷、或尽职调查不充分。(2)展期项目没有形成尽职调查报告,或尽职调查缺少拍照、访谈记录等必要留痕,访谈笔录缺少访谈对象签字,尽职调查的有效性、真实性存疑。

2. 贷后跟踪管理流于形式。待购回期间未能持续有效地对融入方经营、财务、对外担保、诉讼以及资金使用情况等进行跟踪或跟踪核查工作流于形式,难以保证贷后管理效果。

此外,还有个别案例涉及股票质押业务风控指标设置不审慎、业务决策标准执行不严格等问题。

(四)融资融券业务日常管理不规范,合计9起,占比22.50%

1. 有5起涉及融资融券业务风险控制管理。(1)实际强制平仓数量超过应当平仓数量;(2)未经客户同意直接在客户信用证券账户进行买回操作;(3)客户风险通知不规范;(4)单一客户融资风险控制指标被动超过监管标准;(5)未按规定程序办理融资融券业务资金交收导致客户信用交易担保资金出现缺口等。

2. 有3起涉及融资融券业务客户适当性管理。(1)为不符合客户选择标准的投资者开立信用证券账户;(2)未实施回访、审查等有效了解客户身份的程序;(3)代客户在《融资融券交易风险揭示书》上抄写风险揭示内容等行为。

三、处罚依据

监管机构对证券公司及从业人员开展信用类业务的处罚所依据一般包括《证券法》《证券公司融资融券业务管理办法》《证券公司融资融券业务内部控制指引》《关于清理整顿违法从事证券业务活动的意见》《证券公司监督管理条例》《证券公司风险控制指标管理办法》《关于加强证券期货经营机构客户交易终端信息等客户信息管理的规定》《股票质押式回购交易业务规则及操作流程》等。

(一)《证券法》

第二百零二条：证券公司违反本法第一百二十条第五款规定提供证券融资融券服务的，没收违法所得，并处以融资融券等值以下的罚款；情节严重的，禁止其在一定期限内从事证券融资融券业务。对直接负责的主管人员和其他直接责任人员给予警告，并处以二十万元以上二百万元以下的罚款。

(二)《证券公司融资融券业务管理办法》

第四十九条：对违反本办法规定的证券公司或者其分支机构，证监会或者其派出机构可采取责令改正、监管谈话、出具警示函、责令公开说明、责令参加培训、责令定期报告、暂不受理与行政许可有关的文件、暂停部分或者全部业务、撤销业务许可等相关监管措施；依法应予行政处罚的，依照《证券法》、《行政处罚法》等法律法规和证监会的有关规定进行处罚；涉嫌犯罪的，依法移送司法机关，追究其刑事责任。

(三)《证券公司监督管理条例》

第七十条、第八十四条(内容略)

(四)《证券公司和证券投资基金管理公司合规管理办法》

第三十二条(内容略)

四、违规案例

案例1：华泰证券对外部接入的第三方交易终端软件，或者未进行软件认证许可，或者缺乏有效控制，未对外部系统接入实施有效管理，对相关客户身份情况缺乏了解

（一）基本案情

华泰证券对于杭州恒生网络技术服务有限公司和浙江核新同花顺网络信息股份有限公司外部接入的第三方交易终端软件，或者未进行软件认证许可，或者缺乏有效控制，未对外部系统接入实施有效管理，对相关客户身份情况缺乏了解。

截至证监会调查日，华泰证券有455个使用杭州恒生网络技术服务有限公司HOMS系统（以下简称"HOMS系统"）、61个使用浙江核新同花顺网络信息股份有限公司系统（以下简称"同花顺"系统）接入违规交易的主账户。对上述客户，华泰证券未按要求采集客户交易终端信息，未能确保客户交易终端信息的真实性、准确性、完整性、一致性、可读性，未采取可靠措施采集、记录与客户身份识别有关的信息。

华泰证券未按照《关于加强证券期货经营机构客户交易终端信息等客户信息管理的规定》第六条、第八条、第十三条和《中国证券登记结算有限责任公司证券账户管理规则》第五十条的规定对客户的身份信息进行审查和了解，违反了《证券公司监督管理条例》第二十八条第一款的规定，构成《证券公司监督管理条例》第八十四条第（四）项所述的行为，获利18,235,275.00元。

证监会认定，华泰证券在2015年7月12日证监会发布《关于清理整顿违法从事证券业务活动的意见》（证监会公告〔2015〕19号）之后，仍未采取有效措施严格审查客户身份的真实性，未切实防范客户借用证券交易通道违规从事交易活动，新增下挂子账户102个，性质恶劣、情节严重。

（二）处理结果

证监会根据当事人违法行为的事实、性质、情节与社会危害程度，依据《证券公司监督管理条例》第八十四条的规定，责令华泰证券改正，给予警告，没收违法所得18,235,275.00元，并处以54,705,825.00元罚款。

案例2:广州证券成都交子大道证券营业部为客户融资提供便利

(一)基本案情

广州证券成都交子大道营业部客户何某与出资方程某签署《股票借款协议》(落款时间为2017年2月20日),并借用营业部“黄某某”账户进行融资买卖股票。营业部为双方融资行为提供了便利和服务,包括协助融资双方沟通协调,达成融资意向;为融资双方传递了融资账户的账号和交易密码;为融资双方签订融资协议提供了场地便利;为何某使用融资账户提供了无线上网卡。

以上事实有《股票借款协议》、微信聊天记录、银行转账凭证、融资股票账户开户资料及交易流水、营业部大厅监控视频、营业部购买中国联通服务的发票以及询问笔录和情况说明等证据材料证明。上述行为违反了《证券公司融资融券业务管理办法》第三条关于证券公司不得为客户与客户、客户与他人之间的融资融券活动提供任何便利和服务的规定。

(二)处理结果

四川证监局按照《证券公司融资融券业务管理办法》的规定,对广州证券成都交子大道营业部采取责令改正行政监督管理措施。要求营业部应规范两融业务、落实账户合规管理、健全内部控制、强化员工行为管控,并在签收行政监管措施决定书次日起60日内,提交合规总监签署意见的整改报告。

案例3:太平洋证券因2018年末净资本下降,导致单一客户融资风险控制指标被动超过监管标准

(一)基本案情

1. 2016年9月27日,太平洋证券与北京浩泽嘉业投资有限公司进行了股票质押式回购交易,融资金额为5.1亿元,购回交易日为2019年4月9日。自初始交易至今,其融资余额未增加。2016年10月10日,公司与江苏隆明投资有限公司进行了股票质押式回购交易,融资金额为4.99亿元,回购交易日为2019年10月9日。自初始交易至今,其融资余额未增加。

2018年度,太平洋证券计提了资产减值准备,导致公司2018年末净资本下降。在计提资产减值准备前,太平洋证券2018年末净资本为109.30亿元,对上述两名客户的融资业务规模与净资本的比例分别为4.67%和4.57%,未超过《证券公司风险控制指标计算标准规定》中的监管标准(5%);在计提资产减值准备后,太平洋证券2018年末净资本下降至99.58亿元,对上述两名客户的融

资业务规模与净资本的比例因此被动上升至5.12%和5.02%,超过监管标准。

2.根据太平洋证券上报2018年12月的证券公司综合监管报表,公司风险控制指标中的“单一客户融资业务规模与净资本的比例”指标不符合监管规定标准,分别为:北京浩泽嘉业投资有限公司融资余额5.1亿元,占公司2018年末净资本的5.12%;江苏隆明投资有限公司融资余额4.99亿元,占太平洋证券2018年末净资本的5.02%。上述行为违反了《证券公司风险控制指标管理办法》(中国证券监督管理委员会令第125号)第七条、第十九条的规定。

(二)处理结果

云南证监局按照《证券公司风险控制指标管理办法》的规定,责令太平洋证券限期改正,在收到处罚决定之日起5个工作日内制定并向云南证监局报送整改计划,整改期限最长不超过20个工作日。

案例4:爱建证券未按规定对股票质押式回购业务(融出资金)进行前端控制,导致客户大额透支

(一)基本案情

爱建证券未按规定对股票质押式回购业务(融出资金)进行前端控制,导致2016年4月14日定向资产管理客户爱建证券陆金21号定向资产管理计划的资金账户出现大额透支,该透支最终造成当日爱建证券客户交易结算资金被占用并出现1.03亿元的资金缺口。

(二)处理结果

上海证监局根据《证券公司监督管理条例》的规定,责令爱建证券针对上述问题进行整改,健全并有效执行公司内部控制制度,加强风险防范,切实维护客户合法权益。

案例5:兴业证券融资融券强制平仓操作出现差错

(一)基本案情

2015年7月7日,兴业证券融资融券强制平仓操作出现差错,导致客户信用证券账户股票的实际强制平仓数量远超过应当平仓数量;7月8日,兴业证券未经客户同意直接在客户信用证券账户进行买回操作。

上述行为违反了《证券公司融资融券业务内部控制指引》第十八条第(一)

项和《关于加强证券经纪业务管理的规定》第四条第(二)项的相关规定。

(二)处理结果

福建证监局按照《证券公司监督管理条例》的规定,责令兴业证券在2016年3月1日至2017年2月28日,每3个月对融资融券业务进行1次内部合规检查,并在每次检查后10个工作日内报送合规检查报告。

五、附件

附件7－1　证券公司及从业人员信用类业务违规监管处罚

序号	年份	监管机构	处罚案由	处罚结果
一、常规融资融券				
1	2016	福建证监局	兴业证券融资融券强制平仓操作出现差错,导致客户信用证券账户股票的实际强制平仓数量远超过应当平仓数量;未经客户同意直接在客户信用证券账户进行买回操作	增加合规检查次数
2	2016	广西证监局	招商证券某营业部未实施回访、审查等有效了解客户身份的程序,且在发现客户将本人的信用证券账户提供给他人使用后,未按照证券登记结算机构的业务规则处理,也未及时向证券登记结算机构和证券交易所报告	责令改正(营业部)
3	2016	证监会	平安证券存在为不符合客户选择标准的投资者开立信用证券账户且情节较重等情况	增加合规检查次数
4	2016	湖南证监局	方正证券某营业部盘中在客户信用账户维持担保比例高于追保平仓线的情况下,营业部融资融券业务审荐人建议客户通过卖出股票偿还负债的方式将信用账户维持担保比例提升至重点关注线,与营业部关于融资融券业务的内部流程不相符,对客户的交易构成误导	增加合规检查次数

续表

序号	年份	监管机构	处罚案由	处罚结果
5	2017	深圳证监局	中投证券在融资融券业务开展中,因客户融资融券账户的维持担保比例低于约定比例,向客户发送短信并电话通知其补交担保物,但通知金额存在不准确的情况	出具警示函
6	2017	天津证监局	华泰证券某营业部员工刘某蕾代客户在《融资融券交易风险揭示书》上抄写风险揭示内容	出具警示函(营业部)
7	2019	云南证监局	太平洋证券因2018年末净资本下降,导致单一客户融资风险控制指标被动超过监管标准	责令改正
8	2019	辽宁证监局	中天证券在办理融资融券业务资金交收时,未按照公司业务流程计算客户信用资金账户中的自有资金情况并进行相应的划款,导致客户信用交易担保资金出现缺口,存在挪用客户资金担保账户内的资金情况	出具警示函
9	2019	重庆证监局	国元证券重庆观音桥步行街证券营业部在开展融资融券业务过程中存在未充分验证客户资料的真实性、准确性等适当性管理工作不到位的违规行为	出具警示函(营业部)
二、违规配资业务				
10	2016	证监会	华泰证券外部接入的第三方交易终端软件,或者未进行软件认证许可,或者缺乏有效控制,未对外部系统接入实施有效管理,对相关客户身份情况缺乏了解	1. 责令改正;2. 给予警告;3. 没收违法所得18,235,275元,并处以54,705,825元罚款
11	2016	证监会	广发证券对外部接入的第三方交易终端软件,广发证券未进行软件认证许可,未对外部系统接入实施有效管理,对相关客户身份情况缺乏了解	1. 责令改正;2. 给予警告;3. 没收违法所得6,805,135.75元,并处以20,415,407.25元罚款

续表

序号	年份	监管机构	处罚案由	处罚结果
12	2016	证监会	方正证券长沙黄兴中路营业部对外部接入的第三方交易终端软件,或者未进行软件认证许可,或者未对外部系统接入实施有效管理,对相关客户身份情况缺乏了解	1. 责令改正;2. 给予警告;3. 没收违法所得 7,862,735.62 元,并处以 15,725,471.24 元罚款
13	2016	证监会	海通证券上海建国西路营业部和杭州解放路营业部外部接入的第三方交易终端软件,未进行软件认证许可,未对外部系统接入实施有效管理,对相关客户身份情况缺乏了解	1. 责令改正;2. 给予警告;3. 没收违法所得 28,653,000 元,并处以 85,959,000 元罚款
14	2016	云南证监局	太平洋证券温州瓯江路证券营业部个别经纪人涉嫌违规为客户间融资提供便利,公司内部检查时发现了该问题,但未能及时自纠,存在内部控制不完善情形	暂停新开证券账户 1 个月(公司)
15	2016	福建证监局	中信证券泉州宝洲路证券营业部员工违规为客户融资提供便利	出具警示函(营业部)
16	2016	福建证监局	兴业证券莆田学园中街证券营业部原负责人郑某芳、员工祁某在任职期间违规为客户之间的融资提供便利,营业部内部控制不完善	出具警示函(营业部)
17	2016	福建证监局		出具警示函(祁某、郑某芳)
18	2016	福建证监局		
19	2017	湖南证监局	财富证券宁乡花明北路证券营业部负责人张某红存在为客户与客户之间的融资活动提供便利的违规行为	责令改正(营业部)
20	2017	湖南证监局		监管谈话(张某红)
21	2017	证监会	国海证券深南大道营业部副总经理姚某违规借用客户证券账户,为客户与他人之间提供融资中介服务	增加合规检查次数(公司)
22	2017	证监会		监管谈话(姚某)
23	2017	证券业协会		注销姚某执业证书,3 年不受理执业证书申请;记入诚信系统
24	2017	四川证监局	广州证券某营业部为客户间融资行为提供了便利和服务	责令改正(营业部)

续表

序号	年份	监管机构	处罚案由	处罚结果
25	2017	江苏证监局	周某祥在华福证券江苏分公司任职期间,存在为客户之间的融资提供中介等便利的行为	出具警示函(周某祥)
26	2018	青岛证监局	浙商证券青岛深圳路证券营业部存在员工违规为客户融资提供便利的问题	出具警示函(营业部)
27	2018	浙江证监局	财通证券经纪人俞某霞,私自违规为客户的融资活动提供中介或者其他便利	出具警示函(俞某霞),记入诚信档案
28	2018	浙江证监局	包某兵作为广发证券台州白云山西路证券营业部的从业人员,私自违规为客户的融资活动提供便利	出具警示函(包某兵),记入诚信档案
29	2018	浙江证监局	广发证券台州白云山西路证券营业部存在从业人员私自违规为客户的融资活动提供便利	责令改正(营业部)
30	2019	天津证监局	山西证券天津长江道证券营业部员工刘某宇私自为客户之间的融资提供中介等便利	监管谈话(刘某宇)
31	2019	浙江证监局	金某棋作为首创证券杭州文二路证券营业部负责人,未能恪守诚信、勤勉尽责,违规为其他证券公司客户与他人之间的融资以及出借证券账户提供中介或其他便利,并在证监局核查上述事项的过程中向浙江证监局提供虚假信息、隐瞒相关重大事项	认定金某棋为不适当人选,2年内不得担任证券公司董事、监事、高级管理人员和分支机构负责人等职务或者实际履行上述职务
32	2019	内蒙古证监局	刘某在担任西部证券包头钢铁大街证券营业部负责人期间,不落实证监会关于账户实名制的监管要求,组织账户出借及配资活动,并为双方提供担保,扰乱证券市场秩序	认定刘某为不适当人选,2 年内不得担任证券公司的董事、监事、高级管理人员和分支机构负责人等职务或实际履行上述职责
33	2019	福建证监局	黄某群在东兴证券明溪新大路营业部从业期间,存在为客户融资提供便利的行为	出具警示函(黄某群)

续表

序号	年份	监管机构	处罚案由	处罚结果
三、股票质押及约定购回业务				
34	2016	重庆证监局	西南证券因开展约定回购式证券交易业务而通过约定回购交易专户被动持有“中泰桥梁”股票,后期公司量化投资业务因进行阿尔法策略调仓交易,通过证券交易所集中交易方式陆续买入“中泰桥梁”股票后,合计持有中泰桥梁股份占其总股本的5.03%。违反《证券公司风险控制指标管理办法》,且未按规定发布相关临时公告	责令改正
35	2016	湖南证监局	方正证券在股票质押式回购交易中,未对资金融出方进行前端控制,造成客户账户出现大额透支	增加合规检查次数
36	2016	上海证监局	爱建证券未按规定对股票质押式回购业务(融出资金)进行前端控制,导致定向资产管理客户的资金账户出现大额透支	责令改正
37	2018	陕西证监局	西部证券股票质押式回购交易业务部分风控指标设置不审慎、业务决策标准执行不严格、尽职调查不充分、交易跟踪管理不完善,业务发生较大风险	暂停股票质押式回购交易业务6个月,责令改正并处分有关责任人员
38	2019	陕西证监局	中邮证券股票质押回购业务内控不足,在股票质押时设定了折算率上限,但对具体质押率的估算却十分随意;对客户的融资用途没有进行跟踪和核查	责令改正
39	2019	广东证监局	万联证券在开展股票质押式回购交易中,对融入方尽职调查存在较大缺陷	出具警示函
40	2019	湖南证监局	财富证券在开展股票质押业务中,待回购期间未能持续有效地对融入方经营、财务、对外担保、诉讼等情况进行跟踪	出具警示函

值得警惕的是，随着股市、债市不给力，信用类业务已成为证券公司诉讼多发区，包括中信建投、申万宏源、兴业证券、光大证券、海通证券、招商证券、西南证券、东兴证券等十多家证券公司陷入因相关业务纠纷与融资人对簿公堂，并要计提巨额资产减值准备直接拖累经营业绩，甚至危及企业发展根基。为此，中国证券业协会2019年7月15日发布《证券公司信用风险管理指引》，明确要求证券公司应对信用风险管理各个环节进行严谨、审慎判断，对业务信用风险的管理应贯穿业务全流程，完善风险的识别、评估、监控、应对及全程管理，确保风险可测、可控、可承受，保障可持续经营。

第八章 证券经纪业务

证券经纪业务是指证券公司通过其设立的证券分支机构，接受客户委托，按照客户要求，代理客户买卖证券的行为。与证券公司其他业务相比较，主要呈现市场参与主体数量多、交易对象品种多、证券公司角色单一、客户指令绝对权威、客户资料必须保密等特点。在日常监管过程中，涉及证券经纪业务违规行为被处罚早已不再是新闻事件。

一、违规处罚整体情况

统计期内，证券公司及从业人员在开展经纪业务过程中，因违规行为被处罚的案例共计 84 起，涉及 50 家证券公司、21 名证券从业人员。

（一）证监会及各地证监局（65 起）

均为行政监管措施。包括：(1)责令 4 家证券公司、4 家分公司、18 家营业部限期改正。(2)责令 2 家证券公司、3 家分公司、11 家营业部增加合规检查次数。(3)对 2 家证券公司、1 家分公司、9 家营业部出具警示函。(4)对 5 名证券从业人员予以监管谈话。(5)暂停 2 家证券公司、2 家营业部在全国中小企业股份转让系统新开客户交易权限业务 6 个月。(6)公开谴责 1 家证券公司。(7)认定 3 名证券从业人员为不适当人选，2 年内不得担任任何证券公司董事、监事、高管人员和分支机构负责人。

（二）中国证券业协会（1 起）

为纪律处分。包括：注销 1 人执业证书，记入诚信信息管理系统。

(三)全国股转公司(18 起)

1. 纪律处分3 起。包括:(1)公开谴责2 家证券公司,记入诚信档案;(2)通报批评1 家证券公司,记入诚信档案。

2. 监管措施15 起。包括:(1)对12 家证券公司出具警示函;(2)责令8 家证券公司改正。(具体见附件8 -1:证券公司及从业人员经纪业务违规监管处罚)

二、违规行为分析

结合监管处罚案例分析,证券公司及从业人员在开展传统经纪业务过程中,主要因以下七类违规行为被处罚。

(一)19 起处罚案例涉及分支机构负责人任免手续及日常管理不规范

1. 营业部负责人擅离职守,或长期异地履职,对营业部管理未尽勤勉尽责义务(5 起)。

2. 分支机构负责人在外兼职或从事其他经营性活动(4 起)。

3. 分支机构负责人触犯刑法或其他原因已不具备证券公司分支机构负责人任职资格条件(3 起)。

4. 任命新的营业部(分公司)负责人后,相应分支机构未在规定期限内向当地证监局报告(3 起)。

5. 其他不规范问题(4 起)。(1)公司对规范分支机构负责人行为的监督机制不够完善。(2)分支机构负责人在有保密要求的前提下主动向被调查对象透露案件调查情况。(3)分支机构负责人任免材料重大错漏。(4)营业部负责人在党的十九大期间出差,未指定专人代为履职,未向证监局报告,未能有效落实党的十九大期间维稳安保工作。

(二)15 起处罚案例涉及分支机构证照变更不及时

此类行为主要是分支机构变更经营场所(迁址)、经营范围或负责人后,未在规定期限内及时申请、换领工商营业执照或经营证券业务许可证。日常管理工作中,分支机构相关人员容易忽视,最终导致被处罚的频率较高。

(三)23起处罚案例涉及经办股转系统公司账户业务不规范

此类行为主要是证券公司分支机构未严格履行投资者适当性管理义务,或未健全投资者适当性管理工作制度和业务流程,最终为不符合标准的投资者开通全国股转系统交易权限。其中有20起同时存在未如实上报违规开户信息的问题。

(四)6起处罚案例涉及监管信息报送不及时

1. 分支机构发现内部员工有违法违规行为甚至已经作出内部处理后,未及时向证监局报告。

2. 未按规定期限、内容、格式等要求报送机构监管报表。

(五)9起处罚案例涉及分支机构内部控制不完善

1. 营业部防范和控制措施存在不足。未能有效防范员工代客操作、员工炒股等违规行为。

2. 营业部内部管理混乱。此类问题一般是其他违规行为被认定后一并延伸出来的。例如,(1)电脑等电子设备使用登记不完整。(2)印章长期缺乏登记管理,无法对用章情况追根溯源。(3)空白业务合同入库、领用没有严格登记。(4)合规培训流于形式,合规培训考试试卷由他人代答。(5)录用仍在服刑期间人员并办理入职手续,未尽到审慎审查职责。(6)营业部员工涉嫌诈骗,甚至偷盖营业部柜台业务专用章。

(六)9起处罚案例涉及营销违规

1. 违规委托他人代理从事客户招揽,甚至组织外部人员进行证券开户营销,并以开户奖励的方式激励外部人员开展证券营销活动。

2. 采取赠送实物的形式吸引客户开户。

3. 违规将曾经任职其他证券公司的批量客户信息进行营销。

4. 证券经纪人为多家证券公司从事客户招揽和客户服务活动等。

(七)17起处罚案例涉及其他基础业务管理不规范问题

1. 客户回访内容不完整、回访比例不够。

2. 客户资料保存不完善或涂改重要信息未经客户确认。

3. 客服电话未录音。

4. 佣金调整无客户确认或高于现场公示收费标准。

5. 重要柜面业务未经双人复核等。

三、处罚依据

监管机构对证券公司及从业人员在经纪业务过程中违规行为的处罚依据一般包括《证券法》《证券公司监督管理条例》《证券公司和证券投资基金管理公司合规管理办法》《证券经纪人管理暂行规定》《证券公司分支机构监管规定》《关于加强证券经纪业务管理的规定》《关于进一步规范证券经纪业务活动有关事项的通知》《证券期货投资者适当性管理办法》以及《证券公司董事、监事和高级管理人员任职资格监管办法》等。

(一)《证券法》

1. 第一百九十四条:证券公司及其从业人员违反本法第五十七条的规定,有损害客户利益的行为的,给予警告,没收违法所得,并处以违法所得一倍以上十倍以下的罚款;没有违法所得或者违法所得不足十万元的,处以十万元以上一百万元以下的罚款;情节严重的,暂停或者撤销相关业务许可。

2. 第一百九十五条:违反本法第五十八条的规定,出借自己的证券账户或者借用他人的证券账户从事证券交易的,责令改正,给予警告,可以处五十万元以下的罚款。

3. 第一百九十八条:证券公司违反本法第八十八条的规定未履行或者未按照规定履行投资者适当性管理义务的,责令改正,给予警告,并处以十万元以上一百万元以下的罚款。对直接负责的主管人员和其他直接责任人员给予警告,并处以二十万元以下的罚款。

4. 第二百零一条:证券公司违反本法第一百零七条第一款的规定,未对投资者开立账户提供的身份信息进行核对的,责令改正,给予警告,并处以五万元以上五十万元以下的罚款。对直接负责的主管人员和其他直接责任人员给予警告,并处以十万元以下的罚款。

证券公司违反本法第一百零七条第二款的规定,将投资者的账户提供给他人使用的,责令改正,给予警告,并处以十万元以上一百万元以下的罚款。对直接负责的主管人员和其他直接责任人员给予警告,并处以二十万元以下的罚款。

5. 第二百零八条:违反本法第一百三十一条的规定,将客户的资金和证券归入自有财产，或者挪用客户的资金和证券的，责令改正，给予警告，没收违法所得，并处以违法所得一倍以上十倍以下的罚款；没有违法所得或者违法所得不足一百万元的，处以一百万元以上一千万元以下的罚款；情节严重的，并处撤销相关业务许可或者责令关闭。对直接负责的主管人员和其他直接责任人员给予警告，并处以五十万元以上五百万元以下的罚款。

（二）《证券公司监督管理条例》

第七十条、第七十七条、第七十八条、第八十一条、第八十三条、第八十五条、第八十九条（内容略）

（三）《证券公司和证券投资基金管理公司合规管理办法》

1.第三十二条：证券基金经营机构违反本办法规定的，中国证监会可以采取出具警示函、责令定期报告、责令改正、监管谈话等行政监管措施；对直接负责的董事、监事、高级管理人员和其他责任人员，可以采取出具警示函、责令参加培训、责令改正、监管谈话、认定为不适当人选等行政监管措施。证券基金经营机构违反本办法规定导致公司出现治理结构不健全、内部控制不完善等情形的，对证券基金经营机构及其直接负责的董事、监事、高级管理人员和其他直接责任人员，依照《证券投资基金法》第二十四条、《证券公司监督管理条例》第七十条采取行政监管措施。

2.第三十三条：合规负责人违反本办法规定的，中国证监会可以采取出具警示函、责令参加培训、责令改正、监管谈话、认定为不适当人选等行政监管措施。

3.第三十四条：证券基金经营机构的董事、监事、高级管理人员未能勤勉尽责，致使公司存在重大违法违规行为或者重大合规风险的，依照《证券法》第一百五十二条、《证券投资基金法》第二十五条采取行政监管措施。

4.第三十五条：证券基金经营机构违反本办法第十八条、第十九条、第二十条、第二十一条、第二十二条、第二十三条、第二十四条、第二十五条、第二十六条、第二十七条、第二十八条的规定，情节严重的，对证券基金经营机构及其直接负责的董事、监事、高级管理人员和其他直接责任人员，处以警告、3 万元以下罚款。合规负责人未按照本办法第十五条第二款的规定及时向中国证监会相关派出机构报告重大违法违规行为的，处以警告、3 万元以下罚款。

（四）《全国中小企业股份转让系统业务规则（试行）》

第六条（内容略）

（五）《全国中小企业股份转让系统投资者适当性管理细则》（内容略）

（六）《证券公司董事、监事和高级管理人员任职资格监管办法》

第五十一条、第五十二条、第五十三条、第五十四条、第五十五条、第五十六条、第六十三条（内容略）

（七）《证券期货投资者适当性管理办法》（内容略）

（八）《关于加强证券经纪业务管理的规定》

第八条：证券公司及证券营业部违反本规定的，中国证监会及其派出机构将视情况依法采取责令改正、监管谈话、出具警示函、暂不受理与行政许可有关的文件、责令处分有关人员、暂停核准新业务、限制业务活动等监管措施。违反法律法规的，依法进行行政处罚。构成犯罪的，移送司法机关处理。

四、违规案例

案例1：国信证券北京某营业部迁址未及时申请更换业务许可证

（一）基本案情

国信证券北京分公司负责管理并具体执行的国信证券股份有限公司北京北苑路证券营业部在未申请换发经营证券业务许可证的情况下，于2015年12月27日从“北京市朝阳区北苑路32号院2号楼1层106、107”迁址到“北京市朝阳区慧忠北里309号楼二层223－1、226－1”，并更名为国信证券股份有限公司北京亚运村证券营业部，原址于2015年12月25日16时起停止办理业务。该营业部2016年3月18日才正式换领工商营业执照，2016年3月22日至北京证监局申请换发经营证券业务许可证。

（二）处理结果

北京证监局按照《证券公司分支机构监管办法》第二十条和《证券公司监

督管理条例》第七十条的规定,责令国信证券北京分公司增加内部合规检查次数。

案例2:东莞证券违规为不符合要求的投资者账户开通全国股转系统合格投资者权限

(一)基本案情

1.计算合格投资者证券类资产时,错误将现金理财产品计入证券类资产,为18户不符合要求的投资者账户开通全国股转系统合格投资者权限。

2.未依据委托代理协议签署日前一交易日日终的投资者名下证券类资产市值判断适当性,而是错误根据投资者临柜办理业务权限开通手续时点的实时资产市值,为14户不符合要求的投资者账户开通全国股转系统合格投资者权限。

3.对不足两年证券投资经验的自然人投资者,未依据有关会计、金融、投资、财经等相关专业的学历证书、考试合格证明文件、培训证书等材料认定其具有相关专业背景或培训经历,而是错误根据非政府权威部门或教育机构出具的证明认定投资者专业背景或者培训经历,为1户不符合要求的投资者账户开通全国股转系统合格投资者权限。

4.东莞证券向证监局提交的《关于对执行投资者适当性管理制度的自查报告》中,未如实上报违规开户情况的情形,漏报违规开户比例13.81%。

(二)处理结果

全国股转公司考虑东莞证券积极配合后续核查工作,主动查找问题并及时整改,依据《全国中小企业股份转让系统自律监管措施和纪律处分实施办法(试行)》规定,采取从轻处理,依据《全国中小企业股份转让系统业务规则(试行)》与《全国中小企业股份转让系统投资者适当性管理细则(试行)》规定,对东莞证券采取出具警示函的自律监管措施。

案例3:财富证券邵阳城北路证券营业部违规营销展业

(一)基本案情

2016年1月1日至2016年12月31日,财富证券邵阳城北路证券营业部存在采取赠送实物的形式吸引客户开户的违规行为,营业部员工存在委托其他个人进行客户招揽活动的违规行为,分别违反了《关于进一步规范证券经纪业务活动有关事项的通知》第一条的规定和《证券公司监督管理条例》第三十三条的规定。

(二)处理结果

根据《证券公司监督管理条例》,湖南证监局对财富证券邵阳城北路证券营业部采取责令增加内部合规检查次数的行政监管措施,并限期提交落实上述监管措施的具体方案。

案例4:联讯证券嘉兴竹园路证券营业部内部管理混乱

(一)基本案情

1. 自营业部2017年9月开业至2018年4月,允许不具备证券执业资格亦不属于联讯证券股份有限公司员工的张某长期使用营业部办公室、与营业部其他员工协同拓展业务、与营业部相关工作人员沟通营业部日常运营管理事项。

2. 营业部原负责人何某高在2017年9月至2018年8月长期异地履职,对营业部疏于管理。

浙江证监局认为,联讯证券杭州分公司对营业部的合规、风控和人员等负有管理责任。营业部出现以上严重问题反映出杭州分公司对营业部的管理存在缺陷,不能有效防范和控制风险。违反了《证券公司监督管理条例》第二十七条的有关规定。

此外,何某高2017年9月至2018年8月,作为联讯证券嘉兴竹园路证券营业部负责人,长期异地履职,对营业部疏于管理,且未能制止不具备证券执业资格亦不属于联讯证券股份有限公司员工的张某使用营业部办公室、与营业部其他员工协同拓展业务等不当行为。上述情形违反了《证券公司董事、监事和高级管理人员任职资格监管办法》第四条、第五十一条第(六)项的有关规定。

(二)处理结果

1. 对单位的处罚

根据《证券公司监督管理条例》的规定,浙江证监局责令联讯证券杭州分公司限期对上述问题进行改正,并限期提交书面整改报告。

2. 对个人的处罚

按照《证券公司董事、监事和高级管理人员任职资格监管办法》的规定,浙江证监局对何某高采取监管谈话的监督管理措施。

五、附件

附件 8－1　证券公司及从业人员经纪业务违规监管处罚

序号	年份	监管机构	处罚案由	处罚结果
1	2016	四川证监局	开源证券成都天府大道营业部在2015年经营过程中，20次未完成、4次超期完成四川证监局下发的工作任务，且在2015年5月四川证监局进行通报批评后，仍有14次未完成相关工作任务	出具警示函（营业部）
2	2016	浙江证监局	浙商证券青田华庭街证券营业部、开化芹南路证券营业部存在未按规定办理《经营证券业务许可证》变更手续等违规行为	责令改正（公司）
3	2016	北京证监局	国信证券北京分公司下属北京北苑路证券营业部在未申请换发经营证券业务许可证的情况下，于2015年12月27日迁址，并更名为国信证券股份有限公司北京亚运村证券营业部，原址于2015年12月25日16时起停止办理业务。该营业部2016年3月18日才正式换领工商营业执照，2016年3月22日至证监局申请换发经营证券业务许可证	增加合规检查次数（分公司）
4	2016	江苏证监局	华金证券南京汉中路证券营业部负责人邵某畅于2016年3月11日被公司聘任，但未按规定在5日内向证监局报告	责令改正（营业部）
5	2016	北京证监局	红塔证券北京板井路证券营业部变更经营范围，变更了营业执照，但未及时至证监局换领经营证券期货业务许可证	增加合规检查次数（营业部）
6	2016	广西证监局	魏某在担任五矿证券北海广东路证券营业部负责人期间，2016年1月18日至2月1日擅离职守，对营业部管理未尽勤勉尽责义务	采取认定为不适当人选的监督管理措施，2年内不得担任任何证券公司董事、监事、高级管理人员和分支机构负责人（魏某）

续表

序号	年份	监管机构	处罚案由	处罚结果
7	2016	北京证监局	西藏东方财富证券北京陶然亭路证券营业部于2016年11月已迁址并营业,但未在新营业场所开业前申请换发《经营证券期货业务许可证》	增加合规检查次数(营业部)
8	2016	证券业协会	申万宏源证券金山区蒙山路证券营业部总经理刘某涛被上海市金山区人民法院于2016年3月31日判决犯虚开发票罪,判处有期徒刑2年,缓刑3年,并处罚金人民币5万元	注销执业证书,记入诚信系统(刘某涛)
9	2016	辽宁证监局	网信证券营口证券营业部防范和控制风险的内控制度在运行过程中存在缺陷,未能有效防范员工违规行为	增加合规检查次数(营业部)
10	2016	厦门证监局	方正证券厦门厦禾路营业部管理失察,内部控制不完善,庄某、陈某、唐某、吴某、黄某奇5名员工委托"辉文传媒"进行客户招揽并给予开户奖励	责令改正(营业部)
11	2016	北京证监局	申万宏源北京分公司所辖东四环中路营业部、安定路营业部均存在从业人员代客操作行为,营业部在知悉员工的违法违规行为并作出处理后,未及时向证监局报告;东四环中路营业部回访内容不完整;安定路营业部客户资料保存不完善	增加合规检查次数(分公司)
12	2016	湖北证监局	国信证券武汉中北路证券营业部未妥善保存员工通过95536客服坐席呼出电话的通话录音,且在经营管理过程中长时间未发现该情形;营业部员工信息公示不规范;负责人年度考核不全面;客户投资者适当性评估资料不完整	增加合规检查次数(营业部)
13	2016	湖北证监局	西部证券湖北分公司防范和控制风险的内部控制制度在运行中存在缺陷,规范负责人行为的监督机制不够完善	增加合规检查次数(分公司)
14	2016	证监会	财富证券未能严格执行规定,为大量不符合标准的投资者开通了全国股转系统交易权限,投资者风险评估管理存在漏洞,且未在证监会开展检查时如实报告等	1. 责令改正(公司);2. 暂停在全国股转系统新开客户交易权限业务6个月

续表

序号	年份	监管机构	处罚案由	处罚结果
15	2016	证监会	宏信证券未严格执行规定,为大量不符合标准的投资者开通了全国股转系统交易权限,投资者风险评估管理存在漏洞,且未在证监会开展检查时如实报告等	1. 责令改正(公司);2. 暂停在全国股转系统新开客户交易权限业务 6 个月
16	2016	上海证监局	东兴证券上海广灵二路营业部在为投资者开通股转系统交易权限业务过程中,未能严格执行投资者适当性管理的要求,为 418 户不符合标准的投资者开通了交易权限;此外,未按照向股转公司报送的整改计划进行整改,事后仍发生为大量不符合适当性标准的投资者开通股转系统交易权限的情况	暂停在全国中小企业股份转让系统新开客户交易权限业务 6 个月(营业部)
17	2016	上海证监局	华创证券上海三元路营业部为投资者开通股转系统交易权限业务过程中,未严格按照公司总部规定,而以邮寄开户资料方式为 284 户投资者开通股转系统交易权限(其中 275 户不符合投资者适当性标准);未审慎评估投资者专业背景,未对 211 名投资者集中持有相同及类似社会咨询机构培训证明作为开户资料等异常情形保持合理怀疑,致使投资者适当性制度流于形式;营业部自查时未如实报告相关问题	暂停营业部在全国中小企业股份转让系统新开客户交易权限业务 6 个月
18	2016	安徽证监局	华安证券合肥滨湖广西路证券营业部在为客户开通全国中小企业股份转让系统交易权限业务过程中存在内控执行不到位、内部控制不完善的问题	责令改正(营业部)
19	2016	湖南证监局	方正证券部营业分部客户佣金管理不规范,佣金调整无客户确认记录	1. 责令限期改正;2. 谴责(公司)
20	2016	湖南证监局		监管谈话(合规总监何某刚)
21	2016	湖南证监局		监管谈话(合规总监孙某)

续表

序号	年份	监管机构	处罚案由	处罚结果
22	2016	全国股转公司	第一创业证券未严格执行全国股转系统投资者适当性管理的各项要求，未正确履行合格投资者报送义务，构成违规	出具警示函、责令改正（公司）
23	2016	全国股转公司	长城证券未切实履行投资者适当性管理职责，在审核合伙企业客户申请开通参与挂牌公司股票公开转让权限的相关材料时，未勤勉尽职核查其实缴出资证明文件；在未正确履行投资者信息报送义务的情形下，于系统内单边为其开通了参与挂牌公司股票公开转让的权限，导致该合伙企业于2016年1月12日，越权买入挂牌公司股票	出具警示函、责令改正（公司）
24	2016	全国股转公司	国元证券在为投资者“山东临控自动化科技有限公司”开通合格投资者权限前，未按照要求报送该投资者账户信息	出具警示函（公司）
25	2016	全国股转公司	东莞证券在计算合格投资者证券类资产时，错误将现金理财产品计入证券类资产，为18户不符合要求的投资者账户开通全国股转系统合格投资者权限；未依据委托代理协议签署日前一交易日日终的投资者名下证券类资产市值判断适当性，而是错误根据投资者临柜办理业务权限开通手续时点的实时资产市值，为14户不符合要求的投资者账户开通全国股转系统合格投资者权限；对不足两年证券投资经验的自然人投资者，未依据有关会计、金融、投资、财经等相关专业的学历证书、考试合格证明文件、培训证书等材料认定其具有相关专业背景或培训经历，而是错误根据非政府权威部门或教育机构出具的证明认定投资者专业背景或者培训经历，为1户不符合要求的投资者账户开通全国股转系统合格投资者权限；未如实上报违规开户情况的情形，漏报违规开户比例达13.81%	出具警示函（公司）

续表

序号	年份	监管机构	处罚案由	处罚结果
26	2016	全国股转公司	中信建投证券在投资者适当性管理过程中，未依据委托代理协议签署日前一交易日日终的投资者名下证券类资产市值判断适当性，而是错误根据投资者临柜办理业务权限开通手续时点的实时资产市值，为3328户不符合要求的投资者账户开通全国股转系统合格投资者权限；未如实上报违规开户情况，漏报违规开户比例达90.42%；对合格投资者认定标准理解及报送数据有误	出具警示函、责令改正（公司）
27	2016	全国股转公司	中信证券在投资者适当性管理过程中，未依据委托代理协议签署日前一交易日日终的投资者名下证券类资产市值判断适当性，而是错误根据投资者临柜办理业务权限开通手续时点的实时资产市值，为506户不符合要求的投资者账户开通全国股转系统合格投资者权限；未如实上报违规开户情况，漏报违规开户比例达58.94%	责令改正（公司）
28	2016	全国股转公司	中航证券在投资者适当性管理过程中，未依据委托代理协议签署日前一交易日日终的投资者名下证券类资产市值判断适当性，而是错误根据投资者临柜办理业务权限开通手续时点的实时资产市值，为11户不符合要求的投资者账户开通全国股转系统合格投资者权限；计算合格投资者证券类资产时，未剔除信用证券账户资产，为11户不符合要求的投资者账户开通全国股转系统合格投资者权限；未按照500万元人民币的自然人投资者资产标准，而是错误地按照300万元人民币的标准，为1户不符合要求的投资者账户开通全国股转系统合格投资者权限；未如实上报违规开户情况，漏报违规开户比例达47.92%	责令改正（公司）

续表

序号	年份	监管机构	处罚案由	处罚结果
29	2016	全国股转公司	华泰证券在投资者适当性管理过程中,未依据委托代理协议签署日前一交易日日终的投资者名下证券类资产市值判断适当性,而是错误根据投资者临柜办理业务权限开通手续时点的实时资产市值,为511户不符合要求的投资者账户开通全国股转系统合格投资者权限;未依据会计师事务所出具的最近一期审计报告或实缴出资证明文件认定合伙企业实缴出资总额,而是错误根据合伙企业提供的合伙协议、银行汇款证明或者当地工商局出具的证明文件确认实缴出资总额,为111户不符合要求的合伙企业账户开通权限;对不足两年证券投资经验的自然人投资者,未依据有关会计、金融、投资、财经等相关专业的学历证书、考试合格证明文件、培训证书等材料认定其具有相关专业背景或培训经历,而是错误根据企业出具的财务岗位证明、院校或社会培训机构颁发的短期培训证书认定投资者专业背景或者培训经历,为201户不符合要求的投资者账户开通权限;未如实上报违规开户情况,漏报违规开户比例达74.61%	出具警示函、责令改正(公司)
30	2016	全国股转公司	山西证券在投资者适当性管理过程中,未依据委托代理协议签署日前一交易日日终的投资者名下证券类资产市值判断适当性,而是错误根据投资者临柜办理业务权限开通手续时点的实时资产市值,为57户不符合要求的投资者账户开通全国股转系统合格投资者权限;对不足两年证券投资经验的自然人投资者,未依据有关会计、金融、投资、财经等相关专业的学历证书、考试合格证明文件、培训证书等材料认定其具有相关专业背景或培训经历,而是错误根据非政府权威部门或教育机构出具的证明认定投资者专业背景或者培训经历,为1户不符合要求的投资者账户开通权限;未如实上报违规开户情况,漏报违规开户比例达47.54%	出具警示函、责令改正(公司)

续表

序号	年份	监管机构	处罚案由	处罚结果
31	2016	全国股转公司	川财证券在投资者适当性管理过程中,未依据委托代理协议签署日前一交易日日终的投资者名下证券类资产市值判断适当性,而是错误根据投资者临柜办理业务权限开通手续时点的实时资产市值,为1户不符合要求的投资者账户开通全国股转系统合格投资者权限;错误根据申报权限开通日前一交易日日终的证券类资产市值,为1户不符合要求的投资者开通全国股转系统合格投资者权限;未如实上报违规开户情况的情形,漏报违规开户比例达100%	出具警示函(公司)
32	2016	全国股转公司	恒泰证券在投资者适当性管理过程中,未依据委托代理协议签署日前一交易日日终的投资者名下证券类资产市值判断适当性,而是错误根据投资者临柜办理业务权限开通手续时点的实时资产市值,为23户不符合要求的投资者账户开通全国股转系统合格投资者权限;未如实上报违规开户情况,漏报违规开户比例达25.27%	责令改正(公司)
33	2016	全国股转公司	湘财证券在投资者适当性管理过程中,计算合格投资者证券类资产时,未剔除信用证券账户资产,为3户不符合要求的投资者开通全国股转系统投资者权限;未如实上报违规开户情况,漏报违规开户比例达3.23%	出具警示函(公司)
34	2016	全国股转公司	红塔证券在投资者适当性管理过程中,未依据委托代理协议签署日前一交易日日终的投资者名下证券类资产市值判断适当性,而是错误根据投资者临柜办理业务权限开通手续时点的实时资产市值,为5户不符合要求的投资者账户开通全国股转系统合格投资者权限;错误根据申报权限开通日前一交易日日终的证券类资产市值,为3户不符合要求的投资者开通全国股转系统合格投资者权限;未如实上报违规开户情况,漏报违规开户比例达44.44%	出具警示函(公司)

续表

序号	年份	监管机构	处罚案由	处罚结果
35	2016	全国股转公司	中银国际证券在投资者适当性管理过程中,未严格执行合格投资者准入标准,为依据委托代理协议签署日前一交易日日终的投资者名下证券类资产市值判断适当性,为85户不符合要求的自然人投资者开通全国中小企业股份转让系统合格投资者权限;计算自然人投资者证券类资产时,未剔除场外基金等未在沪深交易所和全国股转系统挂牌的证券资产,为24户不符合要求的投资者账户开通全国股转系统合格投资者权限;对不足两年证券投资经验的自然人投资者,为依据有关会计、金融、投资、财经等相关专业的学历证书、考试合格证明文件、培训证书等材料认定具有相关专业背景或培训经历,为10名不符合要求的投资者账户开通全国股转系统合格投资者权限。在为投资者开通合格投资者权限时,未对投资者进行风险承受能力和风险识别能力评估,风险评估制度落实不到位。未如实上报违规开户情况,漏报违规开户比例达67.63%	公开谴责,记入诚信档案(公司)
36	2016	全国股转公司	宏信证券在投资者适当性管理过程中,未严格执行合格投资者准入标准,对不足两年证券投资经验的自然人投资者,未依据有关会计、金融、投资、财经等相关专业的学历证书、考试合格证明文件、培训证书等材料认定其具有相关专业背景或培训经历,为1795户不符合要求的投资者账户开通全国中小企业股份转让系统权限。未依据委托代理协议签署日前一交易日日终的投资者名下证券类资产市值判断适当性,为35户不符合要求的自然人投资者开通全国股转系统合格投资者权限。未如实上报违规开户情况,漏报违规开户比例高达97.98%	公开谴责,记入诚信档案(公司)

续表

序号	年份	监管机构	处罚案由	处罚结果
37	2016	全国股转公司	财富证券在投资者适当性管理过程中,未严格执行合格投资者准入标准,未依据委托代理协议签署日前一交易日日终的投资者名下证券类资产市值判断适当性,为76户不符合要求的自然人投资者账户开通全国中小企业股份转让系统合格投资者权限。计算自然人投资者证券类资产时,未剔除场外基金等未在沪深交易所和全国股转系统挂牌的证券资产及信用证券账户资产,为25户不符合要求的投资者账户开通全国股转系统合格投资者权限。未依据500万元人民币以上证券类资产市值判断自然人投资者的资产规模,为3户不符合要求的投资者账户开通全国股转系统合格投资者权限。对不足两年证券投资经验的自然人投资者,未依据有关会计、金融、投资、财经等相关专业的学历证书、考试合格证明文件、培训证书等材料认定其具有相关专业背景或培训经历,为2户不符合要求的投资者账户开通全国股转系统合格投资者权限。未如实上报违规开户情况,漏报违规开户比例达83.33%	通报批评,记入诚信档案(公司)
38	2016	全国股转公司	长江证券主办券商未严格履行投资者适当性管理义务,未健全投资者适当性管理工作制度和业务流程,未正确配置投资者交易权限及明确告知投资者可正常交易时点,构成违规	出具警示函(公司)
39	2016	全国股转公司	国信证券主办券商未严格执行全国股转系统投资者适当性管理的各项要求,未正确履行合格投资者报送义务,构成违规	出具警示函(公司)
40	2017	北京证监局	天风证券北京莲花桥证券营业部于2016年11月已迁址并营业,未在新营业场所开业前申请换发《经营证券期货业务许可证》	增加合规检查次数(营业部)

续表

序号	年份	监管机构	处罚案由	处罚结果
41	2017	云南证监局	海通证券晋宁昆阳街证券营业部2016年4月29日聘任王某珩为总经理,未按要求在规定期限内完成备案,也未及时向证监局换领经营证券期货业务许可证;营业部经营证券业务许可证已于2016年12月23日到期,但未在许可证到期前向证监局提交换领许可证的相关申请文件	责令改正(营业部)
42	2017	深圳证监局	东吴证券深圳分公司自成立以来长期未按要求报送机构监管报表,经证监局多次提醒,仍未有效整改,且在证监局开展的分支机构自查时未如实反映,存在瞒报情况;此外,负责人变更换领许可证存在延迟。分支机构负责人于2016年12月21日获得任命,2017年2月10日向证监局提交换领许可证材料,超出《证券公司董事、监事和高级管理人员任职资格监管办法》第四十条规定的20个工作日时限	责令改正(分公司)
43	2017	深圳证监局		监管谈话(分公司负责人汤某旭)
44	2017	广西证监局	于某然在任国海证券横县茉莉花大道证券营业部负责人期间,因累计有750万元的对外负债及担保债务到期未能及时清偿,于2015年12月被有关法院列入失信被执行人名单,其明知自身存在失信行为记录,已不具备证券公司分支机构负责人任职资格条件,但从未履行报告义务	监管谈话(于某然)
45	2017	上海证监局	民生证券于2015年10月将经营范围由“上海、江苏、浙江、安徽、福建的证券承销与保荐业务”变更为“证券承销与保荐业务、证券投资咨询”,在换领了相应的工商营业执照后,未按要求向证监局提交换领许可证的相关申请	出具警示函(分公司)
46	2017	福建证监局	国元证券福州五一南路证券营业部经营证券业务许可证逾期未更换;未及时报备经营范围变更事项	责令改正(营业部)

续表

序号	年份	监管机构	处罚案由	处罚结果
47	2017	青海证监局	九州证券上海分公司负责人刘某友为上海裕镕投资管理有限公司股东(出资比例52.5%),并存在兼职担任上海裕镕投资管理有限公司的法定代表人、董事长和总经理的情况。九州证券在入职审查、入职后的持续管理中均未发现刘某友兼职以及从事其他经营性活动的行为,公司内部管理存在缺陷,合规管理不到位	增加合规检查次数(公司)
48	2017	青海证监局		监管谈话(刘某友)
49	2017	北京证监局	宏信证券北京广渠路证券营业部内部控制不完善:一是合规管理不到位,合规培训流于形式,个别员工合规培训考试试卷由他人代答。二是对客户异常交易监测不到位,未将营业部银行驻点使用电脑纳入监控,多名客户使用同一设备委托交易等	责令改正(营业部)
50	2017	安徽证监局	汪某在中泰证券芜湖镜湖路证券营业部担任客户经理期间,存在违规委托他人代理从事客户招揽的问题	出具警示函(汪某)
51	2017	湖南证监局	财富证券邵阳城北路证券营业部存在采取赠送实物的形式吸引客户开户的违规行为,其营业部员工存在委托其他个人进行客户招揽活动的违规行为	增加合规检查次数(营业部)
52	2017	甘肃证监局	长城证券兰州金昌南路证券营业部未及时换领经营证券期货业务许可证(营业部于2016年10月搬迁至兰州市城关区金昌南路361号东方数码大厦13楼,至2017年5月4日才向甘肃证监局申请变更经营证券期货业务许可证)、存量客户回访率不足(回访率小于10%)	出具警示函(营业部)
53	2017	湖北证监局	中山证券武汉新华路证券营业部在经纪业务管理、投资顾问业务、新三板客户开户方面均存在违规情况,反映出营业部内部控制不完善	增加合规检查次数(营业部)

续表

序号	年份	监管机构	处罚案由	处罚结果
54	2017	上海证监局	申万宏源证券上海奉贤区人民中路证券营业部部分客户通过手机委托交易分级基金等品种所收取的佣金费率超出所公示佣金方案的最高上限	责令改正(营业部)
55	2017	上海证监局	上海证券延长西路证券营业部在处理部分客户资金到账异常经济纠纷时,对有关客户资金解冻操作未经双人复核;对客户进行经济补偿的方式和金额存在差异	出具警示函(营业部)
56	2017	北京证监局	中信证券北京安外大街证券营业部违规为机构客户通过邮寄资料方式开立账户;客户的账户资料用印缺失、日期涂改;采用违规手段为客户开户申请单套印印章	责令改正(营业部)
57	2017	内蒙古证监局	赵某信担任恒泰证券赤峰天义路证券营业部负责人期间,在有保密要求的前提下主动向被调查对象透露案件调查情况	认定为不适当人选,两年内不得担任证券公司的董事、监事、高级管理人员和分支机构负责人等职务或实际履行上述职责(赵某信)
58	2017	江苏证监局	中信建投证券南京龙园西路证券营业部在开展证券账户开立业务过程中,存在客户风险承受能力结果失实、缺失的情形,未能全面、准确地了解客户的风险承受能力	出具警示函(营业部)
59	2017	江苏证监局	平安证券南通工农南路证券营业部存在组织外部人员进行证券开户营销,并以开户奖励的方式激励外部人员开展证券营销活动的行为	责令改正(营业部)
60	2017	江苏证监局	方正证券常州延陵西路证券营业部2014年至2017年存在违反规定,委托无资质个人进行客户招揽活动的行为	责令改正(营业部)
61	2018	青岛证监局	首创证券青岛东海西路证券营业部负责人于2017年发生变更,但未按规定,在公司作出任职决定之日起20日内办理证券业务许可证的变更手续	出具警示函(营业部)

续表

序号	年份	监管机构	处罚案由	处罚结果
62	2018	安徽证监局	西藏东方财富证券合肥潜山路证券营业部 2017 年 8 月 25 日向证监局提交的分支机构负责人任职备案材料记载内容存在重大遗漏	增加合规检查次数(营业部)
63	2018	深圳证监局	西藏东方财富证券深圳分公司及管辖范围内的深圳福华路证券营业部、深圳华侨城证券营业部存在多次分支机构变更负责人报备超期、分支机构负责人变更换领许可证延迟的情况	责令改正(分公司)
64	2018	深圳证监局	东吴证券股份深圳分公司于 2017 年 9 月、10 月连续两个月未按时报送机构监管报表;且在证监局采取责令改正的监管措施后,未严格落实整改要求,短期内再次出现连续两次未按时报送机构监管报表的情况,性质严重	增加合规检查次数(分公司)
65	2018	青海证监局	西部证券西宁长江路证券营业部负责人于 2017 年 10 月 19 日至 10 月 31 日(其中连续 8 个工作日)出差,期间正值党的十九大召开。营业部未指定专人代为履职,未向证监局报告,未能有效落实党的十九大期间维稳安保工作	出具警示函(营业部)
66	2018	广东证监局	联讯证券成都人民南路营业部原营销人员钱某,涉嫌以转让员工持股计划为名进行诈骗;浙江嘉兴竹园路营业部原负责人何某异地履职,长期在惠州总部办公,公司对分支机构管控不力	出具警示函(公司)
67	2018	浙江证监局	广发证券台州白云山西路证券营业部现场使用和管理电脑等设备不符合规定	责令改正(营业部)
68	2018	广东证监局	国融证券广州华夏路证券营业部未按经批准实际经营的业务种类申请换发《经营证券期货业务许可证》	责令改正(营业部)

续表

<table>
<tr><th>序号</th><th>年份</th><th>监管机构</th><th>处罚案由</th><th>处罚结果</th></tr>
<tr><td>69</td><td>2018</td><td>浙江证监局</td><td rowspan="2">联讯证券嘉兴竹园路证券营业部自营业部2017年9月开业至2018年4月,允许不具备证券执业资格亦不属于联讯证券股份有限公司员工的张某长期使用营业部办公室、与营业部其他员工协同拓展业务、与营业部相关工作人员沟通营业部日常运营管理事项;营业部原负责人何某高在2017年9月至2018年8月长期异地履职,对营业部疏于管理</td><td>监管谈话(营业部负责人何某高)</td></tr>
<tr><td>70</td><td>2018</td><td>浙江证监局</td><td>责令改正(分公司)</td></tr>
<tr><td>71</td><td>2018</td><td>内蒙古证监局</td><td>国融证券2018年1月19日接到通辽明仁大街营业部负责人关于“张某春投诉举报营业部员工刘某伟违法违规行为”情况汇报后未及时向证监局报告,直至1月23日才首次报告事件情况;内部控制不健全[公司通辽明仁大街营业部在员工刘某伟聚众斗殴后为其办理了离职,半年后又为仍在服刑期间(缓刑)的刘某伟办理了入职,未尽到审慎审查职责]</td><td>责令改正;增加合规检查次数(公司)</td></tr>
<tr><td>72</td><td>2018</td><td>四川证监局</td><td>广州证券攀枝花炳草岗大街证券营业部在合规管理中未有效识别和控制员工执业行为的合规风险。杨某伟在担任营业部负责人后,将其曾经任职其他证券公司700余户客户信息分发给营业部员工,并组织员工利用上述客户信息进行营销活动</td><td>出具警示函(营业部)</td></tr>
<tr><td>73</td><td>2018</td><td>北京证监局</td><td>中国银河证券北京中关村大街证券营业部某员工违规为他人打印客户的对账单,泄露了客户资料</td><td>出具警示函(营业部)</td></tr>
<tr><td>74</td><td>2018</td><td>浙江证监局</td><td>俞某霞作为财通证券经纪人,以委托他人的方式实际为多家证券公司从事客户招揽和客户服务活动</td><td>出具警示函,记入诚信档案(俞某霞)</td></tr>
<tr><td>75</td><td>2018</td><td>陕西证监局</td><td>国盛证券宝鸡行政中心证券营业部客户佣金管理不规范,部分客户佣金调整无客户确认记录</td><td>责令改正、增加合规检查次数(营业部)</td></tr>
</table>

续表

序号	年份	监管机构	处罚案由	处罚结果
76	2018	浙江证监局	西藏东方财富证券台州鑫泰街证券营业部未能充分了解客户的基本信息,对部分客户在账户开立、风险测评中填报的个人信息缺少必要的审查,未发现并纠正同一客户多处填报信息明显不一致、与真实情况明显不相符的问题;未对部分客户账户明显异常的交易行为进行必要的审查并及时报告;未按照公司内部规定对由证券经纪人招揽和服务的客户进行回访	责令改正(营业部)
77	2019	福建证监局	卢某作为金元证券福州曙光路证券营业部负责人期间擅离职守、未能勤勉尽责等(同事存在为客户之间的融资提供中介或者其他便利行为)	认定为不适当人选,2 年内不得担任证券公司董事、监事、高级管理人员和分支机构负责人等职务或者实际履行上述职务(卢某)
78	2019	四川证监局	联讯证券成都人民南路证券营业部柜台用章长期缺乏登记管理,无法对用章情况追根溯源;营业部前营销总监钱某虚构《员工持股转让合同》,部分合同偷盖营业部柜台业务专用章,涉嫌金融诈骗,营业部于 2018 年 1 月获知此事并向公司总部报告,但直至 2018 年 8 月才向证监局报告	责令改正(营业部)
79	2019	大连证监局	东莞证券大连星海广场证券营业部原负责人于某涉嫌合同诈骗犯罪、部分重要空白合同文本遗失	1. 责令改正;2. 增加合规检查次数(营业部)
80	2019	黑龙江证监局	中信建投证券哈尔滨新阳路证券营业部业务合同入库、领用没有严格登记;未严格履行职责分工,不相容职务未适当分离;未对客户史某红身份的真实性进行审查,部分客户回访不到位,部分客户资料不完整;营业部前员工张某涉嫌诈骗犯罪,营业部对其诚信考察及管理存在缺失	责令改正(营业部)
81	2019	陕西证监局	平安证券陕西分公司未按照规定充分履行客户资料真实性、完整性的审核责任,造成客户非现场开户视频未留存	责令改正(分公司)

续表

序号	年份	监管机构	处罚案由	处罚结果
82	2019	北京证监局	财富证券北京市朝阳东三环中路证券营业部2016年8月至2018年6月，存在多起同一证券经纪人名下不同客户同日同一IP和MAC地址委托的异常交易，多次触及预警，涉及客户30人次，营业部未采取有效措施进行调查处理，未对证券经纪人实施有效监控	责令改正（营业部）
83	2019	上海证监局	卢某在担任华林证券股份有限公司上海浦东南路证券营业部负责人期间，存在在其他营利性机构兼职，同时控股或参股多家公司，从事其他经营性活动等问题。反映出公司内部控制不完善	出具警示函（卢某）
84	2019	上海证监局		出具警示函（公司）

第九章　证券自营业务

所谓证券自营业务,是指证券公司经证监会批准用自有资金和依法筹集的资金,用自己名义开设的证券账户买卖依法公开发行或证监会认可的其他有价证券,以获取盈利的投资业务。证券自营业务一般包括投资研究、投资决策、交易执行、账户管理、资金划拨与清算以及风险监控等内容。历史告诉我们,证券公司的自营业务一直是市场的一颗定时炸弹,可能带来利润的预期下,也随时都可能因违反法律法规导致公司受到监管处罚,甚至受到法律制裁或遭受财产与声誉损失,即随时会面临因市场波动造成投资损失、因投资决策失误或操作失误导致公司利益受损等风险,甚至因违规行为被处罚。

一、违规处罚整体情况

统计期内,证券公司及从业人员在开展证券自营业务过程中,因违规行为被处罚的案例共计 20 起,涉及 15 家证券公司、7 名证券从业人员。

(一)证监会及各地证监局(15 起)

均为行政监管措施。包括:(1)对 2 家证券公司、3 名证券从业人员出具警示函。(2)责令 7 家证券公司限期改正。(3)责令 6 家证券公司增加合规检查次数。(4)限制 1 家证券公司债券自营业务 6 个月。

(二)中国证券业协会(5 起)

均为纪律处分。包括:注销 5 名从业人员执业证书,记入证

监会及证券业协会诚信系统。(具体见附件9－1:证券公司及从业人员证券自营业务违规监管处罚)

二、违规行为分析

结合监管处罚案例分析,证券公司及从业人员证券自营业务被处罚主要因以下两类违规行为。

(一)自营业务风险控制不完善,合计15起,占比75.00%

1.协议管理方面

(1)债券业务协议管理未见完整业务协议台账。(2)协议签章不完整或存在对方单位事后补盖章。(3)协议签订时间晚于交易时间。(4)债券买卖协议中约定的交易未在公司账户上交易也未登记业务台账等。

2.风控手段方面

(1)缺乏债券业务风险总限额的事前监控手段。(2)部分风控数据与债券交易系统数据不一致。(3)风控部门不掌握固定收益部在外代持债券的规模和明细数据。(4)未将代持业务的流动性风险及市场风险纳入日常监控等。

3.隔离墙执行方面

(1)债券承销、债券自营、投资顾问业务间存在人员混合操作、相互交易情况。(2)自营投资决策和交易执行职能未实现隔离,甚至投资经理配有交易账号和权限。(3)自营业务较长时间内未能实现集中统一管理等。

4.违规代持方面

4名证券从业人员假冒公司名义对外开展债券代持交易。

5.其他内控制度执行方面

(1)投资决策、交易审批内部控制机制未能有效执行,交易执行前未按公司规定履行审批手续。(2)投资债券池管理混乱,部分债券同时显示于黑名单池和白名单池。(3)申购债券过程中,未能审慎评估债券申购风险,获配金额远超公司缴款能力,导致缴款违约等。

(二)其他不规范问题,合计5起,占比25.00%

1.估值及财务核算方面

(1)债券估值计量有失公允性。(2)具有回购义务的债券交易会计核算不规范。(3)分债券交易业务未及时入表等。

2. 资金划转及使用方面

(1)未及时划转结算资金。(2)大额自有资金的用途和审批程序不符合财务管理制度规定等。

3. 资格管理方面

(1)公司未取得证券自营资格的情况下,以自有资金先后购买集合资金信托计划。(2)债券交易员未取得银行间市场交易员资格等。

4. 廉洁从业方面

个别从业人员在固定收益部任职期间,存在利用职务便利违规收受好处费的行为。

三、处罚依据

监管机构对证券公司及从业人员在自营业务方面违规行为的处罚依据一般包括《证券法》《关于证券公司证券自营业务投资范围及有关事项的规定》《证券公司监督管理条例》《证券公司内部控制指引》《证券公司业务范围审批暂行规定》《证券公司风险控制指标管理办法》《证券公司全面风险管理规范》《关于进一步加强证券基金经营机构债券交易监管的通知》《证券业从业人员执业行为准则》等。

(一)《证券法》

1. 第二百零七条:证券公司违反本法第一百二十九条的规定从事证券自营业务的,责令改正,给予警告,没收违法所得,并处以违法所得一倍以上十倍以下的罚款;没有违法所得或者违法所得不足五十万元的,处以五十万元以上五百万元以下的罚款;情节严重的,并处撤销相关业务许可或者责令关闭。对直接负责的主管人员和其他直接责任人员给予警告,并处以二十万元以上二百万元以下的罚款。

2. 第二百零六条(内容略)

(二)《证券公司监督管理条例》

1. 第七十条(内容略)

2. 第八十二条:证券公司在证券自营账户与证券资产管理账户之间或者不同的证券资产管理账户之间进行交易,且无充分证据证明已依法实现有效隔离的,依照《证券法》的规定处罚。

3. 第八十三条：证券公司违反本条例的规定，有下列情形之一的，责令改正，给予警告，没收违法所得，并处以违法所得1倍以上5倍以下的罚款；没有违法所得或者违法所得不足10万元的，处以10万元以上30万元以下的罚款；情节严重的，暂停或者撤销其相关证券业务许可。对直接负责的主管人员和其他直接责任人员，给予警告，并处以3万元以上10万元以下的罚款；情节严重的，撤销任职资格或者证券从业资格：……（四）从事证券自营业务、证券资产管理业务，投资范围或者投资比例违反规定；……。

（三）《证券公司风险控制指标管理办法》

第三十一条（内容略）

（四）《证券基金经营机构债券投资交易业务内控指引》

第三十五条：证券基金经营机构及其业务人员违反本指引规定，中证协与中基协视情节轻重采取自律惩戒措施。证券基金经营机构及其业务人员违反法律、法规或有关主管部门规定的，中证协与中基协依法移交中国证监会或其他有权机关查处。

四、违规案例

案例1：五矿证券债券业务内控薄弱

（一）基本案情

深圳证监局检查发现，五矿证券在债券业务合同管理、公章管理、业务台账管理、会计核算等方面存在内控缺陷或薄弱环节，中后台部门未能充分发挥对前台业务部门的监督制衡作用，对固定收益部开展代持业务的风险管理存在不足，具体包括以下情形。

1. 债券业务协议管理未见完整业务协议台账、部分协议签章不完整或存在对方单位事后补盖章情况、部分协议签订时间晚于交易时间。

2. 部分债券买卖协议中约定的交易未在公司账户上交易也未登记业务台账，脱离中后台管控；风控部门不掌握固定收益部在外代持债券的规模和明细数据、未将代持业务的流动性风险及市场风险纳入日常监控。

3. 财务部门对协议约定五矿证券具有回购义务的部分债券交易的会计处理不规范等。

上述情形不符合《证券公司内部控制指引》第十三条、第二十二条、第二十三条、第二十四条等有关规定。反映出五矿证券在债券业务内部控制方面存在明显缺陷。

(二)处理结果

深圳证监局根据《证券公司监督管理条例》的规定,责令五矿证券改正,并限期提交整改报告。

案例2:万联证券合规风控及内部控制有效性不足

(一)基本案情

1. 万联证券对2017年7月31日向股东分红后"对单一客户融资(含融券)业务规模与净资本的比例"不符合规定标准5%的情形,虽于2017年8月初追回了分红款,但未按规定向证监局报告、未如实报送2017年7月风险控制指标监管报表有关数据、相关账务处理不规范。

2. 万联证券对2018年11月15日代交易对手参与"18淮安城资MTN001"发行投标后"持有一种非权益类证券的规模与其总规模的比例"不符合规定标准20%的情形,虽予以自查自纠,但该笔交易合规风控存在漏洞,交易人员未履行审批程序直接进行投标活动并使用个人即时通讯工具开展交易询价。

上述行为违反了《证券公司风险控制指标管理办法》(证监会令第125号)第二十三条第二款、第二十七条及《关于进一步加强证券基金经营机构债券交易监管的通知》(证监办发〔2017〕89号文)第三条第三款等相关规定,反映出万联证券相关制度执行不到位、业务操作不规范、合规风控及内部控制有效性不足,不能有效防范业务风险。

(二)处理结果

广东证监局按照《证券公司监督管理条例》的规定,责令万联证券增加内部合规检查次数并提交合规检查报告。

五、附件

附件9-1　证券公司及从业人员证券自营业务违规监管处罚

<table>
<tr><th>序号</th><th>年份</th><th>监管机构</th><th>处罚案由</th><th>处罚结果</th></tr>
<tr><td>1</td><td>2016</td><td>内蒙古证监局</td><td>恒泰证券将自有资金多次出借给子公司,巨额资金长期未收回</td><td>责令改正;增加合规检查次数</td></tr>
<tr><td>2</td><td>2016</td><td>深圳证监局</td><td>五矿证券债券业务在合同管理、公章管理、业务台账管理、会计核算等方面存在内控缺陷或薄弱环节,中后台部门未能充分发挥对前台业务部门的监督制衡作用,对固定收益部开展代持业务的风险管理存在不足</td><td>责令改正</td></tr>
<tr><td>3</td><td>2016</td><td>重庆证监局</td><td>西南证券自营部门以自有资金申购场内基金后,未及时划转结算资金,导致该笔自营业务的交收占用了部分客户资金,造成连续2天客户交易结算资金出现缺口</td><td>增加合规检查次数</td></tr>
<tr><td>4</td><td>2016</td><td>深圳证监局</td><td>国盛证券(资管子公司)在未取得证券自营资格的情况下,以自有资金先后购买集合资金信托计划</td><td>出具警示函</td></tr>
<tr><td>5</td><td>2017</td><td>湖北证监局</td><td>天风证券缺乏债券业务风险总限额的事前监控手段;固定收益类中间业务书面协议签署有遗漏,部分协议用章不规范;未按照内部控制制度的要求规定编制风险管理日报等</td><td>增加合规检查次数</td></tr>
<tr><td>6</td><td>2017</td><td>辽宁证监局</td><td>中天证券对持有的债券估值计量有失公允性,违背了会计信息质量谨慎性要求;公司审计委员会、董事会、监事会等管理层在年报编制过程中未按照《公司章程》规定程序就有关债务的账务处理事项履行相关职责</td><td>增加合规检查次数</td></tr>
<tr><td>7</td><td>2017</td><td>证券业协会</td><td>张某在国海证券任职期间,假冒国海证券名义对外开展债券代持交易</td><td rowspan="2">注销2人执业证书,3年不受理执业证书申请,记入诚信系统</td></tr>
<tr><td>8</td><td>2017</td><td>证券业协会</td><td>郭某在国海证券任职期间,假冒国海证券名义对外开展债券代持交易</td></tr>
</table>

续表

序号	年份	监管机构	处罚案由	处罚结果
9	2017	证券业协会	徐某然在国海证券任职期间,存在假冒国海证券名义对外开展债券代持交易的行为	注销2人执业证书,两年不受理执业证书申请,记入诚信系统
10	2017	证券业协会	罗某在国海证券任职期间,存在假冒国海证券名义对外开展债券代持交易的行为	
11	2018	陕西证监局	西部证券固定收益部未严格执行隔离墙制度,债券承销、债券自营、投资顾问业务间存在人员混合操作、相互交易情况;自营业务较长时间内未能实现集中统一管理,投资决策、交易审批内部控制机制未能有效执行;多笔大额自有资金的用途和审批程序不符合财务管理制度规定	责令改正,并处分有关责任人员
12	2018	北京证监局	新时代证券在申购债券过程中,未能审慎评估债券申购风险,动用多个自营证券账户进行顶格申购,获配金额远超公司缴款能力,导致缴款违约	增加合规检查次数
13	2018	证监会	国信证券固定收益事业部自营投资和投资顾问业务未实现物理隔离;自营业务申购"17中冶Y5"公司债过程中,提交的网下利率询价及认购申请表未按公司规定履行事前审批手续并加盖公司公章	责令改正
14	2018	证监会	国金证券衍生品部国债交易过程中投资决策和交易执行职能未实现隔离;投资管理部、衍生品部交易执行和风险监控职能未实现隔离	责令改正
15	2018	广东证监局	联讯证券部分债券交易业务未及时入表	出具警示函
16	2018	证券业协会	边某磊在申万宏源证券任职期间,存在利用职务便利违规收受好处费的行为,被上海市徐汇区人民法院判决、上海市第一中级人民法院刑事裁定后需承担刑事责任	注销执业证书,3年不受理执业证书申请;记入诚信系统(边某磊)

续表

序号	年份	监管机构	处罚案由	处罚结果
17	2019	证监会	五矿证券固定收益事业部综合风控部副总经理负责交易执行并兼任后台清算备岗、内控合规岗兼任交易执行备岗，个别债券交易员未取得银行间市场交易员资格，部分债券交易用印审批晚于协议签署时间，部分债券同时显示于黑名单池和白名单池	责令改正
18	2019	证监会	国融证券债券自营业务条线投资经理均配有交易账号和权限、且存在自行发出投资指令和下单的情况，部分债券交易审批时间晚于交易时间，风控系统中大量预警信息未处理、部分风控数据与债券交易系统数据不一致	出具警示函（总经理张某、固定收益事业部分管副总经理兼部门负责人李某、合规总监）
19	2019	证监会		限制债券自营业务6个月
20	2019	北京证监局	中信建投开展国债期货等部分品种自营交易的投资决策和交易执行未分离	责令改正，增加合规检查次数

第十章　股转做市业务

做市转让是我国新三板市场一项重要的制度创新，自2014年8月25日起实施以来，在市场流动性提供、股票价格发现等方面成效显著。2016年，协议转做市已成为一种热潮，不少企业纷纷选择放弃协议而选择做市转让，平均每个月从协议转做市的企业净数目为43家。但2017年1月开始，情况反转，做市企业数量、交易额和初始库存金额持续下滑，而且，因做市业务过程中违规行为被处罚的风险事件时有发生，对证券公司及从业人员来说更是雪上加霜。这在一定程度上也反映做市商相关业务能力方面的缺失以及规则意识遵守方面的相对淡薄。为此，全国股转公司修订完善《全国中小企业股份转让系统做市商做市业务管理规定（试行）》，并于2019年3月1日正式实施，以凸显全国股转公司将持续强化做市方式下的交易行为监管，及时发现和处置异常交易行为，严厉打击市场操纵等违法违规行为，维护市场正常交易秩序。

一、违规处罚整体情况

统计期内，证券公司及从业人员在股转做市业务过程中，因违规行为被处罚的案例共计24起，涉及22家证券公司、25名证券从业人员。

（一）证监会及各地证监局（1起）

为行政监管措施。包括：限制1家证券公司新增新三板做市业务3个月、责令增加合规检查次数、责令对场外市场部做市部门负责人作出处分。

(二)全国股转公司(23起)

1. 纪律处分1起。包括:公开谴责1家证券公司及做市业务部负责人;对场外市场部总经理、交易总监予以通报批评,记入诚信档案。

2. 监管措施22起。包括:(1)对7家证券公司出具警示函;(2)约见22名证券从业人员谈话;(3)责令4家证券公司改正;(4)要求4家证券公司提交书面承诺。(具体见附件10-1:证券公司及从业人员股转做市业务违规监管处罚)

二、违规行为分析

结合监管处罚案例分析,证券公司及从业人员办理股转做市业务过程中,主要因以下四类违规行为被处罚。

(一)未按规定履行报价义务,合计8起,约占33.33%

提供做市服务的过程中,以大幅偏离行情揭示的最近成交价的价格申报并成交,导致相关股票价格或新三板做市指数出现巨幅振动,影响恶劣。

(二)违反隔离墙管理要求,合计4起,约占16.67%

自营账户和做市账户同时持有同一只做市股票。因为考虑到做市商具有较强的价格控制能力,缺乏必要的隔离,将会给证券公司利用做市优势为自营部门牟取非法利益的漏洞,所以监管政策明确要求做市商应该确保做市业务与证券自营在机构、人员、信息、账户、资金上严格分离。

(三)后续加入做市申请不规范,合计5起,约占20.83%

在提交某只股票《后续加入做市申请》时,相关股票仍为协议转让方式。

(四)信息披露不及时,合计7起,约占29.17%

接到全国股转公司通知并同意后续加入、退出为某股票做市后,证券公司未按规则要求及时公告,但也有个别案例甚至出现事后补充公告内容有误的情形。

上述各类违规行为数量对比如图6所示。

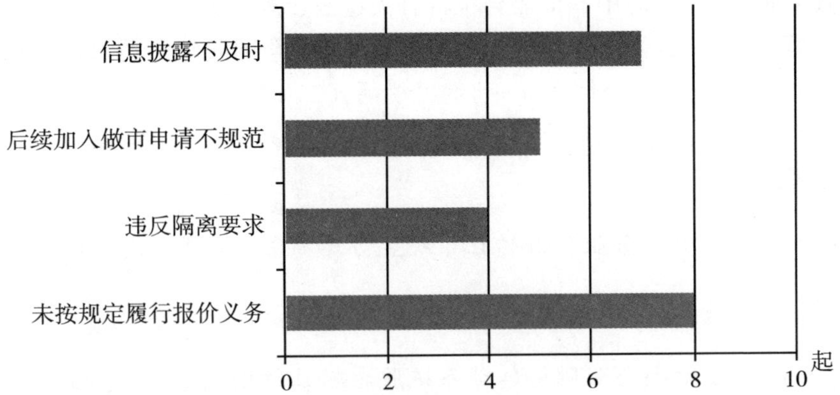

图6　证券公司及从业人员股转做市业务不同违规行为数量对比

三、处罚依据

总结监管机构对证券公司及从业人员在做市业务过程中违规行为的处罚依据一般包括《证券法》《证券公司监督管理条例》《中国证监会关于进一步推进全国中小企业股份转让系统发展的若干意见》《全国中小企业股份转让系统业务规则（试行）》《全国中小企业股份转让系统做市商做市业务管理规定（试行）》《全国中小企业股份转让系统主办券商管理细则（试行）》《全国中小企业股份转让系统股票转让细则（试行）》。

（一）《证券法》

1. 第一百二十八条：证券公司必须将其证券经纪业务、证券承销业务、证券自营业务、证券做市业务和证券资产管理业务分开办理，不得混合操作。

2. 第二百零六条（内容略）

（二）《全国中小企业股份转让系统业务规则（试行）》

第六条（内容略）

（三）《全国中小企业股份转让系统做市商做市业务管理规定（试行）》

1. 第二十二条：做市商违反本规定的，全国股转公司可以视情况采取以下措施，并记入诚信档案：（一）约见谈话；（二）要求提交书面承诺；（三）出具警示函；（四）责令改正；（五）通报批评；（六）公开谴责；（七）暂停、限制直至终止其从事做市业务;(八)向中国证监会报告有关违法违规行为。

2. 第二十三条:做市业务人员违反本规定的,全国股转公司可以视情况采取以下措施,并记入诚信档案:(一)约见谈话;(二)责令参加培训;(三)责令所在机构给予处分;(四)通报批评;(五)公开谴责;(六)向中国证监会报告有关违法违规行为。

(四)《全国中小企业股份转让系统主办券商管理细则(试行)》

第六十九条(内容略)

(五)《全国中小企业股份转让系统股票转让细则(试行)》(已废止)

第一百一十九条(内容略)

四、违规案例

案例1:英大证券在为广西明利仓储股份有限公司(现更名为广西明利创新实业股份有限公司,以下简称“明利仓储”,证券代码:831963)提供做市服务的过程中,以大幅偏离行情揭示的最近成交价的价格申报并成交,导致该股股价和三板做市指数盘中出现巨幅振动

(一)基本案情

2015年11月27日,英大证券在为明利仓储提供做市服务的过程中,因交易员误操作、做市报价系统前端控制指标未设置等原因,造成相关股票成交价格出现瞬间上涨501.88%的情形,导致三板做市指数(899002)瞬间上涨108.65点,振幅达7.35%。上述报价异常变动事件,严重干扰了市场正常的交易秩序,违反了全国股转公司相关规定。

针对上述事件,全国股转公司成立检查组,联合深圳证监局对英大证券做市业务相关情况实施了现场检查,调阅了英大证券交易对手方的相关资料。经查,英大证券做市部门人员配置不足,做市报价系统前端控制功能不完善,做市制度执行不到位,是出现报价异常变动事件的主要原因。

(二)处理结果

2016年1月,全国股转公司就此前出现的报价异常变动事件对英大证券采取了出具警示函的自律监管措施,要求其对照规则认真梳理与做市业务开展有关的业务流程与风险控制制度，增加人员配备，完善系统功能，杜绝类似事件再次发生。

案例2：华安证券在深圳市冠为科技股份有限公司（以下简称“冠为科技”，证券代码：834739）提供做市服务的过程中以自营账户违规买入该股票

（一）基本案情

2016年11月10日，华安证券在为冠为科技提供做市服务的过程中，公司证券自营账户申报买入该股票。虽然上述申报于发生之时起15秒后撤销，并未成交，但上述自营账户参与做市股票买卖的行为违反了《全国中小企业股份转让系统股票转让细则（试行）》第五十八条的规定，构成做市交易违规。

（二）处理结果

鉴于上述违规事实和情节，根据《全国中小企业股份转让系统业务规则（试行）》和《全国中小企业股份转让系统股票转让细则（试行）》的相关规定，全国股转公司对华安证券采取约见谈话的自律监管措施。

五、附件

附件10－1　证券公司及从业人员股转做市业务违规监管处罚

序号	年份	监管机构	处罚案由	处罚结果
1	2016	全国股转公司	华鑫证券在为深圳市兰亭科技股份有限公司提供做市服务的过程中，以大幅偏离行情揭示的最近成交价的价格申报并成交，导致该股股价盘中出现巨幅振动	出具警示函
2	2016	上海证监局	国泰君安证券场外市场部做市业务部门的绩效考核体系、内部管理与控制等方面存在重大缺陷，导致2015年12月31日公司做市股票发生一系列报价异常事件，造成恶劣的市场影响	1. 限制新增新三板做市业务3个月；2. 增加合规检查次数；3. 责令对场外市场部做市部门负责人王某作出处分

续表

序号	年份	监管机构	处罚案由	处罚结果
3	2016	全国股转公司	英大证券做市部门人员配置不足,做市报价系统前端控制功能不完善,做市制度执行不到位,导致在为明利仓储提供做市服务的过程中,以大幅偏离行情揭示的最近成交价的价格申报并成交,引起该股股价和三板做市指数盘中出现巨幅振动	出具警示函
4	2016	全国股转公司	开源证券为北京信维科技股份有限公司提供做市服务的同时,公司自营账户始终持有做市股票	约见谈话并责令改正
5	2016	全国股转公司	中泰证券自营账户参与其做市股票的买卖	出具警示函
6	2016	全国股转公司	国泰君安证券做市业务部对圆融科技、凌志软件、福昕软件、中兴通科、卡联科技、搜才人力、智通建设、许继智能、梓橦宫、粤林股份、青雨传媒、首都在线、伊赛牛肉、中喜生态、ST 复娱、蓝天环保等 16 只股票以明显低于最近成交价的价格进行卖出申报,造成上述股票尾盘价格大幅波动,严重影响了多只股票的正常转让价格,扰乱了正常市场秩序,市场影响恶劣	1. 公开谴责国泰君安;2. 公开谴责做市业务部负责人王某,通报批评场外市场部总经理陈某、交易总监李某
7	2016	全国股转公司	上海证券提交《后续加入做市申请》为广东合迪科技股份有限公司股票提供做市报价服务,但提交申请时合迪科技仍为协议转让方式;"欧克精化"项目未严格履行库存股票获取内部程序;对做市交易员以外人员进出交易室未严格执行相关登记制度	要求提交书面承诺
8	2016	全国股转公司	东莞证券提交《后续加入做市申请》为宁夏晓鸣农牧股份有限公司股票提供做市报价服务,但提交申请时晓鸣农牧仍为协议转让方式	责令改正
9	2016	全国股转公司	国海证券提交《后续加入做市申请》为无锡揭阳节能科技股份有限公司(以下简称"捷阳科技")股票提供做市报价服务,但提交申请时捷阳科技仍为协议转让方式	要求提交书面承诺

续表

序号	年份	监管机构	处罚案由	处罚结果
10	2016	全国股转公司	广州证券提交《后续加入做市申请》为广东合迪科技股份有限公司(以下简称"合迪科技")提供做市报价服务,但提交申请时合迪科技仍为协议转让方式;提交《后续加入做市申请》为湖北金科环保科技股份有限公司提供做市报价服务,申请内容有误	出具警示函
11	2016	全国股转公司	新时代证券在为洛阳尚柳园林绿化股份有限公司提供做市服务的过程中,以大幅偏离行情揭示的最近成交价的价格申报并成交,导致该股股价盘中出现巨幅振动	出具警示函
12	2016	全国股转公司	华安证券在为冠为科技提供做市服务的过程中,自营账户参与做市股票买卖	约见谈话(合规总监、做市部门负责人)
13	2016	全国股转公司	广发证券提交《后续加入做市申请》为陕西合成药业股份有限公司(以下简称"合成药业")股票提供做市报价服务,但提交申请时合成药业仍为协议转让方式	约见谈话并责令改正(推荐及做市业务部负责人、合规部负责人)
14	2017	全国股转公司	信达证券在为金大智能技术股份有限公司提供做市服务的过程中,以大幅偏离行情揭示的最近成交价的价格申报并成交,导致该股股价盘中出现巨幅振动	出具警示函
15	2017	全国股转公司	中国中投证券在为广东东信车模股份有限公司提供做市服务的过程中,以大幅偏离行情揭示的最近成交价的价格申报并成交,造成该股当日收盘价出现明显异常,进而导致次日该股其他做市商的正常报价大面积触发异常报价预警,市场影响较大	要求提交书面承诺
16	2017	全国股转公司	华龙证券在为华龙期货股份有限公司(以下简称"华龙期货")提供做市服务期间,其证券自营账户违规持有华龙期货股票;且作为华龙期货第一大股东、控股股东,为华龙期货做市存在明显利益冲突	责令改正,约见谈话(合规负责人、做市部门负责人)

续表

序号	年份	监管机构	处罚案由	处罚结果
17	2017	全国股转公司	华安证券在加入为上海鹏盾电子商务股份有限公司股票做市的函后，未按规则要求于当天进行公告	约见谈话（张某群、陈某）
18	2017	全国股转公司	招商证券在退出为翰博高新材料（合肥）股份有限公司股票做市后，未按规则要求于当天进行公告	约见谈话（邓某延、张某宝）
19	2017	全国股转公司	渤海证券在后续加入为武汉璟泓万方堂医药科技股份有限公司股票做市的函后，未按规则要求于当天进行公告	约见谈话（刘某、刘某华）
20	2017	全国股转公司	联讯证券在后续加入为长沙卡友信息服务股份有限公司、山川秀美生态环境工程股份有限公司股票做市后，未按规则要求于当天进行公告	约见谈话（杨某、孙某峰）
21	2017	全国股转公司	财富证券在接到同意退出为福达合金材料股份有限公司股票做市的函后，未按规则要求于当天进行公告。事后补充公告内容有误	约见谈话并要求提交书面承诺（黄某光、熊某）
22	2017	全国股转公司	银泰证券在接到同意后续加入为江苏焕鑫新材料股份有限公司、内蒙古赤峰奔腾实业（集团）股份有限公司股票做市的函后，未按规则要求于当天进行公告	约见谈话（尹某峰、张某）
23	2017	全国股转公司	首创证券在接到同意后续加入为上海陆道智诚文化创意产业集团股份有限公司股票做市的函后，未按规则要求于当天进行公告	约见谈话（张某、戴某）
24	2017	全国股转公司	恒泰证券在为杭州天丰电源股份有限公司提供做市服务的过程中，以大幅偏离前收盘价及行情揭示的买卖报价申报并成交，导致该股股价盘中出现巨幅振动	出具警示函

第十一章　子公司管理

近年来,证券公司子公司数量及业务迅速发展,对提升服务实体经济能力具有重要作用,但同时也陆续暴露出一些亟须规范的问题和风险。为此,监管部门陆续发布了《证券公司私募投资基金子公司管理规范》《证券公司另类投资子公司管理规范》《证券公司和证券投资基金管理公司境外设立、收购、参股经营机构管理办法》等文件,对证券公司设立子公司以及日常管理方面提出了具体监管要求,强调证券公司认真梳理业务体系,简化组织构架,回归主业,强化母子公司一体化管控,形成功能定位清晰、组织架构合理、主业突出、母公司管控到位、约束机制健全的子公司管理体系。当然,近期证券公司子公司,尤其是设在境外的子公司,频频出现内控缺陷问题而遭遇监管部门处罚,表明相关证券公司需要进一步提升子公司的合规能力。

一、违规处罚整体情况

统计期内,证券公司及从业人员在子公司管理中,因违规行为被处罚的案例共计 16 起,涉及 13 家证券公司,9 名证券从业人员。均为证监会及各地证监局作出的行政监管措施。包括:(1)约见 3 家证券公司 6 名证券从业人员谈话。(2)对 1 家证券公司出具警示函。(3)责令 5 家证券公司增加合规检查次数。(4)责令 6 家证券公司改正。(5)暂停 3 家证券公司新增业务、限制 1 家公司业务规模。(6)责令 3 家证券公司处分相关人员。(具体见附件 11－1:证券公司子公司管理违规监管处罚)

二、违规行为分析

结合监管处罚案例分析，证券公司在子公司管理过程中，被处罚主要因以下三类违规行为。

（一）合规风控管理不到位，合计 9 起，占比 56.25%

子公司管控不到位，未充分履行股东职责依法参与子公司的法人治理，未对子公司合规与风险管理全覆盖，未有效督促子公司强化合规风险管理及审慎开展业务。

（二）未根据《证券公司私募投资基金子公司管理规范》按时完成整改或整改公示前违规新增业务，合计 5 起，占比 31.25%

2016 年年底，中国证券业协会发布了《证券公司私募投资基金子公司管理规范》，规范证券公司私募子公司的发展，并要求证券公司及私募子公司进行自查、报送整改方案进行整改，完成整改后才可以新增业务、存量开放申购或追加资金等。但有 5 家证券公司因子公司在完成组织架构规范整改公示前违规新增业务、整改逾期等问题被处罚。

（三）其他违规问题，合计 3 起，占比 18.75%

1. 违反子公司独立管理的要求，与子公司在财务管理、办公场所等方面未保持独立、未进行有效隔离；不同子公司之间存在机构、业务、人员混同情形。
2. 对子公司绩效考核存在不足。
3. 作为数据报送的责任主体，未做好子公司月度数据统计工作，向证监会报送的数据不准确。

三、处罚依据

监管机构对证券公司子公司管理过程中违规行为的处罚依据一般包括《证券公司私募投资基金子公司管理规范》《证券公司另类投资子公司管理规范》《证券公司和证券投资基金管理公司境外设立、收购、参股经营机构管理办法》《证券公司设立子公司试行规定》《证券公司风险控制指标管理办法》《证券公司监督管理条例》等。

（一）《证券公司私募投资基金子公司管理规范》

第三十五条：证券公司、私募基金子公司及下设特殊目的机构违反本规范的，协会视情况对证券公司、私募基金子公司及其特殊目的机构采取谈话提醒、警示、责令整改、行业内通报批评、公开谴责等自律管理措施或纪律处分并记入诚信档案。情节严重的，移交并建议中国证监会责令证券公司撤销或关闭私募基金子公司。

（二）《证券公司另类投资子公司管理规范》

第四十条第一款：证券公司及其另类子公司违反本规范的，协会视情况对证券公司、另类子公司采取谈话提醒、警示、责令整改、行业内通报批评、公开谴责等自律管理措施或纪律处分并记入诚信档案。情节严重的，移交并建议中国证监会责令证券公司撤销或关闭另类子公司。

（三）《证券公司和证券投资基金管理公司境外设立、收购、参股经营机构管理办法》

1. 第三十二条：证券基金经营机构在境外设立、收购子公司或者参股经营机构，以及对境外子公司和参股经营机构的管理，违反法律、行政法规和本办法规定的，中国证监会及相关派出机构可以对证券基金经营机构采取出具警示函、责令定期报告、责令改正、监管谈话等行政监管措施；对直接负责的董事、监事、高级管理人员和其他责任人员，可以采取出具警示函、责令参加培训、责令改正、监管谈话、认定为不适当人选等行政监管措施。

2. 第三十三条：证券基金经营机构因治理结构不健全、内部控制不完善，未按本办法履行对境外机构的管理和控制职责，导致境外机构违法违规经营或者出现重大风险的，对证券基金经营机构及其直接负责的董事、监事、高级管理人员和其他直接责任人员，依照《中华人民共和国证券投资基金法》第二十四条、《证券公司监督管理条例》第七十条采取行政监管措施。

3. 第三十四条：证券基金经营机构违反本办法规定，依法应予处罚的，对证券基金经营机构及其直接负责的主管人员和其他直接责任人员，按照相关法律法规的规定进行处罚。相关法律法规没有规定的，处以警告、3 万元以下罚款。涉嫌犯罪的，依法移送司法机关追究刑事责任。

(四)《证券公司监督管理条例》

第七十条(内容略)

(五)《证券公司风险控制指标管理办法》

第五章(内容略)

四、违规案例

案例 1:恒泰证券与子公司在机构、业务、人员未有效隔离

(一)基本案情

恒泰资本投资有限责任公司(以下简称“恒泰资本”)、恒泰先锋投资有限公司(以下简称“恒泰先锋”)、上海盈沃投资管理有限公司(以下简称“上海盈沃”)均为恒泰证券的子公司或关联方。其中:恒泰资本在财务管理、办公场所等方面未与恒泰证券深圳分公司保持独立、未进行有效隔离;上海盈沃在投资决策、合规风控、运营、财务、印章管理等方面,与恒泰证券子公司恒泰期货存在机构、业务、人员混同情形。上述行为违反了《证券公司监督管理条例》第二十七条和《证券公司设立子公司试行规定》第十三条相关规定。

此外,恒泰证券将自有资金多次出借给恒泰先锋、上海盈沃,违反了《关于证券公司证券自营业务投资范围及有关事项的规定》第四条第三款的规定。

(二)处理结果

内蒙古证监局根据《证券公司监督管理条例》的规定,责令恒泰证券改正并增加内部合规检查次数,限期提交有关落实整改工作的书面报告和增加内部合规检查次数的具体方案。

案例 2:广发证券对境外子公司管控不到位

(一)基本案情

广发证券子公司广发控股(香港)有限公司的下属公司广发投资(香港)有限公司旗下注册的一只基金因受外汇剧烈波动和相关市场流动性缺乏等

因素的影响，遭受了重大损失，导致广发证券2018年合并净利润减少了9.19亿元，已超过公司2017年度经审计净利润的10%。广东证监局认定广发证券存在对境外子公司管控不到位，未有效督促境外子公司强化合规风险管理及审慎开展业务等问题，违反了《证券公司监督管理条例》第二十七条、《证券公司和证券投资基金管理公司境外设立、收购、参股经营机构管理办法》第二十七条的规定。

（二）处理结果

广东证监局依照《证券公司监督管理条例》的规定，对广发证券采取责令改正的行政监管措施，限期提交书面整改报告。

案例3：太平洋证券对下属另类投资子公司管控不到位

（一）基本案情

云南证监局检查发现，太平洋证券对下属全资另类投资子公司太证非凡投资有限公司管控不到位，未有效督促太证非凡强化合规风险管理及审慎开展业务等。如多数审批事项审批及留痕不规范，总经理离任未开展离任审计，重要印章管理、用印不规范，风险管理委员会缺乏独立性，部分协议、合同及投资决策表未经合规与风险管理负责人审核，投后管理不到位，存在一定投资风险。上述行为违反了《证券公司监督管理条例》第二十七条、《证券公司风险控制指标管理办法》第六条的规定。

（二）处理结果

云南证监局按照《证券公司监督管理条例》的规定，暂停太平洋证券另类投资子公司业务（项目退出或投资标的股权转让除外）3个月。

五、附件

附件 11-1　证券公司子公司管理违规监管处罚

序号	年份	监管机构	处罚案由	处罚结果
1	2016	深圳证监局	国信证券对香港子公司管理不到位,未健全香港子公司法人治理结构,未有效督促香港子公司强化合规风险管理及审慎开展业务等	增加合规检查次数
2	2016	证监会		1. 监管谈话(公司董事长、总经理、副总经理);2. 责令处分有关责任人员;3. 责令督促国信香港不得新增任何非持牌业务,并在合理期限内清理现有非持牌业务
3	2016	内蒙古证监局	恒泰证券对子公司管理不到位。恒泰资本在财务管理、办公场所等方面未与恒泰证券深圳分公司保持独立、未进行有效隔离;上海盈沃在投资决策、合规风控、运营、财务、综合管理(公章保管)等方面,与恒泰证券的子公司恒泰期货股份有限公司存在机构、业务、人员混同情形	1. 责令改正;2. 增加合规检查次数
4	2017	上海证监局	德邦证券作为中州期货有限公司控股股东,未发现 2015 年以来子公司自有资金被挪用等情况,过于依赖外部会计事务所和内部审计机构审计结果,在风险防范意识、手段和措施运用等方面存在问题。此外,控股子公司德邦基金管理有限公司的子公司(德邦创新资本)存在重大风险隐患	出具警示函
5	2019	广东证监局	万联证券私募投资基金子公司万联天泽资本投资有限公司在完成组织架构规范整改公示前实际开展业务,且在 2017 年 9 月证监会强调相关规范要求后仍有 5 只违规产品出现投资者首笔款项缴款的情况。反映出万联证券对子公司经营管理行为的合规性监督检查不到位	增加合规检查次数

续表

序号	年份	监管机构	处罚案由	处罚结果
6	2019	上海证监局	光大证券对子公司管控机制不完善,对子公司管控不力,公司内部控制存在缺陷,薛某作为公司时任总经理,对上述问题负有领导责任和管理责任	监管谈话(时任总经理薛某)
7	2019	广东证监局	广发证券对境外子公司管控不到位,未有效督促境外子公司强化合规风险管理及审慎开展业务等	责令改正
8	2019	湖北证监局	长江证券在对境外子公司管理方面,未按规定履行报告义务;对境外子公司管控不到位,未有效督促境外子公司强化风险管理及审慎开展业务;对境外子公司的绩效考核存在不足	责令改正
9	2019	江苏证监局	东海证券对境外子公司管控不到位,未有效督促境外子公司强化合规风险管理及审慎开展业务	责令改正
10	2019	云南证监局	太平洋证券对下属全资另类投资子公司太证非凡投资有限公司管控不到位,未有效督促太证非凡强化合规风险管理及审慎开展业务等	暂停太平洋证券另类投资子公司业务3个月
11	2019	北京证监局	东兴证券私募子公司东兴资本投资管理有限公司在证券公司组织架构规范整改工作中整改逾期比例较高,上述问题反映出公司内部控制不完善,对子公司规范经营的合规风控管理存在缺失	责令改正;增加合规检查次数
12	2019	北京证监局	中信建投证券私募子公司中信建投资本管理有限公司在完成组织架构规范整改公示前实际开展业务	责令改正;增加合规检查次数
13	2019	福建证监局	华福证券在组织架构规范整改过程中,存在完成组织架构规范整改公示前实际开展业务、整改逾期比例较高、公司合规内控存在缺陷等问题	责令处分有关责任人员

续表

<table>
<tr><th>序号</th><th>年份</th><th>监管机构</th><th>处罚案由</th><th>处罚结果</th></tr>
<tr><td>14</td><td>2019</td><td>证监会</td><td rowspan="2">广发证券存在对广发控股(香港)有限公司风险管控缺失,对香港子公司新业务风险管控不足以及风控系统未实现对香港子公司风险数据的全覆盖等风控问题。此外,广发证券存在对广发控股香港合规管理缺陷,并且对香港子公司合规管理有效性缺乏监督;对广发控股香港内部管控不足,包括财务、组织架构管控不力。作为数据报送的责任主体,广发证券未做好广发控股香港月度数据统计工作,向证监会报送的数据不准确</td><td>限制广发证券增加场外衍生品业务规模 6 个月、限制增加新业务种类 6 个月</td></tr>
<tr><td>15</td><td>2019</td><td>证监会</td><td>监管谈话(广发证券总经理兼风控委员会主任委员、广发控股香港董事长兼时任总经理)</td></tr>
<tr><td>16</td><td>2019</td><td>上海证监局</td><td>东方证券在组织架构规范整改过程中,存在子公司在完成组织架构规范整改公示前违规新增业务、整改逾期等问题,公司未能切实履行对子公司的管理责任,未对子公司合规与风险实施有效管控</td><td>责令处分有关人员(合规总监杨某、上海东方证券资本投资公司总经理陈某和合规负责人王某)</td></tr>
</table>

第十二章　信息技术管理

所谓信息技术管理，是指证券公司按照国家信息安全相关法律、行政法规和行业相关管理规定、技术规则、技术指引和技术标准，开展信息技术管理工作。随着互联网的迅速发展以及金融信息化进程的不断推进，现代证券基金等金融机构在组织结构、业务流程、业务开拓以及客户服务等方面，越来越多地依赖于信息技术。信息系统的安全、稳定、高效运行对于证券公司意义重大，信息系统风险控制已成为证券行业风险管理的重要内容。监管部门需要不断细化管理要求来督促证券公司守住信息安全底线，共同维护证券市场稳定运行。多年来，证券监管部门持续加强行业信息技术监管，引导证券公司充分利用现代信息技术手段完善客户服务体系、改进业务运营模式、提升内部管理水平、增强合规风控能力，同时也加大了对违规问题的查处力度。

一、违规处罚整体情况

统计期内，证券公司及从业人员在信息技术管理过程中，因违规行为被处罚的案例共计16起，涉及14家证券公司、2名证券从业人员。均为各地证监局作出的行政监管措施。包括：(1)对7家证券公司、2家营业部、1名证券从业人员出具警示函。(2)责令6家证券公司改正。(3)责令1家证券公司增加合规检查次数。(4)约谈1家证券公司合规总监。(具体见附件12－1：证券公司及从业人员IT管理违规监管处罚)

二、违规行为分析

综合处罚案件的起因,证券公司及从业人员在信息技术管理过程中,出现的违规行为主要包括以下几类。

(一)未及时报告信息安全事件,合计5起,占比31.25%

1.因停电导致信息系统设备无法正常运行,影响了投资者现场交易且未按照规定履行报告义务。

2.未按要求当日报告信息事故发生和处置的有关情况。

3.未及时向证监局报告集中交易系统中断的情况,存在迟报情形。

4.集中交易系统中断后,公司未能准确定位事件原因等。

(二)日常运维管理要求未落实,合计3起,占比18.75%

1.公司自动化运维系统操作流程和相关测试管理存在一定缺陷,导致手机证券系统故障。

2.核心设备老旧、系统运维保障存在不足,导致频繁发生信息安全事件。

3.IT人员违规在交易时间对生产环境中的存储过程进行运维操作,引发公司网上交易系统和移动终端交易系统客户端登录异常的风险事件。

(三)未重视系统安全管理,合计6起,占比37.5%

1.短信平台系统被不法分子利用发送诈骗短信的信息安全事件,造成恶劣影响。

2.个别信息系统存在高危漏洞,或内网安全策略不合理、SVN源代码泄露、不安全关联等安全漏洞,导致存在通过外部网络直接渗透入公司内部网络的风险。

3.个别信息系统被上传恶意后门文件,因公司疏于管理长期未发现此类问题。

4.未执行内部制度关于密码策略、端口设置、数据传输、漏洞检测等安全规定。

5.上网代理服务器被植入远程控制木马程序,公司一直未发现该情况,对营业部客户敏感数据保护造成严重威胁。

6.长期使用供应商已停止扩展支持的操作系统。

7. 对暴露在互联网上的服务器未启用防火墙;服务器管理员账户使用弱口令。

8. 员工办公电脑内以明文方式存储重要网络设备地址、用户名和密码。

9. 将客户的自备计算机接入营业部网络等。

(四)其他违规行为,合计 3 起,占比 18.75%

1. 客户相关技术系统功能不完善、制度执行不到位,导致交易结算资金管理违规。

2. 信息技术、交易单元的管理制度不完善、内控执行不到位等。

3. 未与信息技术服务公司签订关于技术服务费标准的协议或合同的情况下,即向对方支付大额服务费用。

4. 未对公司快速交易系统进行有效管理。

上述违规行为数量对比如图 7 所示,表明 IT 管理中安全管理属于合规风险高发地带。

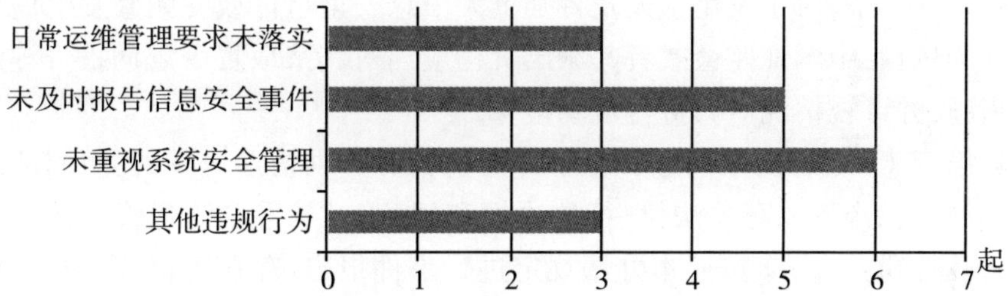

图 7　证券公司及从业人员 IT 管理违规行为数量对比

三、处罚依据

监管机构对证券公司及从业人员在信息技术管理方面处罚的依据一般包括《证券期货业信息安全保障管理办法》《证券期货业信息安全事件报告与调查处理办法》《证券公司证券营业部信息技术指引》《证券基金经营机构信息技术管理办法》《证券公司监督管理条例》等。

(一)《证券期货业信息安全保障管理办法》

1. 第四十八条:中国证监会有权对核心机构、经营机构的信息安全事件进行调查处理。对于损害投资者合法权益或者影响证券期货市场安全稳定运行的信息安全事件,中国证监会依法对相关单位采取监督管理措施或者行政处罚。

2. 第五十条:核心机构和经营机构违反本办法规定,中国证监会可以视情节,依法对其采取责令改正、监管谈话、出具警示函、公开谴责、责令定期报告、责令处分有关人员、撤销任职资格、暂停或者限制证券期货经营业务活动等措施;情节严重的,给予警告、罚款。

(二)《证券期货业信息安全事件报告与调查处理办法》

1. 第二十六条:对于发生存在人为责任的较大及以上信息安全事件的机构、直接负责的主管人员和其他直接责任人员,中国证监会及其派出机构依照有关法律、行政法规和规章,采取监督管理措施或者实施行政处罚。

2. 第二十九条:对于不存在人为责任的较大及以上信息安全事件,中国证监会及其派出机构依照有关法律、行政法规和规章,对发生信息安全事件的机构采取监督管理措施。

3. 第三十条:对于发生重大及特别重大信息安全事件或者频繁发生信息安全事件的机构,中国证监会或者其派出机构应当对其采取责令定期报告等监督管理措施,并可视情况对其进行现场检查。

4. 第三十一条:发生信息安全事件的机构有下列情形之一的,中国证监会或者其派出机构依照有关法律、行政法规和规章,对其采取监督管理措施或者实施行政处罚:(一)未按照本办法规定进行事件报告,存在迟报、漏报、谎报或者瞒报的;……。

(三)《证券基金经营机构信息技术管理办法》

1. 第五十七条:证券基金经营机构违反本办法规定的,中国证监会及其派出机构可以依法对其采取责令改正、暂停业务、出具警示函、责令定期报告、责令增加合规检查次数、公开谴责等行政监管措施;对直接负责的主管人员和其他责任人员采取责令改正、监管谈话、出具警示函、公开谴责等行政监管措施。

2. 第五十八条:证券基金经营机构违反本办法规定,反映公司治理混乱、内控失效的,中国证监会及其派出机构可以按照《证券投资基金法》第二十四条、《证券公司监督管理条例》第七十条的规定,采取责令暂停部分或全部业务、责令更换董事、监事、高级管理人员或者限制其权利等行政监管措施。

（四）《证券公司监督管理条例》

第七十条（内容略）

四、违规案例

案例1：国都证券短信平台被不法分子利用发送诈骗短信

（一）基本案情

2016年9月3日，国都证券发生短信平台系统被不法分子利用发送诈骗短信的信息安全事件，共涉及手机号码85万余个，其中涉及公司客户6万余个，造成不良社会影响。该事件表明国都证券公司存在短信平台系统管理和使用不规范，员工密码安全意识不强，制度执行不严格，以及公司日常培训宣导、监督检查力度不够等问题。违反了《证券期货业信息安全保障管理办法》第三十条的规定。

（二）处理结果

北京证监局按照《证券期货业信息安全保障管理办法》的规定，对国都证券公司出具警示函，提醒加强信息系统安全防控工作，明确密码管理要求，加强机控、人控防范措施，保障信息系统的安全平稳运行。

案例2：长江证券个别系统功能不完善、制度执行不到位引发客户交易结算资金管理违规

（一）基本案情

湖北证监局检查发现，长江证券客户交易结算资金管理方面存在违规行为。2016年11月4日，客户“海通证券股份有限公司长江财富汇富三号专项资产管理计划”的资金账户发生透支，透支金额3223.32万元。2017年8月23日，长江资管经办人员在TA系统中出现错误录入，错误金额经长江资管TA系统发送至长江证券，导致当日完成清算后，长江证券270名客户的资金账户余额合计“虚增”71,428,066.75元。2017年8月24日9:00前，长江证券对该“虚增”资金进行了冻结操作，并于日终对涉及的客户资金进行了红冲蓝补操作。

上述事项反映出长江证券相关技术系统功能不完善、制度执行不到位，违

反了《证券公司监督管理条例》第二十七条的规定。

（二）处理结果

湖北证监局按照《证券公司监督管理条例》的规定，对长江证券采取责令改正的监督管理措施，完善相关技术系统功能。

案例3：大同证券未按时报告信息安全事件

（一）基本案情

2019年5月8日，大同证券集中交易系统部分中间件运行异常，导致部分客户无法及时登录、交易，该公司未就该信息安全事件及时向当地证监局报告。违反了《证券期货业信息安全保障管理办法》第三十二条第一款、《证券期货业信息安全事件报告与调查处理办法》第四条、第十六条第二项的规定。

（二）处理结果

山西证监局依据《证券期货业信息安全保障管理办法》《证券期货业信息安全事件报告与调查处理办法》的相关规定，对大同证券采取出具警示函的监管措施，并记入证券期货市场诚信档案。

五、附件

附件12－1 证券公司及从业人员IT管理违规监管处罚

序号	年份	监管机构	处罚案由	处罚结果
1	2016	吉林证监局	东北证券双辽辽河路证券营业部因停电导致信息系统设备无法正常运行，影响了投资者现场交易且未按照规定履行报告义务	出具警示函（营业部）
2	2016	北京证监局	国都证券发生短信平台系统被不法分子利用发送诈骗短信的信息安全事件，共涉及手机号码85万余个，其中涉及公司客户6万余个，造成不良社会影响	出具警示函（公司）
3	2017	江苏证监局	国联证券信息技术、交易单元的管理制度不完善、内控执行不到位	责令改正、增加合规检查次数

续表

序号	年份	监管机构	处罚案由	处罚结果
4	2017	深圳证监局	国信证券因手机证券系统故障发生信息安全事件。造成本次事件的主要原因是公司自动化运维系统操作流程和相关测试管理存在一定缺陷，未能有效防范相关风险	责令改正（公司）
5	2017	安徽证监局	华安证券个别信息系统存在高危漏洞，在信息技术管理制度执行方面存在不到位的情形	出具警示函（公司）
6	2017	浙江证监局	财通证券发生部分交易报盘中断的非人为原因较大信息系统安全事件，在渗透性测试中发现公司视频会议系统存在漏洞	出具警示函（公司）
7	2017	湖北证监局	长江资管客户相关技术系统功能不完善、制度执行不到位，导致交易结算资金管理违规	责令改正（公司）
8	2018	深圳证监局	联储证券存在内网安全策略不合理、SVN 源代码泄露、不安全关联等安全漏洞，导致存在通过外部网络直接渗透公司内部网络的风险，个别信息系统被上传恶意后门文件且长期未发现的问题；且未执行内部制度关于密码策略、端口设置、数据传输、漏洞检测等安全规定	出具警示函（公司）
9	2018	深圳证监局	世纪证券未按要求当日向报告信息事故发生和处置的有关情况；东莞长安营业部上网代理服务器于 2017 年 5 月 2 日被植入远程控制木马程序，公司一直未发现该情况，对营业部客户敏感数据保护造成严重威胁；公司对部分分支机构重要服务器管理存在疏漏，长期使用供应商已停止扩展支持的操作系统，对暴露在互联网上的服务器未启用防火墙，服务器管理员账户使用弱口令；个别员工办公电脑内以明文方式存储重要网络设备地址、用户名和密码	责令改正（公司）

续表

序号	年份	监管机构	处罚案由	处罚结果
10	2018	辽宁证监局	网信证券集中交易系统在2018年7月23日发生时长24分钟的中断事件，公司未立即向证监局报告，存在迟报情形	出具警示函（公司）
11	2018	深圳证监局	长城证券2018年7月23日发生信息安全事件，导致集中交易系统部分中断10分钟，公司未能准确定位事件原因	出具警示函（公司）
12	2019	浙江证监局	财通证券证券信息技术运维人员，违规在交易时间对生产环境中的存储过程进行运维操作，引发公司网上交易系统和移动终端交易系统客户端登录异常的风险事件	出具警示函（郭某）
13	2019	辽宁证监局	网信证券2018年12月24日公司集中交易系统中断37分钟，2019年2月26日公司综合账户管理系统发生故障，影响交易时间累计13分钟，信息系统存在重大风险隐患，核心设备老旧、系统运维保障存在不足，导致频繁发生信息安全事件	责令改正（公司）
14	2019	山西证监局	山西证券河津泰兴东路证券营业部将客户的自备计算机接入营业部网络	出具警示函（营业部）
15	2019	山西证监局	大同证券集中交易系统部分中间件2019年5月8日运行异常，导致部分客户无法及时登录、交易，公司未就该信息安全事件及时向证监局报告	出具警示函（公司）
16	2019	上海证监局	爱建证券存在以下问题：一是未对公司快速交易系统进行有效管理，客户准入和用户权限管理不到位，未严格审查客户身份的真实性、交易账户及交易操作的合规性；二是在未与信息技术服务公司签订关于技术服务费标准的协议或合同的情况下，即向对方支付大额服务费用。合规总监对上述问题负有领导责任和管理责任	监管谈话（分管副总鲁某）

第十三章　操纵市场

所谓操纵市场，是指操纵人利用掌握的资金、信息等优势，采用不正当手段，人为地制造证券行情，操纵或影响证券市场价格，以诱导证券投资者盲目进行证券买卖，从而为自己谋取利益或者转嫁风险的行为。操纵市场行为的危害是巨大的：扭曲证券价格，掩盖市场真实供需关系，释放虚假市场信号，恶意欺诈中小投资者。如果配套使用杠杆，更是会叠加传导市场风险，将严重破坏公平有序的资本市场发展秩序，甚至还有可能会引发系统性金融风险，因此，操纵市场属于证券行业监管法规明令禁止并严肃查处的行为。

一、违规处罚整体情况

统计期内，证券公司及从业人员操纵市场被处罚的案例共计6起，涉及5家证券公司、7名证券从业人员，罚没金额总计达408.70万元。

（一）证监会及各地证监局（5起）

均为行政处罚。包括：(1)没收1名证券从业人员违法所得，合计43.93万元。(2)对7名证券从业人员、1家证券公司处以罚款，合计金额分别为354.78万元、100万元。(3)对4名证券从业人员处以警告。

（二）中国证券业协会（1起）

纪律处分1起。包括：注销1名证券从业人员执业证书，3年不受理执业证书申请，并记入证监会及协会诚信系统。（具体见

附件 13－1：证券公司及从业人员操纵市场监管处罚）

二、违规行为分析

根据证券监管部门查处的操纵市场处罚案例分析，相关案件的金额、账户、手法令人均较为令人震撼，信息型操纵、短线操纵、虚假报单等新型市场操纵手段占比较高，且呈爆发式增长态势，已引起监管层的高度重视，监管部门对此采取零容忍的态度，坚持依法予以严厉打击、严厉惩处，其中，涉及证券公司及从业人员处罚数量占比相对较少，统计期内仅 6 起，涉及 5 宗违规案件，主要行为特点如下。

（一）主要操纵手段包括抢先交易、连续交易、自买自卖、约定交易

1. 抢先交易 1 宗。朱某明通过对相关股票公开作出评价、预测或者投资建议，自己抢先买卖相关证券，并从中直接获利。

2. 连续交易 1 宗。柴某协助洋丰股份通过实际控制的 3 个账户，以维持、操纵股价为目的，集中资金优势连续交易“新洋丰”股票。

3. 自买自卖、约定交易 3 宗。中泰、方正、国泰君安 3 家证券公司做市部相关人员参与新三板股票操纵市场案，均属于此类情形。

（二）新三板做市业务成为操纵市场的新战场

上述案例中，操纵主板及中小板、创业板股票 2 宗，占 40%；但操纵新三板股票有 3 宗，占比 60%，且全部与新三板做市商有关。

（三）违规行为问责时全部落实到人

5 宗处罚案件，全部有针对具体责任人员个人的惩罚措施，其中有 1 宗案件同时又对相关证券公司进行追责，反映监管部门在强调证券公司防范员工参与、实施操纵市场行为应尽管理职责时多以教育、督促方式为主。针对操作市场的监管，仍然是需要落实到证券从业人员个人的执业行为、职业道德管理上。

（四）违规人员投机心态明显，基本都使用了杠杆操作

上述违规案例中，违规人员普遍存在通过“加杠杆”方式以博取更多利益的心态，值得注意的是，相关人员为获取更大的资金优势，基本都通过民间配资、资管计划、私募基金等途径“加杠杆”实施操纵，所动用的资金量往往非常大，甚

至巨大。

(五)较少单打独斗,基本都是以"团伙"协同方式实现违规目的

从违规案例参与主体分析,实际操纵过程中均需要利用第三方或者协助第三方完成操控目的,与内幕交易一般是单打独斗的情况不同,操纵市场案件系多人分工配合、共同实施,甚至与相关上市公司勾结披露虚假信息,严重干扰投资者正常的交易决策,损害投资者合法权益。

(六)违规人员主要采取快进快出的操作手法

从操纵时间与时点分析,已经发生的 5 宗案例均属于快进快出的"短线操纵",这与一些"敢死队""牛散"等主体相比,证券从业人员较少采用持续时间较长的"老庄股操纵"模式,但在个股盘中交易快进快出,也极易引发市场异常波动,释放虚假的市场信号,尤其是体量本身较小的新三板市场。

(七)瞒天过海式的辩护理由一般不被采纳

从历次行为人提出的抗辩理由分析,行为人基本以不具有操纵股价的故意、持仓比例(资金)并不构成持仓(资金)优势作为抗辩理由,不过目前没有一例申诉成功。

三、处罚依据

监管机构对证券公司及从业人员操纵市场的处罚依据一般包括《证券法》《证券公司监督管理条例》《证券业从业人员执业行为准则》。

(一)禁止性规定

第五十五条:禁止任何人以下列手段操纵证券市场,影响或者意图影响证券交易价格或者证券交易量:(一)单独或者通过合谋,集中资金优势、持股优势或者利用信息优势联合或者连续买卖;(二)与他人串通,以事先约定的时间、价格和方式相互进行证券交易;(三)在自己实际控制的账户之间进行证券交易;(四)不以成交为目的,频繁或者大量申报并撤销申报;(五)利用虚假或者不确定的重大信息,诱导投资者进行证券交易;(六)对证券、发行人公开作出评价、预测或者投资建议,并进行反向证券交易;(七)利用在其他相关市场的活动操纵证券市场;(八)操纵证券市场的其他手段。操纵证券市场行为给投资者造成

损失的,应当依法承担赔偿责任。

(二)法律责任

第一百九十二条:违反本法第五十五条的规定,操纵证券市场的,责令依法处理其非法持有的证券,没收违法所得,并处以违法所得一倍以上十倍以下的罚款;没有违法所得或者违法所得不足一百万元的,处以一百万元以上一千万元以下的罚款。单位操纵证券市场的,还应当对直接负责的主管人员和其他直接责任人员给予警告,并处以五十万元以上五百万元以下的罚款。

此外,最高人民法院、最高人民检察院已于2019年7月1日发布实施《关于办理操纵证券、期货市场刑事案件适用法律若干问题的解释》,明确了操纵证券、期货市场罪的定罪量刑标准和有关法律适用问题,将对依法惩治证券、期货违法犯罪活动,进一步防范化解重大金融风险,保护投资者合法权益,促进资本市场稳定健康发展,发挥积极作用。

四、违规案例

案例1:国开证券经纪人朱某明先行买入“利源精制”等10只股票,再公开荐股后卖出获利

(一)基本案情

朱某明,时任国开证券上海某营业部经纪人。2013年3月1日至2014年8月25日,朱某明在上海电视台第一财经频道“谈股论金”栏目中通过明示股票名称或描述股票特征的方法,公开评价、推介“利源精制”“万马股份”“博晖创新”“三泰电子”“北京君正”“富奥股份”“天原集团”“上海物贸”“襄阳轴承”“神剑股份”等10只股票,并在公开荐股前先行建仓买入,公开荐股后的3个交易日内卖出,获利439,254.59元。

1. 交易“利源精制”情况。朱某明控制“张某英”账户于2013年3月1日买入“利源精制”70,000股,买入金额为1,541,846.48元。当日19点30分至19点34分,朱某明在第一财经频道“谈股论金”栏目对该股进行评价、预测,公开荐股后的第一个交易日2013年3月4日将“张某英”账户持有的70,000股全部卖出,卖出金额为1,467,942元,亏损73,904.48元。

2. 交易“万马股份”情况。朱某明控制“张某英”账户于2013年3月8日买入“万马股份”110,000股,买入金额为616,146.36元。当日19点30分至19

点34分,朱某明在第一财经频道“谈股论金”栏目对该股进行评价、预测,公开荐股后的第一个交易日2013年3月11日将“张某英”账户持有的110,000股全部卖出,卖出金额为622,212.66元,获利6066.3元。

3.交易“博晖创新”情况。朱某明控制“张某英”账户于2013年4月18日买入“博晖创新”8000股,买入金额为147,258.88元。当日19点19分至19点25分,朱某明在第一财经频道“谈股论金”栏目对该股进行评价、预测,公开荐股后的第一个交易日2013年4月19日将“张某英”账户持有的8000股全部卖出,卖出金额为149,899.85元,获利2640.97元。

4.交易“三泰电子”情况。朱某明控制“张某英”账户于2013年5月15日、5月16日相继买入“三泰电子”80,042股,买入金额为1,048,584.59元。2013年5月17日19点35分至19点39分,朱某明在第一财经频道“谈股论金”栏目对该股进行评价、预测,公开荐股后的第一个交易日2013年5月20日将“张某英”账户持有的80,042股全部卖出,卖出金额为1,139,820.66元,获利91,236.07元。

5.交易“北京君正”情况。朱某明控制“朱某荣”账户于2013年7月5日买入“北京君正”40,000股,买入金额为680,954.25元。当日19点26分至19点32分,朱某明在第一财经频道“谈股论金”栏目对该股进行评价、预测,公开荐股后的第一个交易日2013年7月8日将“朱某荣”账户持有的40,000股全部卖出,卖出金额为679,116元,亏损1838.25元。

6.交易“富奥股份”情况。朱某明控制“朱某荣”账户于2014年6月20日买入“富奥股份”56,545股,买入金额为347,856.08元。当日19点25分至19点40分,朱某明在第一财经频道“谈股论金”栏目对该股进行评价、预测,公开荐股后的第一个交易日2014年6月23日将“朱某荣”账户持有的56,545股全部卖出,卖出金额为352,946.77元,获利5090.69元。

本案中,朱某明反复通过同样交易手段,买卖“天原集团”“上海物贸”“襄阳轴承”“神剑股份”,分别获利111,561.69元、15,987.34元、276,619.35元、5794.91元。以上事实,有朱氏账户组相关资料、资金转账记录、相关交易数据、上海电视台财经频道提供的相关资料、当事人询问笔录等证据证明,足以认定。此外,本案中,朱某明作为证券从业人员,实际控制“朱某荣”等3个证券账户买卖“襄阳轴承”等共计132只股票,盈利4,526,731.70元。

在案件审理过程中,朱某明提出申辩,认为现有证据不能证明自己控制朱氏账户组,自己涉嫌从业人员买卖股票行为不能认定;鉴于现有法律法规对“公开荐股”的界定标准尚不明确,建议将涉嫌操纵市场行为的处罚改为警告;当事人行为并未造成严重后果，属于情节轻微，建议不采取市场禁入措施。

证监会认为：第一，对朱氏账户组及其控制关系的认定，是基于资金关系、身份关系、MAC及IP地址重合情况、手机号码重合情况等多个方面作出的综合认定，几方面情况与违法事实的认定均有关联，相互佐证，整体来看足以认定朱某明实际控制朱氏账户组。第二，当事人未能举证证明朱氏账户组由其父亲控制，朱某荣在听证会中所陈述的账户重要盈亏情况与实际不符，也不能对朱氏账户组在朱某明推荐股票前先行买入，荐股后即反向卖出的异常情况作出合理解释。第三，追究的是朱某明操纵证券市场的责任，其操纵市场行为是通过先行建仓、公开荐股、反向卖出的系列行为构成的，而并非仅就其中的公开荐股行为追责，不存在“标准不明”或者“双重执法”的问题。第四，2010年8月20日至2014年8月26日，朱某明作为从业人员买卖股票的行为是一种连续状态，依照《行政处罚法》第二十九条第二款的规定，证监会所追究的违法事实并未超过时效。综上，朱某明违法事实清楚，证据充分，行为特别恶劣，严重扰乱了证券市场秩序并造成严重社会影响，当事人及其代理人的申辩意见不能成立，未予采纳。

（二）处理结果

1. 市场禁入

证监会依照《证券法》（2016年版）、《证券市场禁入规定》相关规定，对朱某明采取终身证券市场禁入措施，自宣布决定之日起，在禁入期间内，不得从事证券业务或者担任上市公司董事、监事、高级管理人员职务。

2. 没收违法所得并处以3倍罚款

证监会决定依据《证券法》（2016年版），没收朱某明操纵证券市场行为的违法所得439,254.59元，并处以1,317,763.77元罚款。

此外，针对朱某明违规持有、买卖股票行为，证监会责令朱某明依法处理非法持有的股票，没收买卖股票的违法所得4,087,477.11元，并处以12,262,431.33元罚款。

案例2：上海易所试网络信息技术股份有限公司（以下简称“易所试”）与中泰证券拉抬自身股价，并进行约定交易

（一）基本案情

1. 王某，时任中泰证券场外市场部总经理；郝某，时任中泰证券场外市场部业务总监、做市业务部负责人；付某，时任中泰证券场外市场部交易员。易所试为新三板上市公司。相关主题存在以下违规问题：

(1)2015年6月，易所试筹划以不低于20元的价格定向增发股份。7月下旬至8月初，易所试股价持续下跌。8月5日，易所试股票收盘价为14.96元。7月底，王某安排郝某、付某测算易所试股票二级市场筹码分布情况，计算拉升股价需买入的股数。8月5日下午，易所试董秘张某在北京中泰证券场外市场部会见王某、郝某、付某等人。经双方会谈确定，主要采用中泰证券做市交易在二级市场买入拉抬股价，同时通过易所试公告利好信息、向投资者推荐等其他方式拉抬易所试股价，之后将买入的易所试股票卖回给易所试方面操控或安排的账户。

(2)操纵期间，王某、郝某指使付某通过中泰证券做市户大量买入易所试股票，明显异常，易所试股票市场日均成交量大部分来源于中泰证券做市买入。

(3)易所试借助信息优势，配合披露利好消息造势并由中泰证券向投资者推荐易所试股票的情况。王某、郝某、付某均参与了整个事件的策划。

(4)在此期间，易所试派董事长秘书张某与中泰证券付某就每日购回易所试股票的数量、价格、交易时间提前约定。易所试通过不同账户与中泰证券买入易所试股票进行约定交易，交易双方出现数量相等、价格相同、买卖方向相反、委托时间接近的委托。

上述行为致使易所试股价在操纵期间上涨81.68%，同期三板做市指数上涨4.46%，偏离度高达77.23%。其中，2015年8月5日至8月18日，易所试股票收盘价从14.96元上涨至21.90元，上涨幅度达46.39%；8月19日，易所试股票收盘价为27.18元，当天上涨24.11%。操纵前10个交易日(7月23日至8月5日)，易所试股票均价为16.21元，股价下跌16.38%，同期三板做市指数下跌0.52%，偏离度为15.86%。

按照证监会立案调查日(2016年2月22日)易所试股票收盘价计算，中泰证券做市户亏损约258.31万元；易所试控制的“孙某辰”等4个账户亏损约508.36万元。以上事实，有电脑信息资料、资金账户资料、证券账户交易流水、新三板提供数据及当事人询问笔录、光盘等证据证明，足以认定。易所试和中泰证券的上述行为违反了《证券法》(2016年版)第七十七条第一款第一项和第二项的规定，构成操纵市场的违法行为。

2. 申辩及最终认定结果

本案处理过程中，中泰证券、王某、郝某、付某及其代理人均提出了申辩意见，希望对其减轻或免予处罚。

(1)中泰证券提出以下申辩理由，希望对其免予处罚：一是中泰证券参与的涉案交易行为是履行做市商市场交易组织者的正常职责，交易性质上更接近于回购交易，不应比照《证券法》（2016 年版）第七十七条规定的操纵市场进行处罚；二是中泰证券不存在借助易所试披露利好消息推荐股票的情形；三是涉案行为属于部分做市业务人员的个人行为，不应视为单位行为，中泰证券不应成为违法主体；四是中泰证券在正常、审慎的内部监管过程中无法发现和识别涉案交易，中泰证券从未纵容员工实施涉案行为；五是中泰证券主动消除影响，积极配合调查，涉案行为并未产生危害后果，未损害投资者利益；六是新三板属于发展初期，制度不完善，监管部门实际上未严格比照主板进行监管，应保持执法和监管的连续性。

（2）王某提出以下申辩理由，希望从轻处罚：一是中泰证券没有与易所试共谋的主观故意和事实。二是中泰证券正常组织交易行为不构成操纵市场。做市交易制度下，做市商具有定价权，做市商组织交易是为了实现大宗交易。做市交易中协助意向投资者实现大宗交易，属于做市商履行交易组织者、流动性提供者和价值发现者的基本职责，属于正常的组织交易。三是中泰证券没有拉抬易所试股价。四是做市商制度是设计在场外市场架构下，与场内市场构架下的竞价交易制度截然不同。目前对做市商的监管法律法规尚处于空白状态，股转公司至今仍未对做市商的内幕交易与操纵市场行为作出明确界定并出台明确限制性规定，这个阶段不宜直接适用主板法律法规来监管新三板市场。

（3）郝某提出以下申辩理由，希望从轻处罚：基于易所试方面提出的要求，申辩人安排了涉案期间的交易工作，虽然客观上对易所试股价产生了一定影响，但出发点是为了协助投资人买入股票、履行做市商的职责，而非拉抬易所试股价或者从中获利，公司和个人也未从中获得任何收益，申辩人行为不构成操纵市场。

（4）付某提出以下申辩理由，希望免除处罚：一是无操纵市场的主观故意；二是同期其他股票也存在较新三板做市指数偏离较多的情况；三是涉案行为情节轻微，未损害投资者利益；四是积极配合调查、提供相关资料、还原事件经过。

上述申辩理由看似成立，但证监会经复核后认为，基于以下四点原因，本案违法事实清楚、证据充分，当事人的上述申辩理由不能成立。

第一点，根据郝某、付某等人的询问笔录，结合相关人员的微信、手机短信、通讯记录、电子邮件及易所试提供的差旅记录等，易所试相关人员与中泰证券相关人员对涉案交易行为，存在明显意思联络。

第二点，涉案期间，中泰证券做市交易易所试的量价明显异常，做市交易买入量占当天市场成交量日均达 48.54%，做市交易买入量远高于其他做市商买入量，在 8 月 6 日至 19 日的 10 个交易日，中泰证券做市交易买入量占全部做市商买入量的比例在 60% 至 100%，日均占比高达 82.02%。做市交易价格方面，中泰证券通过主动报高价格，以高于其他做市商价格买入并成交的方式引领股价向上，或者以明显高于投资者卖出价申报买入并成交，抬高股票成交价格。其后，中泰证券再通过数量相等、价格相同、买卖方向相反、委托申报时间接近的约定交易，将买入的股票加价卖回给易所试。此外，证据显示，中泰证券与易所试还结合易所试披露利好消息、向投资者推荐等其他方式操纵易所试股价。涉案期间，易所试股价从 14.96 元上涨至 27.18 元，涨幅 81.68%，同期新三板做市指数上涨 4.46%，偏离度达 77.23%。构成《证券法》（2016 年版）第七十七条所述操纵市场行为。

第三点，《证券法》（2016 年版）第二条规定，"在中华人民共和国境内，股票、公司债券和国务院依法认定的其他证券的发行和交易，适用本法"，新三板挂牌公司的股票属于我国境内发行和交易的股票，其交易行为应当适用《证券法》。国务院《关于全国中小企业股份转让系统有关问题的决定》（国发〔2013〕49 号）明确规定"证监会应当比照证券法关于市场主体法律责任的相关规定，严格执法，对虚假披露、内幕交易、操纵市场等违法违规行为采取监管措施，实施行政处罚"。依据《证券法》对涉案行为进行处罚，于法有据。

第四点，已充分考虑了付某违法行为的性质、情节及社会危害程度等，并根据《行政处罚法》第二十七条第一款第三项的规定，对其减轻处罚。

（二）处理结果

综合考虑本案当事人的申辩意见，根据当事人违法行为的事实、性质、情节与社会危害程度，证监会依据《证券法》（2016 年版）、《行政处罚法》的相关规定，作出如下处理决定。

1. 对单位的处罚

对中泰证券处以罚款 100 万元。

2. 对个人的处罚

对中泰证券王某、郝某、付某给予警告，并分别处以 20 万元、10 万元、3 万元罚款。

案例 3：国泰君安员工王某宏合谋操纵"福昕软件"等 14 只股票交易价格

（一）基本案情

1. 王某宏，时任国泰君安场外市场部总经理助理、做市业务部负责人；陈某，时任深圳小乘登陆新三板投资中心（有限合伙）总裁。王某宏与陈某串通操纵“福昕软件”等14只股票。

(1)国泰君安场外市场部做市业务在2015年年底前超额完成业绩考核任务,为减少2015年做市业务浮盈,降低2016年业绩考核起点,2015年12月31日,王某宏在未向公司领导和部门领导请示并得到批准的情况下,同意做市交易总监李某凯对国泰君安重仓的30只股票执行“不低于前一日收盘价20%就可以卖”的交易策略,并将拟低价卖出股票清单告知陈某。

(2)2015年12月31日,陈某控制操作的3个账户在当天14:10以后委托买入32只国泰君安做市股票,与王某宏掌握的30只重点减仓股票清单的重合度高达28只,重合率高达93.33%;且28只股票委托下单买入顺序与重点减仓清单的排序完全一致。每只股票均委托1笔,委托买入股数均为1000股,均以低于12月30日收盘价的15.25%~21.13%的价格申报。

(3)国泰君安做市户利用做市商地位,在做市交易过程中采用在收盘前10分钟以主动低价申报卖出成交的方式打压或锁定股价,在收盘前1~3分钟内单笔低价申报卖出与陈某控制的3个账户的低价申报买入成交锁定收盘价;或者在收盘前10分钟内先低价申报卖出与陈某控制的3个账户的低价申报买入成交,而后通过持续低价申报卖出吸引投资者低价申报买入并成交。上述行为影响了“福昕软件”等14只股票交易价格,上述股票在当天收盘前股价大幅波动,12只股票当日跌幅达到10%以上,跌幅介于15%~20%的股票9只,跌幅介于10%~15%的股票3只。该12只股票当天收盘跌幅与新三板做市指数的偏离度均在10%以上,其中,偏离值超过20%的股票有4只,介于15%~20%的股票有6只,介于10%~15%的股票有2只。该14只股票中有10只股票以国泰君安做市户的成交价为收盘价。

(4)相关账户交易盈亏情况

2015年12月31日,王某宏控制国泰君安做市户较前一交易日的日终持股浮亏1650.2万元;陈某与国泰君安做市户成交14只股票各1000股,并于2016年1月4日、5日、20日卖出,合计获利2.48万元;将陈某控制账户和王某宏控制国泰君安做市户盈亏合并计算,本次操纵亏损。

以上事实,有电脑信息资料、资金账户资料、证券账户交易流水、全国股转公司提供数据及当事人询问笔录、手机取证电子光盘等证据证明,足以认定。王某宏、陈某的上述行为,违反了《证券法》(2016年版)第七十七条第一项、第二项和第四项的规定,构成《证券法》(2016年版)第二百零三条所述操纵证券市场的行为。

2. 申辩理由

本案审查过程中，王某宏提出三点申辩意见，请求免予或减轻处罚。

(1)其与陈某之间不存在密切的关系，没有将交易策略故意泄露给陈某。二人仅限于认识彼此，没有经济上往来，也不是商业合作伙伴，不存在利益交叉关系。

(2)主观方面没有操纵证券交易价格或者证券交易量的故意，不存在操纵证券市场以期获取不正当经济利益或者为他人牟利及转嫁风险的目的。做低14只股票价格的动机实质是对做市业务部门所拥有的股票价格真实性做一次压力测试。客观方面也没有操纵证券市场的行为，没有与陈某事先约定交易时间、交易价格及方式相互进行证券交易。涉案行为仅是在个人负责的各项繁杂的事务中口头同意一项集体决策，该集体决策由李某凯执行，执行细节不清楚，不存在与陈某"串通"行为。

(3)本案属于公司行为，其只是执行者，无权力更无办法控制做市专用证券账户。"不低于前一日收盘价20%就可以卖"交易策略，是公司部门20个人的集体决策，总经理明白并且知情，并非自作主张。国泰君安做市业务所有的资金调动与购买股票仓位单经由部门全体人员讨论并通过后，皆须经由一线风控岗审核，并由6人进行书面签字，这一过程是相互牵制、逐级报备的。

此外，陈某亦提出申辩意见请求免予处罚，强调自己没有操纵市场的主观故意，也没有合谋操纵行为；且预先下单是根据市场经验，预判交易对手行为后进行的验证行为，不构成操纵行为。

3. 复核结果

经复核，证监会基于以下三点理由，未采纳王某宏、陈某的申辩意见。

第一点，主观方面，王某宏具有打压或锁定相关股票交易价格的意图，而故意实施涉案交易行为；王某宏与陈某两人操纵前后及操纵当日通讯、联络情况及两人控制账户交易情况足以证明王某宏与陈某事前存在意思联络，希望打压或锁定相关股价，操纵意图明显。并且，王某宏案发后将公司报送给全国股转公司关于涉案交易行为的情况说明及公司会议纪要等内部资料发送给陈某，这一客观情况也进一步印证二人对涉案交易行为存在事前意思联络。此外，关于"做低股票价格是为了压力测试"的申辩，证监会认为，一方面，王某宏所提"压力测试"没有客观证据支撑；另一方面，为达到压低相关股票价格的目的，王某宏操控账户通过连续交易、并与陈某控制的账户之间约定交易等行为，影响了相关股票交易价格，客观上构成市场操纵。

第二点，客观方面，2015年12月31日，王某宏利用国泰君安做市商地位，通过日内连续买卖，并在交易日尾盘以大幅低于投资者买入申报的价格卖出。陈某控制的账户在特殊时点对国泰君安做市户低价卖出的股票进行买入，买入股票情况与国泰君安做市账户重点减仓股票清单高度重合，买入顺序与重点减仓清单的排序完全一致。上述行为影响了“福昕软件”等 14 只股票的交易价格，其中，12 只股票当日跌幅达到 10% 以上，导致 12 只股票当天收盘跌幅与新三板做市指数的偏离度均在 10% 以上，上述行为构成市场操纵。

第三点，关于本案违法主体。根据相关人员的笔录及做市决策会议资料等证据，公司对买入股票和做市交易需要资金时设置了仓位限制和流程审批。对于买入股票的仓位，需在做市决策会议上讨论决定，并有不低于 6 人的书面签字；对于做市专用账户资金调动，需要由王某宏发起，并经风控、场外市场部总经理、公司分管领导、计划财务部审批后划拨；但对于做市交易日常卖出股票，并不需要类似流程审批和签字。具体做市交易买卖股票，王某宏有权根据季度检视会、做市决策会议的决策授权，根据市场情况进行一些调整，不超出授权范围即可。根据国泰君安做市业务部季度仓位检视会议纪要，季度检视会并未提出“不低于前一日收盘价 20% 就可以卖”的交易策略，并且会议讨论的 27 只股票名单与涉案当天的 30 只股票清单相比，仅有两只股票相同。

（二）处罚结果

根据当事人违法行为的事实、性质、情节与社会危害程度，依据《证券法》（2016 年版），证监会对王某宏处以 100 万元罚款。同时，对本案另一名非证券从业人员陈某处以 100 万元罚款。

五、附件

附件 13－1　证券公司及从业人员操纵市场监管处罚

序号	年份	监管机构	处罚案由	处罚结果
1	2016	证监会	2013 年 3 月 1 日至 2014 年 8 月 25 日，朱某明在上海电视台第一财经频道“谈股论金”栏目中通过明示股票名称或描述股票特征的方法，公开评价、推介“利源精制”等 10 只股票，并在公开荐股前先行建仓买入，公开荐股后 3 个交易日内卖出，获利 43.93 万元	没收违法所得 43.93 万元，罚款 131.78 万元

续表

序号	年份	监管机构	处罚案由	处罚结果
2	2016	证监会	柴某文时任东北证券北京分公司副总经理,协助洋丰股份通过实际控制的账户,以维持、操纵股价为目的,集中资金优势,共在12个交易日连续交易“新洋丰”股票	对柴某文给予警告,罚款50万元
3	2016	证券业协会		注销执业证书,3年不受理执业证书申请,记入诚信系统
4	2017	证监会	王某(原中泰证券场外市场部总经理)、郝某(原中泰证券场外市场部业务总监、做市业务部负责人)、付某(原中泰证券场外市场部交易员),利用中泰证券做市专用证券账户与易所试实际控制人协商拉抬股价,并进行约定交易,同时通过易所试公告利好信息、向投资者推荐等其他方式拉抬易所试股价,之后将买入的易所试股票卖回给易所试方面操控或安排的账户。截至证监会调查之时,中泰证券做市户亏损约258.31万元;易所试控制的“孙某辰”等4个账户亏损约508.36万元	1.对中泰证券处以100万元罚款;2.对王某给予警告,处以20万元罚款;3.对郝某给予警告,处以10万元罚款;4.对付某给予警告,处以3万元罚款
5	2018	证监会	王某宏(时任国泰君安场外市场部总经理助理、做市业务部负责人),国泰君安场外市场部做市业务部门执行做市交易业务所用账户,影响“福昕软件”等14只股票交易价格,导致上述股票在当天收盘前股价大幅波动。最终,王某宏控制国泰君安做市户较前一交易日的日终持股浮亏1650.2万元,本次操纵亏损	对王某宏处以100万元罚款
6	2018	证监会	方正证券做市业务操作人员岳某与外部人员通过联合买卖、连续买卖、发布虚假信息等多种操纵手法,合谋操纵新三板挂牌公司“众意传媒”股价	对岳某处以40万元罚款

第十四章　内幕交易

所谓内幕交易，是指内幕人员根据内幕消息买卖证券或者向他人提出买卖建议的行为，此举违反了证券市场“公开、公平、公正”的原则，严重影响证券市场功能的发挥。内幕交易是《刑法》《证券法》明令禁止的行为，更是证券从业人员不能触碰的红线，近年来，在监管部门持续对该类违法行为予以严厉打击，督促相关内幕信息知情人律己慎行，切实维护公平、公正的市场环境的同时，仍有少数证券从业人员为此付出沉重代价。

一、违规处罚整体情况

统计期内，证券从业人员因内幕交易被处罚的案例共 5 起，全部为证监会及各地证监局作出的行政处罚。涉及 3 家证券公司、4 名证券从业人员。包括：(1) 没收 4 人违法所得 261.83 万元、并处罚款合计 935.48 万元；(2) 终身市场禁入 2 人、7 年市场禁入 1 人。(具体见附件 14－1：证券公司及从业人员内幕交易监管处罚)

二、违规行为分析

(一) 违规行为表现

结合有关内幕交易行政处罚案件信息，参考最高人民法院、最高人民检察院《关于办理内幕交易、泄露内幕信息刑事案件具体应用法律若干问题的解释》等相关标准，内幕交易行为的认定主要包括内幕交易主体范围、内幕信息、内幕交易行为、违法所得等关键要素。内幕交易违规行为主要有以下几种表现形式。

1.《证券法》规定的证券交易内幕信息知情人,进行了与该内幕信息有关的证券交易活动。

2.《证券法》规定的内幕信息知情人的配偶、父母、子女以及其他有密切关系的人,其证券交易活动与该内幕信息基本吻合。

3. 因履行工作职责知悉内幕信息并进行了与该信息有关的证券交易活动。

4. 非法获取内幕信息,并进行了与该内幕信息有关的证券交易活动。

5. 内幕信息公开前与内幕信息知情人或知晓该内幕信息的人联络、接触,其证券交易活动与内幕信息高度吻合等。

(二)违规行为特点

近年来,利用上市公司并购重组事件进行内幕交易的案件明显增多,内幕信息知情人范围有扩大趋势,涉案人员比以前更为复杂,而且内幕交易的手段更趋隐蔽和复杂,但几乎所有被处罚的内幕交易违规行为中,均存在以下某个或多个异常行为。

1. 开户、销户、激活资金账户或者指定交易(托管)、撤销指定交易(转托管)的时间与该内幕信息形成、变化、公开时间基本一致。

2. 资金变化与该内幕信息形成、变化、公开时间基本一致。

3. 买入或者卖出与内幕信息有关的证券时间与内幕信息的形成、变化和公开时间基本一致。

4. 买入或者卖出与内幕信息有关的证券时间与获悉内幕信息的时间基本一致。

5. 买入或者卖出证券行为明显与平时交易习惯不同。

6. 买入或者卖出证券行为,或者集中持有证券行为与该证券公开信息反映的基本面明显背离。

7. 账户交易资金进出与内幕信息知情人员或者非法获取人员有关联或者利害关系等。

三、处罚依据

监管机构对证券从业人员内幕交易处罚的依据一般包括《证券法》《证券市场禁入规定》。

(一)禁止性规定

第五十三条:证券交易内幕信息的知情人和非法获取内幕信息的人,在内幕信息公开前,不得买卖该公司的证券,或者泄露该信息,或者建议他人买卖该证券。持有或者通过协议、其他安排与他人共同持有公司百分之五以上股份的自然人、法人、非法人组织收购上市公司的股份,本法另有规定的,适用其规定。内幕交易行为给投资者造成损失的,应当依法承担赔偿责任。

(二)法律责任

第一百九十一条:证券交易内幕信息的知情人或者非法获取内幕信息的人违反本法第五十三条的规定从事内幕交易的,责令依法处理非法持有的证券,没收违法所得,并处以违法所得一倍以上十倍以下的罚款;没有违法所得或者违法所得不足五十万元的,处以五十万元以上五百万元以下的罚款。单位从事内幕交易的,还应当对直接负责的主管人员和其他直接责任人员给予警告,并处以二十万元以上二百万元以下的罚款。国务院证券监督管理机构工作人员从事内幕交易的,从重处罚。违反本法第五十四条的规定,利用未公开信息进行交易的,依照前款的规定处罚。

四、违规案例

案例1:新时代证券员工罗某阳、罗某颖利用"东方铁塔""黄河旋风"等股票内幕信息交易获利

(一)基本案情

罗某阳,时任新时代证券公司总经理助理;罗某颖,罗向阳之弟,时任新时代证券某营业部营销总监。存在以下内幕交易行为:

1. 2013 年内幕交易"东方铁塔"股票

2013 年 5 ~6 月,罗某阳向青岛东方铁塔股份有限公司(以下简称"东方铁塔")推荐了青岛海仁投资有限公司(以下简称"青岛海仁")收购项目,并具体参与了后续沟通价格、撮合交易、跟踪并购进展等工作。东方铁塔收购青岛海仁属于《证券法》(2016 年版)第六十七条第二款规定的"公司的重大投资行为和重大的购置财产的决定",依照《证券法》(2016 年版)第七十五条第二款第一项规定构成内幕信息,罗某阳理应为内幕信息知情人。

罗某阳、罗某颖在东方铁塔收购青岛海仁投资的内幕信息公开前，利用实际控制的“汪某英”“杨某玲”“曹某涛”证券账户合计买入“东方铁塔”股票164，124股，合计亏损126，043.03元。

2.2014年内幕交易“黄河旋风”股票

2014年2月初，罗某阳与河南黄河旋风股份有限公司（以下简称“黄河旋风”）总经理刘某设、董秘杜某洪商谈通过定向增发方式进行融资。2014年2月19日，罗某阳陪同新时代证券负责投行业务的副总经理万某拜访黄河旋风总经理刘某设、董秘杜某洪。2014年2月24日至25日，罗某阳与黄河旋风董事长乔某生、总经理刘某设、董秘杜某洪等在郑州、许昌等地会面，就非公开发行事项进行磋商。

2014年3月3日至22日，新时代证券项目组着手开展现场工作，明确项目承揽人为罗某阳。项目组工作开展以后，罗某阳频繁前往黄河旋风，了解项目的进展情况并负责与黄河旋风领导的沟通工作。

2014年3月29日，黄河旋风公告《非公开发行事项预案》，非公开发行股票事项已经构成《证券法》（2016年版）第六十七条第二款第二项规定的“公司的重大投资行为”，属于内幕信息，罗某阳理应为内幕信息知情人。

在内幕信息敏感期间，罗某阳、罗某颖用实际控制的“汪某英”账户多次买卖“黄河旋风”股票，共计亏损486.70元。

3.2015年内幕交易“黄河旋风”股票

2014年10月底至11月初，罗某阳陪同黄河旋风刘某设、杜某洪、王某昌到常州、上海等地考察了北京富智金刚线项目、上海明匠智能系统有限公司（以下简称“明匠智能”）。2014年11月27日，通过罗某阳联系，新时代证券投行部过某陪同明匠智能法定代表人陈某到黄河旋风考察，同黄河旋风乔某生、刘某设、杜某洪商谈重组明匠智能事宜。后期，罗某阳通过电话和短信等不同方式密切关注随后的商谈收购价格、业绩承诺方案等事宜，并参与沟通明匠智能项目进展协调工作。

2015年5月21日，黄河旋风发布重大资产重组复牌公告，公布了《关于发行股份购买资产并募集配套资金暨关联交易报告书》，构成《证券法》（2016年版）第六十七条第二款规定的“公司的重大投资行为”，属于内幕信息，罗某阳为内幕信息知情人。

在内幕信息敏感期间，罗某阳、罗某颖利用实际控制的“曹某涛”账户买卖105，890股“黄河旋风”股票，实际盈利446，920.26元。

4. 当事人申辩意见

在上述三次交易中涉案交易与内幕信息的形成、发展均高度吻合,交易明显异常。但在本案审查过程中,罗某阳、罗某颖及其代理人提出数项申辩意见。

(1)涉案证券账户资金非罗某阳提供,该证券账户处分、收益权亦不属于罗某阳。

(2)当事人没有通过内幕交易获利的意愿,三次内幕交易均不符合专业人士的投资逻辑。

(3)涉案的证券账户由孟某娟一人独自操作,当事人罗某阳、罗某颖均未参与股票买卖。

(4)《行政处罚事先告知书》认定的内幕信息传递路径事实不清。

(5)当事人配合调查,态度诚恳,对社会危害极小,市场禁入及3倍罚款的行政处罚显然过重,应予从轻或减轻处罚。

5. 复核结果

经复核,证监会认定当事人的上述申辩意见不能合理解释涉案交易异常的情况,不予采纳,两人上述行为违反了《证券法》(2016年版)第七十三条和第七十六条第一款的规定,构成《证券法》(2016年版)第二百零二条所述内幕交易行为。

(1)当事人申辩材料中认同罗某阳、罗某颖资金高度混同。根据罗某颖等人笔录中的陈述,并考虑罗某颖与罗某阳的收入能力差异,可以认定资金主要来源于罗某阳。两人对混同后的资金均可自由使用,因此,由此取得的投资收益由罗某阳、罗某颖兄弟两人共同享有。

(2)三次交易的交易时点均与内幕信息的形成、发展高度吻合,三次交易中存在亏损卖出其他股票,集中证券账户内资金买入涉案股票,或突击转入大笔资金的情况。

(3)罗某颖之妻孟某娟作证自认涉案交易由其自主决策进行,但其所述不能解释三次涉案交易与内幕信息形成、发展高度吻合的事实,且三次交易的下单设备与下单地址指向罗某颖。

(4)罗某阳基于职务身份及参与的相关业务活动,知悉相关内幕信息。罗某阳、罗某颖为兄弟关系,两人虽不在同一城市居住工作,但两人之间资金混同,罗某阳回到许昌期间与父母及弟弟共同居住,并频繁以通话、邮件等形式保持联络接触,关系亲密。

(二)处理结果

1. 没收违法所得并处罚款

证监会依据《证券法》(2016 年版),决定没收罗某阳、罗某颖违法所得合计 446,920.26 元,并对罗某阳、罗某颖罚款合计 2,540,760.78 元。

(1)对罗某阳、罗某颖 2013 年内幕交易"东方铁塔"股票的行为处以 60 万元罚款。

(2)对罗某阳、罗某颖 2014 年内幕交易"黄河旋风"股票的行为处以 60 万元罚款。

(3)没收罗某阳、罗某颖 2015 年内幕交易"黄河旋风"股票的违法所得 446,920.26 元,并处以 1,340,760.78 元罚款。

2. 市场禁入

证监会认为,罗某阳、罗某颖两人作为证券从业人员,利用职务之便获取内幕信息,多次从事内幕交易,严重扰乱证券市场秩序,行为恶劣。依据《证券法》(2016 年版)和《证券市场禁入决定》,对两人分别采取终身证券市场禁入措施,自宣布决定之日起,终身不得从事证券业务或者担任上市公司董事、监事、高级管理人员职务。

案例 2:国泰君安证券张某向朋友泄露 * ST 新材内幕信息

(一)基本案情

2014 年 1 月 25 日, * ST 新材发布《2013 年年度业绩预亏公告》,预计 2013 年年度亏损 10 亿元。为避免退市, * ST 新材及中国蓝星(集团)股份有限公司(以下简称"蓝星集团")开始着手"保壳"事宜。

2014 年 4 月 9 日,时任国泰君安证券投资银行部董事、总经理的张某与 * ST新材董秘冯某华等人商讨 * ST 新材连续两年亏损后处置部分资产的"保壳"方案,并在 2014 年 4 月 9 日至 4 月 22 日期间多次电话沟通 * ST 新材避免被暂停上市的方案。

2014 年 4 月 9 日至 22 日,张某与蓝星集团财务总监杨某等多次电话沟通 * ST 新材避免被暂停上市的方案。

2014 年 4 月 26 日、27 日, * ST 新材与国泰君安继续就方案细节沟通。2014 年 4 月 28 日, * ST 新材股票以涨停收盘。由于股价出现异常, * ST 新材停牌。

2014 年 5 月 8 日, * ST 新材公告重大资产重组停牌。2014 年 7 月 8 日、9

月29日,*ST新材先后发布公告“公司拟向控股股东蓝星集团发行股份购买其持有的蓝星安迪苏营养集团有关公司股权”“重大资产置换及发行股份支付现金购买资产并募集配套资金暨关联交易预案”,并于9月30日复牌。

*ST新材拟向控股股东蓝星集团发行股份购买其持有的蓝星安迪苏营养集团有关公司股权,属于《证券法》(2016年版)第六十七条第二款第二项规定的“公司的重大投资行为和重大的购置财产的决定”,是可能对上市公司股票交易价格产生较大影响的重大事件,根据《证券法》(2016年版)第七十五条第二款第一项为内幕信息。内幕信息敏感期为:2014年3月3日至2014年7月8日。张某为项目主要负责人,根据《证券法》(2016年版)第七十四条第六项规定,为内幕信息知情人。

在内部信息公开前,张某向其堂兄弟、同学等多人泄露有关项目信息,内幕信息敏感期内,其堂兄弟的父亲、母亲、前妻等相关股票账户先后买入“*ST新材”股票累计4,438,902.78元,实际获利228,489.57元;大学同学闫某等相关账户买卖“*ST新材”50万股,成交金额1,902,202元,实际获利1,776,991.39元。整个案件审理过程中,当事人未提交陈述和申辩意见,未申请听证。

(二)处理结果

北京证监局依据《证券法》(2016年版)的规定,对张某处以30万元罚款。此外,本案中,北京证监局没收张某堂兄弟内幕交易违法所得22.84万元,处以68.54万元罚款;没收张某两位同学内幕交易违法所得177.69万元、分别处以266.54万元罚款。

五、附件

附件14-1 证券公司及从业人员内幕交易监管处罚

<table>
<tr><th>序号</th><th>年份</th><th>监管机构</th><th>处罚案由</th><th>处罚结果</th></tr>
<tr><td>1</td><td>2016</td><td>证监会</td><td rowspan="2">新时代证券总经理助理罗某阳联合其弟(新时代证券许昌智慧大道营业部营销总监罗某颖)利用“东方铁塔”“黄河旋风”等股票内幕信息交易</td><td>没收罗某阳、罗某颖违法所得446,920.26元,罚款2,540,760.78元。</td></tr>
<tr><td>2</td><td>2016</td><td>证监会</td><td>罗某阳、罗某颖终身证券市场禁入</td></tr>
</table>

续表

序号	年份	监管机构	处罚案由	处罚结果
3	2016	证监会	东方证券长沙市劳动西路营业部总经理李某利用“博云新材”并购重组内幕信息，使用陈某、顾某两个证券账户交易，获利约217.1万元	没收违法所得217.14万元，罚款651.41万元。
4	2016	证监会		对李某处以7年证券市场禁入
5	2017	北京证监局	国泰君安投资银行部董事总经理张某泄露＊ST新材内幕信息，协助他人利用内幕信息进行交易	罚款30万元

除附件14－1列示行业监管处罚案例外，证券市场中不乏证券从业人员因内幕交易行为最终被判定触犯刑法的案例，给相关违法者自身留下无尽追悔的同时，也作为鲜活的案例在警示证券从业人员远离内幕交易，一念之差将会千古之恨。

1. 安信证券孙某章

孙某章作为安信证券项目现场负责人参加深圳市宇顺电子股份有限公司（以下简称“宇顺电子”）非公开发行A股项目，利用知悉宇顺电子中标深圳市中兴康讯电子有限公司2012年年度大招标项目并即将签订框架协议的信息，通过其控制的李某证券账户买卖“宇顺电子”获利，构成《刑法》第一百八十条的内幕交易罪，被判处有期徒刑1年半，没收违法所得799,004.56元。

2. 中信证券杨某山

杨某山，原中信证券研究部总监、电力行业首席分析师，被聘为山西漳泽电力股份有限公司独立董事期间，参与上市公司筹划重大资产重组的过程中接触内幕信息，随后借用他人账户买卖“漳泽电力”股票，亏损82.8万元。被判处有期徒刑3年，并处罚金5万元。

3. 中信证券谢某华及其妻安某梅（时任华泰证券投行业务总监）

两人均属国内首批注册保荐代表人，谢某华在担任中信证券企业发展融资业务部执行总经理期间，作为“ST兴业”“万好家”等并购重组内幕信息的知情人，在内幕信息尚未公开前，自己购买并告知其妻安某梅购买相关股票获利。最终均被认定犯内幕交易罪，其中谢某华被判处有期徒刑3年，缓刑3年，罚金人民币800万元；安某梅犯内幕交易罪，被判处有期徒刑1年，缓刑1年，并处罚金人民币190万元；追缴被告人谢某华、安某梅违法所得共计人民币767万余元。

4. 东北证券秦某

东北证券作为西南合成医药集团有限公司（以下简称“西南合成”）重组项

目独立财务顾问,指派具有保荐代表人资格的秦某(时任东北证券公司北京分公司深圳市场部副总经理)担任该项目的主办人、现场工作负责人。秦某在履职过程中掌握西南合成拟收购北京北医医药有限公司这一内幕信息,并将该信息泄露给其朋友周某。同时,秦某还利用原同事"任某某"账户在内幕信息公开前,买入"西南合成"股票获利23万元。秦某最终被判处有期徒刑3年,缓刑3年,追缴违法所得,并处罚金23万元。

5. 西南证券季某波

季某波,时任西南证券公司副总裁、证券投资管理部总经理兼投资经理,案发期间,季某波有权下达西南证券自营账户的操作指令,并可依据相关软件对该部门投资经理的股票交易行为进行实时监控。季某波利用职务便利掌握公司股票自营信息,通过其亲友控制的多个个人证券账户,同期与西南证券自营账户买卖相同股票40余只,获利约2000万元。季某波最终被判处有期徒刑3年,缓刑3年,追缴全部违法所得,并处罚金人民币60万元。

6. 西南证券葛某云

葛某云,时任西南证券投资银行事业部并购融资二部副总经理,获悉吴通控股集团股份有限公司与北京国都互联科技有限公司之间的并购合作意愿及并购方案后,作为内幕信息知情人,利用其实际控制的胡某证券账户买卖"吴通控股"股票,非法获利20.47万元。虽然事发后主动投案,如实供述了自己的犯罪事实、退出全部违法所得,但仍被法院以内幕交易罪,判处有期徒刑3年,缓刑5年,并处罚金30万元。

第十五章　反洗钱管理

近年来,国内外洗钱犯罪和恐怖融资犯罪的数量、金额不断攀升,反洗钱管理工作在预防洗钱活动、打击洗钱犯罪、维护金融秩序的呼声中显得越发重要。尤其是随着国务院办公厅《关于完善反洗钱、反恐怖融资、反逃税监管体制的意见》的出台,人民银行对金融机构反洗钱管理工作的要求和监管力度日益加强,反洗钱管理相关的法规制度不断地完善,反洗钱管理现场检查标准和要求日益严格,对证券公司"反洗钱管理"不到位的处罚越来越多见,证券公司及从业人员被处罚几率和金额均有较大提升,加之不同地区人民银行检查标准不一,给证券公司的反洗钱管理工作带来较大风险。

一、违规处罚整体情况

据不完全统计,自 2017 年以来,证券公司在反洗钱管理方面违规被处罚的案例共计 46 起,涉及 10 家证券公司总部、36 家证券公司分支机构(含营业部、分公司)、60 名证券从业人员。罚款合计 1461.10 万元,其中对单位罚款 1358.50 万元、对个人罚款 102.60 万元。结合有关处罚案例分析,反洗钱管理方面的违规处罚情况呈现以下三个特点。

(一)"双罚"较为常见

不难看出,人民银行在处理反洗钱管理违规问题上,"双罚"几乎成为例行规则,既对金融机构实施行政处罚,又对直接负责的董事、高级管理人员和其他直接责任人员给予行政处罚。上述 46 起案例中,共有 42 家证券公司总部或分支机构的相关责任人与单位同时受到处罚,占比达 91.30%。

(二)证券公司分支机构仍然是反洗钱管理不规范被处罚的集中地带

上述案例中,涉及分支机构的处罚案例合计 36 起,占比高达 78.26%。直接针对证券公司总部及相关人员的处罚案例合计 10 起,占比 21.74%。

(三)罚款额度不断创新高

上述案例中,对单位的罚款额度以 8 万元至 100 万元为主,其中 20 万元至 30 万元的罚单占比较高,合计 26 起,占比 56.52%;但单笔罚款最高已经达到 100 万元。(具体见附件 15 - 1:证券公司及从业人员反洗钱管理违规监管处罚)

二、违规行为分析

根据人民银行的处罚结果分析,证券公司反洗钱管理被处罚主要因以下两类违规行为。

(一)内控机制不完善

1. 反洗钱岗人员配备和工作职责欠明确、未明确高级管理层的职责、未能明确各业务条线的反洗钱管理人员名单。

2. 内控制度不完善。例如,未结合自身业务实际将反洗钱要求细化至各个操作环节;反洗钱管理制度修订不及时;反洗钱组织架构调整后未及时报备等。

(二)制度落实不到位

1. 客户洗钱风险等级分类及管理方面问题。

(1)未在规定时限内完成客户风险等级初次评定工作。

(2)未及时对最高风险等级客户及交易作定期审核等。

2. 客户身份识别方面问题。

(1)对新客户的初次识别不能完全符合法规要求。

(2)未按规定对客户身份持续识别或出现类似不同客户留存相同联系方式等特定情形时未进一步识别身份。

(3)开户身份资料及交易记录保存不规范等。

3. 可疑交易报告工作方面问题。

(1)未按规定结合客户身份背景甄别分析并报告可疑交易。

(2)未能筛选、分析和报告与可疑交易监测规则相符的异常情形。

(3)未对异常情形开展分析、甄别和报告。

(4)未及时处理可疑交易预警。

(5)可疑交易甄别过程缺少必要、足够的工作记录等。

4. 反洗钱管理系统问题。

(1)反洗钱业务系统未能覆盖所有业务。

(2)反洗钱黑名单库未有系统支撑。

(3)可疑交易报告系统的筛查指标设计不适合行业。

(4)系统筛查的功能不全。

(5)系统的工作记录模块不能支持反洗钱各个环节的工作等。

三、处罚依据

人民银行对证券公司反洗钱管理违规行为的处罚依据一般包括《反洗钱法》《金融机构反洗钱监督管理办法(试行)》《法人金融机构洗钱和恐怖融资风险管理指引(试行)》《金融机构客户身份识别和客户身份资料及交易记录保存管理办法》等。

《反洗钱法》

第三十二条:“金融机构有下列行为之一的,由国务院反洗钱行政主管部门或者其授权的设区的市一级以上派出机构责令限期改正;情节严重的,处二十万元以上五十万元以下罚款,并对直接负责的董事、高级管理人员和其他直接责任人员,处一万元以上五万元以下罚款:(一)未按照规定履行客户身份识别义务的;(二)未按照规定保存客户身份资料和交易记录的;(三)未按照规定报送大额交易报告或者可疑交易报告的;(四)与身份不明的客户进行交易或者为客户开立匿名账户、假名账户的;(五)违反保密规定,泄露有关信息的;(六)拒绝、阻碍反洗钱检查、调查的;(七)拒绝提供调查材料或者故意提供虚假材料的。金融机构有前款行为,致使洗钱后果发生的,处五十万元以上五百万元以下罚款,并对直接负责的董事、高级管理人员和其他直接责任人员处五万元以上五十万元以下罚款;情节特别严重的,反洗钱行政主管部门可以建议有关金融监督管理机构责令停业整顿或者吊销其经营许可证。

对有前两款规定情形的金融机构直接负责的董事、高级管理人员和其他直接责任人员,反洗钱行政主管部门可以建议有关金融监督管理机构依法责令金融机构给予纪律处分，或者建议依法取消其任职资格、禁止其从事有关金融行业工作。”

四、违规案例

案例1：银河证券未按照规定履行客户身份识别义务被罚

（一）基本案情

经查，2016年1月1日至2017年6月30日，银河证券存在未按照规定履行客户身份识别义务、与身份不明的客户进行交易或者为客户开立匿名账户、假名账户的行为。

（二）处理结果

中国人民银行根据《反洗钱法》的相关规定，作出如下处罚。

1. 对单位的处罚

针对未按照规定履行客户身份识别义务、与身份不明的客户进行交易的行为，分别处以50万元罚款，两项罚款合计100万元。

2. 对负责人的处罚

对银河证券相关责任人共处以6万元罚款。

案例2：申万宏源证券江西分公司未按规定履行反洗钱义务被罚

（一）基本案情

2017年7月1日至2018年6月30日，申万宏源证券江西分公司未按照规定履行反洗钱义务，存在未按照规定履行客户身份识别义务、未按照规定保存客户身份资料及交易记录、未按照规定报送可疑交易报告三宗违法行为。

（二）处理结果

中国人民银行南昌中心支行根据《反洗钱法》第三十二条第一款第一项、第二项、第三项规定，作出如下处罚。

1. 对单位的处罚

对申万宏源证券江西分公司处以78万元罚款。

2. 对负责人的处罚

对申万宏源证券江西分公司相关责任人员处以2.4万元罚款。

五、附件

附件 15－1　证券公司及从业人员反洗钱管理违规监管处罚

序号	时间	监管机构	处罚案由	处罚结果(罚款)(万元)	
				单位	个人
1	2017	中国人民银行上海分行	华宝证券存在未按照规定履行客户身份识别义务的违法行为	30	
2	2017	中国人民银行郑州中心支行	XD 证券郑州文化路证券营业部,未按规定履行客户身份识别义务	25	2
3	2017	中国人民银行马鞍山市中心支行	华鑫证券马鞍山分公司,违反反洗钱规定	18	0.5
4	2017	中国人民银行湛江市中心支行	广发证券湛江遂溪证券营业部,违法反洗钱管理规定	25	2
5	2017	中国人民银行遂宁市中心支行	中投证券遂宁某营业部,未按规定履行客户身份识别义务	10	1
6	2017	中国人民银行龙岩市中心支行	国泰君安证券龙岩某营业部,违反反洗钱管理相关规定	24	
7	2017	中国人民银行淮北市中心支行	国元证券淮北某营业部,未按规定履行客户身份识别义务	10	0.5
8	2017	人民银行合肥中心支行	国元证券未按规定履行客户身份识别义务	30	3
9	2017	人民银行合肥中心支行	华安证券未按规定履行客户身份识别义务、未按规定报送大额交易与可疑交易报告	33	3.3
10	2017	中国人民银行福州中心支行	华泰证券福州六一中路证券营业部,未按规定履行客户身份识别义务	45	4
11	2018	中国人民银行长春中心支行	中信证券吉林省分公司未按规定履行客户身份识别义务	30	2

续表

序号	时间	监管机构	处罚案由	处罚结果(罚款)(万元)	
				单位	个人
12	2018	中国人民银行兰州中心支行	西南证券甘肃分公司未按照规定履行反洗钱客户身份识别义务	20	1
13	2018	中国人民银行南昌中心支行	东方证券南昌绿茵路证券营业部未按照规定履行客户身份识别义务、未按照规定报送可疑交易报告	36	1.2
14	2018	中国人民银行内江市中心支行	安信证券内江西林大道营业部，未按照规定履行客户身份识别义务	8	0.5
15	2018	中国人民银行宁波市中心支行	中国银河证券宁波分公司未按照规定履行客户身份识别义务	35	6
16	2018	中国人民银行	中国银河证券未按照规定履行客户身份识别义务、存在与身份不明的客户进行交易的行为	100	6
17	2018	中国人民银行杭州中心支行	华泰证券浙江分公司未按照规定履行客户身份识别义务、未按照规定报送大额交易报告或者可疑交易报告	45	4
18	2018	中国人民银行太原中心支行	华泰证券太原体育路证券营业部因未按照规定履行客户身份识别义务，未按照规定报送大额交易报告或者可疑交易报告	20	1
19	2018	中国人民银行福州中心支行	招商证券福清江滨路证券营业部未按规定开展客户身份识别工作	35	3
20	2018	中国人民银行通化市中心支行	东北证券梅河口银河大街证券营业部未按规定履行客户身份识别义务	20	1
21	2018	中国人民银行合肥中心支行	招商证券阜阳人民路证券营业部未按照有关规定履行客户身份识别义务	20	1
22	2018	中国人民银行深圳市中心支行	第一创业证券违反《反洗钱法》	20	1.5

续表

序号	时间	监管机构	处罚案由	处罚结果(罚款)(万元)	
				单位	个人
23	2018	中国人民银行营业管理部	民族证券未按照规定履行反洗钱客户身份识别义务、未按照规定履行反洗钱可疑交易报告义务	72	6.8
24	2018	中国人民银行重庆营业管理部	申万宏源证券重庆分公司存在违反有关反洗钱规定的行为	23	1
25	2018	中国人民银行赣州市中心支行	中国银河证券赣州登峰大道证券营业部未按照规定履行客户身份识别义务、未按照规定保存客户身份资料和交易记录、未按照规定报送大额交易和可疑交易报告	20	1
26	2018	中国人民银行马鞍山市中心支行	华泰证券马鞍山华飞路证券营业部存在违反反洗钱相关规定的违法违规行为	12	1
27	2018	中国人民银行淮南市中心支行	国元证券淮南朝阳中路证券营业部违反反洗钱规定	25	2
28	2018	中国人民银行呼和浩特中心支行	申万宏源证券内蒙古分公司未按规定有效履行反洗钱客户身份识别义务	20	2
29	2018	中国人民银行成都分行	川财证券未按照规定履行客户身份识别义务	20	5.1
30	2018	中国人民银行宁波市中心支行	中信证券宁波分公司存在未按照规定履行客户身份识别义务与未按规定报送可疑交易报告两宗违法行为	62	7
31	2018	中国人民银行宁波市中心支行	中泰证券宁波分公司未按照规定履行客户身份识别义务	22	2
32	2018	中国人民银行郑州中心支行	世纪证券河南分公司,未按规定履行客户身份识别义务	30	2.5
33	2018	中国人民银行南京分行	中信证券江苏分公司存在反洗钱违法违规行为	20	
34	2018	中国人民银行沈阳分行	华金证券辽宁分公司,未按照规定履行客户身份识别义务	20	1

续表

序号	时间	监管机构	处罚案由	处罚结果(罚款)(万元)	
				单位	个人
35	2018	中国人民银行包头市中心支行	西部证券包头钢铁大街证券营业部,未依法履行客户身份识别义务	20	1
36	2019	中国人民银行佛山市中心支行	海通证券佛山顺德新宁路证券营业部,未按照规定履行客户身份识别义务	20	
37	2019	中国人民银行盘锦市中心支行	华泰证券盘锦石油大街证券营业部,未按照规定履行客户身份识别义务	16	1.4
38	2019	中国人民银行西安分行	西部证券未按照规定履行反洗钱客户身份识别义务、未按照规定履行反洗钱客户身份识别义务	34	2
39	2019	中国人民银行成都分行营业管理部	东兴证券成都二环路南二段证券营业部,未按照规定履行反洗钱客户身份识别义务	22	1.5
40	2019	中国人民银行成都分行	海通证券四川分公司,未按照规定履行反洗钱客户身份识别义务	40	4
41	2019	中国人民银行福州中心支行	信达证券福州五四路证券营业部,未按规定履行客户身份识别义务	48	5
42	2019	中国人民银行呼和浩特中心支行	国信证券内蒙古分公司,未按规定有效履行反洗钱客户身份识别义务和未按照规定报送可疑交易报告	20	1
43	2019	中国人民银行广州分行	光大证券广东分公司未按照要求开展反洗钱可疑交易监测分析和报告工作	30	2.5
44	2019	中国人民银行武汉分行	申万宏源证券湖北分公司,未按照规定履行客户身份识别义务	15	0.9
45	2019	中国人民银行南昌中心支行	申万宏源证券江西分公司,未按照规定履行客户身份识别义务、未按照规定保存客户身份资料及交易记录、未按照规定报送可疑交易报告	78	2.4
46	2019	中国人民银行大连市中心支行	大通证券未按照规定保存客户身份资料和交易记录	30	5

第十六章　其他

随着《证券公司全面风险管理规范》《证券公司和证券投资基金管理公司合规管理办法》《证券公司合规管理实施指引》先后发布实施,进一步强化了对证券公司及从业人员的监管力度。自2016年以来,监管部门持续“重拳出击”,严惩证券公司及从业人员违法违规行为,除投行业务、资管业务、经纪业务等违规处罚外,类似合规人员匹配不到位、风控措施不到位等问题被处罚的案例绝非个例,曾多次出现因证券公司内部管理或从业人员执业行为违反法律法规和准则而被依法采取监管措施、或给予纪律处分的情况,需引起业界高度重视。

一、违规处罚整体情况

统计期内,证券公司及从业人员因其他违规行为被处罚的案例共计30起,涉及22家证券公司、14名证券从业人员。

(一)证监会及各地证监局(26起)

均为行政监管措施。包括:(1)对6家证券公司、1家营业部出具警示函。(2)约见8名证券从业人员监管谈话。(3)公开谴责3名证券从业人员。(4)责令7家证券公司限期改正。(5)暂停1家证券公司新开立PB系统账户3个月。

(二)中国证券业协会(4起)

均为纪律处分。包括:(1)暂停1名证券从业人员执业6个月。(2)公开谴责1名证券从业人员。(3)注销2名证券从业人员执业证书,3年内不受理执业证书申请,记入证监会及证券业协会诚信

信息管理系统。(具体见附件16－1：证券公司及从业人员其他违规监管处罚)

二、违规行为分析

结合监管处罚案例分析，证券公司及从业人员主要因以下四类其他违规行为被处罚。

(一)人员管理方面存在问题，合计12起，占比40.00%

1. 内控人员配置不足

(1)5家证券公司合规人员配置不足。

(2)2家证券公司风控部门人员配置不足。

2. 人员任职资格及手续不合规

(1)1家公司存在未取得证券公司高级管理人员任职资格但实际行使证券公司高级管理人员职权的问题，公司及合规总监、首席执行官分别被处罚。

(2)1家证券公司董事长代行总经理职责已超过6个月，公司未及时选聘具有任职资格的人员担任总经理。

(3)1家营业部合规管理人员由营业部负责人兼任，以致合规管理人员兼任了与合规管理职责相冲突的职务。

(二)不配合监管调查，合计3起，占比10.00%

1. 有1人未在证监局根据举报线索对其进行调查期间，涉嫌未就举报事项如实说明。

2. 有2人在中国证券业协会根据实名举报信件对其从业期间的执业行为进行调查取证时，存在不配合调查的行为。

(三)风险控制不完善，合计6起，占比20.00%

1. 有1家证券公司净资本、风险覆盖率、资本杠杆率和净稳定资金率等风险控制指标不符合《证券公司风险控制指标管理办法》规定的标准。

2. 有1家证券公司向股东分红后“对单一客户融资(含融券)业务规模与净资本的比例”不符合规定标准5%，虽事后追回了分红款，但未按规定向证监局报告、未如实报送风险控制指标监管报表。

3. 有1家证券公司在累积未分配利润为负的情况下，向股东分配利润，且未履行董事会、股东大会决议程序，亦未及时就有关情况向监管部门报告。

(四)其他违规行为,合计9起,占比30.00%

1.有2起涉及相关人员传播尚处于内部征求意见阶段的监管会议材料问题。

2.有3起涉及资金结算管理不规范问题。

3.有2起涉及PB业务客户背景调查不充分问题。

4.有2起涉及其他违规行为。

三、处罚依据

监管机构对证券公司及从业人员其他违规行为的处罚依据一般包括《证券公司全面风险管理规范》《证券公司内部控制指引》《证券公司合规管理试行规定》《证券公司和证券投资基金管理公司合规管理办法》《证券公司合规管理实施指引》《证券期货经营机构及其工作人员廉洁从业规定》等。

(一)《证券公司和证券投资基金管理公司合规管理办法》

1.第三十二条:证券基金经营机构违反本办法规定的,中国证监会可以采取出具警示函、责令定期报告、责令改正、监管谈话等行政监管措施;对直接负责的董事、监事、高级管理人员和其他责任人员,可以采取出具警示函、责令参加培训、责令改正、监管谈话、认定为不适当人选等行政监管措施。证券基金经营机构违反本办法规定导致公司出现治理结构不健全、内部控制不完善等情形的,对证券基金经营机构及其直接负责的董事、监事、高级管理人员和其他直接责任人员,依照《证券投资基金法》第二十四条、《证券公司监督管理条例》第七十条采取行政监管措施。

2.第三十三条:合规负责人违反本办法规定的,中国证监会可以采取出具警示函、责令参加培训、责令改正、监管谈话、认定为不适当人选等行政监管措施。

3.第三十四条:证券基金经营机构的董事、监事、高级管理人员未能勤勉尽责,致使公司存在重大违法违规行为或者重大合规风险的,依照《证券法》《证券投资基金法》采取行政监管措施。

4.第三十五条:证券基金经营机构违反本办法第十八条、第十九条、第二十条、第二十一条、第二十二条、第二十三条、第二十四条、第二十五条、第二十六条、第二十七条、第二十八条规定,情节严重的,对证券基金经营机构及其直接负责的董事、监事、高级管理人员和其他直接责任人员,处以警告、3 万元以下罚款。合规负责人未按照本办法第十五条第二款的规定及时向中国证监会相关派出机构报告重大违法违规行为的,处以警告、3 万元以下罚款。

5. 第三十六条:证券基金经营机构通过有效的合规管理,主动发现违法违规行为或合规风险隐患,积极妥善处理,落实责任追究,完善内部控制制度和业务流程并及时向中国证监会或其派出机构报告的,依法从轻、减轻处理;情节轻微并及时纠正违法违规行为或避免合规风险,没有造成危害后果的,不予追究责任。对于证券基金经营机构的违法违规行为,合规负责人已经按照本办法的规定尽职履行审查、监督、检查和报告职责的,不予追究责任。

（二）《证券公司合规管理实施指引》

1. 第三十六条:对于合规制度不健全、合规管理执行不到位的证券公司及未按照本指引履行合规管理职责的工作人员,协会视情节轻重采取相应自律惩戒措施,并记入诚信信息管理系统;对存在违反法律、法规行为的证券公司及相关工作人员,移交中国证监会或其他有权机关依法查处。

2. 第三十七条:证券公司频繁出现违规事件或重大恶性事件的,对证券公司及相关责任人员从重从严实施自律惩戒措施;对于未能勤勉尽责地履行相应合规管理职责或与业务部门合谋、指导业务部门规避监管的工作人员,从重从严实施自律惩戒措施。

3. 第三十八条:协会在实施自律惩戒时,将区分公司责任与个人责任。证券公司建立有效的合规管理制度、主动开展合规管理、严格落实内部责任追究机制的,协会依照本指引对证券公司及严格按照合规制度履职的工作人员从轻、减轻或免于实施自律惩戒措施。

（三）《证券公司监督管理条例》

第七十条(内容略)

（四）《证券期货经营机构及其工作人员廉洁从业规定》

1. 第十八条:证券期货经营机构及其工作人员违反本规定的,中国证监会可以采取出具警示函、责令参加培训、责令定期报告、责令改正、监管谈话、认定为不适当人选、暂不受理行政许可相关文件等行政监管措施。

2. 第二十条:证券期货经营机构及其工作人员违反本规定第九条、第十条、第十一条、第十二条、第十三条、第十四条、第十五条规定,按照相关法律法规的规定进行处罚，相关法律法规没有规定的，处以警告、3 万元以下罚款。

3. 第二十一条：证券期货经营机构及其工作人员违反本规定，公司董事、监事、高级管理人员和其他人员负有管理责任的，中国证监会可以对其采取第十八条和第二十条规定的行政监管措施或者行政处罚。

四、违规案例

案例 1：东海证券合规人数不足被罚

（一）基本案情

经查，东海证券公司总部合规部门中具备 3 年以上证券、金融、法律、会计、信息技术等有关领域工作经历的合规管理人员数量占总部工作人员总数比例低于《证券公司合规管理实施指引》第二十七条中要求的 1.5% 的比例，违反了《证券公司和证券投资基金管理公司合规管理办法》第二十二条的规定。

（二）处理结果

江苏证监局根据《证券公司和证券投资基金管理公司合规管理办法》，责令东海证券改正，并限期提交整改报告。

案例 2：长江证券 2 名员工不配合调查被处罚

（一）基本案情

郑某南、孙某原系长江证券从业人员，在中国证券业协会根据实名举报信件，对其从业期间的执业行为进行调查取证时，存在不配合调查的行为。违反了《证券业从业人员执业行为准则》第一条的规定，构成中国证券业协会《自律管理措施和纪律处分实施办法》第二十八条规定的情形。

（二）处理结果

中国证券业协会依据中国证券业协会《自律监察案件办理规则》及中国证券业协会《自律管理措施和纪律处分实施办法》的相关规定，对郑某南、孙某采取注销执业证书的纪律处分，3 年内不受理其执业证书申请，并将上述自律惩戒措施记入证监会及证券业协会诚信信息管理系统。

五、附件

附件 16－1　证券公司及从业人员其他违规监管处罚

序号	年份	监管机构	处罚案由	处罚结果
1	2016	北京证监局	中国国际金融公司根据某客户委托在上交所大宗交易平台提交交易申报,交易员在客户资金未经校验和冻结的情况下提交了买入申报,导致验资环节前端控制失效,造成客户资金账户大额透支	增加合规检查次数
2	2017	上海证监局	东方花旗证券存在员工未取得证券公司高级管理人员任职资格但实际行使证券公司高级管理人员职权的问题	责令改正(公司)
3	2017	上海证监局		监管谈话(合规总监戴某、首席执行官马某)
4	2017	上海证监局		
5	2017	湖北证监局	天风证券2016年以来,由于员工操作失误、公司客户交易结算资金系统参数设置存在缺陷、债券交易前端验资失效以及场外业务资金未及时清算交收等原因,导致客户交易结算资金发生多次预警,反映出客户交易结算资金管理不到位的问题	增加合规检查次数
6	2017	证监会	李某任国海证券合规总监期间,未勤勉尽责,公司存在重大违规行为	监管谈话(李某)
7	2017	证监会	刘某红任国海证券合规总监期间,未勤勉尽责,公司存在重大违规行为	公开谴责(刘某红)
8	2017	证券业协会	开源证券员工张某不当偷拍、传播尚处于内部征求意见阶段的会议材料	暂停执业6个月
9	2017	证券业协会	财富证券员工王某斌传播尚处于内部征求意见阶段的监管会议材料	公开谴责
10	2017	深圳证监局	招商证券PB系统相关业务内部控制存在缺陷,未发现客户曾开展过股票配资业务并对此进一步调查、个别PB系统账户所有人与实际使用人不一致	责令改正,暂停新开立PB系统账户3个月

续表

序号	年份	监管机构	处罚案由	处罚结果
11	2017	北京证监局	信达证券在客户代销的私募基金产品赎回款尚未实际到账时，即为客户完成清算，客户交易结算资金面临较大挪用风险；对非担保交收产品的清算处理逻辑存在问题，公司针对延迟交收产品清算工作的制度流程不完善；未能对资金缺口采取应急补充措施，造成客户交易结算资金连续两日形成缺口	责令改正
12	2018	广东证监局	万联证券2017年7月31日向股东分红后“对单一客户融资（含融券）业务规模与净资本的比例”不符合规定标准5%的情形，虽于2017年8月初追回了分红款，但未按规定向广东证监局报告、未如实报送2017年7月风险控制指标监管报表有关数据、相关账务处理不规范	增加合规检查次数
13	2018	证监会	国信证券风险管理部门具备3年以上有关领域工作经历的人员占公司总部员工比例低于2%	责令改正
14	2018	深圳证监局	英大证券公司董事长代行总经理职责已超过6个月，公司未及时选聘具有任职资格的人员担任总经理	出具警示函（公司）
15	2018	证监会	太平洋证风险管理部门具备3年以上有关领域工作经历的人员占公司总部员工比例低于2%	出具警示函
16	2018	河南证监局	中原证券公司合规管理制度不健全，机制不完善；公司合规管理意识薄弱，合规人员配置不足；公司内控管理制度执行不到位；公司重业务收入，轻风险控制，考核激励机制失衡	1. 责令改正；2. 增加合规检查次数；3. 公开谴责投行分管领导赵某、合规总监谢某
17	2019	江苏证监局	东海证券总部合规部门中具备3年以上证券、金融、法律、会计、信息技术等有关领域工作经历的合规管理人员数量占总部工作人员总数比例低于1.5%	责令改正

续表

序号	年份	监管机构	处罚案由	处罚结果
18	2019	上海证监局	中银国际证券存在合规部门、个别业务部门及部分分支机构合规人员配备情况不符合要求的情形	出具警示函
19	2019	深圳证监局	第一创业证券存在部分业务部门合规管理人员配备不到位、部分合规管理人员薪酬水平不符合监管要求等问题	出具警示函
20	2019	上海证监局	长江证券承销保荐公司业务部门未配备合规管理人员，且合规部门检查流于形式、未有效履行合规管理职责	出具警示函
21	2018	湖北证监局	国融证券员工高某兵在证监局根据举报线索对其进行调查期间，涉嫌未就举报事项如实说明	监管谈话（高某兵）
22	2019	证券业协会	长江证券员工郑某南在中国证券业协会根据实名举报信件对其从业期间的执业行为进行调查取证时，不配合调查	注销郑某南、孙某执业证书，3年内不受理执业证书申请，记入诚信系统
23	2019	证券业协会	长江证券员工孙某在中国证券业协会根据实名举报信件对其从业期间执业行为进行调查取证时，不配合调查	
24	2019	辽宁证监局	网信证券2018年12月和2019年1月净资本、风险覆盖率、资本杠杆率和净稳定资金率等风险控制指标不符合《证券公司风险控制指标管理办法》规定的标准	责令改正
25	2019	证监会	中天证券在累积未分配利润为负的情况下，于2018年6月向相关股东分配利润，且未履行董事会、股东大会决议程序，亦未及时就有关情况向监管部门报告	监管谈话（董事长马某、总经理李某、合规总监吴某、财务总监王某）
26	2019	证监会		
27	2019	证监会		
28	2019	证监会		

续表

序号	年份	监管机构	处罚案由	处罚结果
29	2019	上海证监局	华安证券上海虹口区吴淞路证券营业部合规管理人员由营业部负责人兼任,以致合规管理人员兼任了与合规管理职责相冲突的职务	出具警示函(营业部)
30	2019	江苏证监局	东海证券作为壹泽皓扬证券投资基金的综合托管人,存在未全部获取并保存签署完成的壹泽皓扬证券投资基金合同原件,未谨慎勤勉地为壹泽皓扬证券投资基金提供私募基金综合托管服务的情况	出具警示函(公司)

后　记

“167票赞成、1票弃权”，2019年12月28日上午，历时4年、经过4审的证券法修订草案，在党的十三届全国人大常委会第十五次会议闭幕会上正式通过，将于2020年3月1日起正式实施。

新修订的《证券法》大幅度提高了对违法行为的处罚力度。例如，按照违法所得计算罚款幅度的，行政处罚标准由原来的一至五倍，提高到一至十倍；实行定额罚的，由原来规定的三十万元至六十万元，提高到最高二百万元至二千万元，以及一百万元至一千万元、五十万元至五百万元。此外，修订后的《证券法》，进一步扩大了市场禁入范围，除不能从事证券业务以及不得担任上市公司的董事、监事、高级管理人员以外，还增加了违规者不能进行证券买卖的处罚规定。

这一系列变化，积极响应了社会各界的呼声，同时也显著提高了包括证券公司及从业人员在内相关主体证券违法违规的成本，有助于严厉惩治并震慑违法行为人，笔者衷心希望读者朋友们能够擦亮双眼，对“合规”常怀敬畏之心，与各类证券违法违规行为划清界限，一起推动金融资本市场健康有序发展。

图书在版编目(CIP)数据

证券业务红线：证券监管违规处罚案例解析 / 朋兴明著. -- 北京：法律出版社，2020
ISBN 978 -7 -5197 -4361 -1

Ⅰ. ①证… Ⅱ. ①朋… Ⅲ. ①证券交易－刑事犯罪－研究－中国 Ⅳ. ①D924.334

中国版本图书馆 CIP 数据核字(2020)第 052861 号

证券业务红线:证券监管违规处罚案例解析
ZHENGQUAN YEWU HONGXIAN:ZHENGQUAN JIANGUAN WEIGUI CHUFA ANLI JIEXI

朋兴明 著

策划编辑 肖　越
责任编辑 肖　越
装帧设计 汪奇峰

出版 法律出版社
总发行 中国法律图书有限公司
经销 新华书店
印刷 永清县金鑫印刷有限公司
责任校对 杨锦华
责任印制 胡晓雅

编辑统筹 法商出版分社
开本 710 毫米×1000 毫米　1/16
印张 18.5
字数 308 千
版本 2020 年 4 月第 1 版
印次 2020 年 4 月第 1 次印刷

法律出版社/北京市丰台区莲花池西里 7 号(100073)
网址/www. lawpress. com. cn
投稿邮箱/info@ lawpress. com. cn
举报维权邮箱/jbwq@ lawpress. com. cn
销售热线/400 -660 -8393
咨询电话/010 -63939796

中国法律图书有限公司/北京市丰台区莲花池西里 7 号(100073)
全国各地中法图分、子公司销售电话：
统一销售客服/400 -660 -8393/6393
第一法律书店/010 -83938432/8433　西安分公司/029 -85330678　重庆分公司/023 -67453036
上海分公司/021 -62071639/1636　深圳分公司/0755 -83072995

书号:ISBN 978 -7 -5197 -4361 -1　**定价**:78.00 元
(如有缺页或倒装,中国法律图书有限公司负责退换)

法律与商业联结的扛鼎之作　实践与前沿联系的集大成者

PE 私募股权

张兰田律师团队最新作品，顾功耘、陈琦伟、冯卫东、冯唐、吕红兵、张兰田联合推荐

私募股权投资基金合规与运营

夏　青　王俞人　著

定价:168 元　出版时间:2019 年 5 月

本书对私募基金融、投、管、退的全流程工作，以直接的实务操作经验、现行有效的法规和窗口指导意见为基础，进行了专项深入研究和梳理，优化了专业技术问题的解决方案，归纳总结了详尽的实务操作指引，对私募实务工作和行业健康发展，具有重要的指导和参考意义。

私募基金划归证监会监管后面世的 PE 实务类书籍　一部中国 PE 行业法律百科全书

私募股权基金筹备、运营与管理：法律实务与操作细节

刘乃进　著

定价:68 元　出版时间:2015 年 5 月

本书按照 PE 的生命周期，对 PE 的基本特征、筹备、设立、运营、退出等进行了全面、细致的阐释，同时对 PE 实务中的一些重要问题进行了深入剖析。实务操作资料选取翔实，可以说是中国 PE 行业性文件的阶段性成果集大成者。

专注高品质的私募基金实务，打造有品位的 PE 交流平台

私募基金实务精要

刘乃进　主编

定价:88 元　出版时间　2017 年 9 月

本书专注于高品质的私募基金实务，致力于推动私募基金在实务技术层面的整体发展。全书分八个部分：登记、备案；筹备、设立；合格投资者与基金募集；基金投资与合规运营；基金相关的金融投资；大资管；私募基金行业发展；民事纠纷与刑事责任。全书实务性较强，对私募实践具有较好的参考价值。

探讨私募实务难点，直击痛点，提供解决方案

私募基金实务精要 2

刘乃进　主编

定价:108 元　出版时间:2018 年 6 月

本书探析私募领域的实务难点与热点，主要涵盖：设立、登记、入会与备案；私募基金的合规性管理；基金投资；非标债权与通道业务；PPP 业务；政府产业引导基金；IPO 与并购重组；法律尽职调查；司法判例等版块，为私募实务领域的人士提供专业指南。

关注私募领域最新、最热问题，提供实务解决方案

私募基金实务精要3

刘乃进　主编

定价：108元　出版时间：2019年5月

本书涵盖监管与筹备设立、内部管理、对外投资、与私募投资相关证券市场规则、私募基金与国资管理、风险管理与争议解决、尽职调查等七大板块，凝聚众多私募基金行业一线从业人员实务经验，直击私募实务领域的痛点、热点，为私募从业人员提供全方位的实务指引。

Corporate · MA　公司法 · 并购重组

165个实务要点深度释解　120个典型案例专业剖析

公司法司法实务与办案指引(第三版)

云　闯　著

定价：98元　出版时间：2019年8月

本书根据近年来公司法实务中出现的新问题以及最新的国家立法（如《民法总则》）、司法解释（如《公司法司法解释（四）》和《公司法司法解释（五）》）的内容进行了全面修订，增加了如人力资本出资、出资义务加速到期、实际出资人执行异议之诉裁判逻辑、强制分红、关联交易损害责任、公司担保等内容，更新了最新的公司法实务案例，为公司从业人员提供详实的实务指引。

全方位展示应用场景及在股权设计工作中应当关注的核心问题，提供专业解决方案

股权架构解决之道

于强伟　著

定价：98元　出版时间：2019年1月

股权架构是所有公司顶层设计中核心的内容之一，它的设计是否科学合理将会在根本上影响相关各方的利益安排，在这个意义上，可以毫不夸张地说，公司的运营“成也股权，败也股权”。《股权架构解决之道》的内容就是围绕股权架构及其设计这一基本问题，结合大量的真实案例，系统地讨论了股权架构的本源、主线、核心规则等问题，并根据企业生命周期所处的不同阶段，将股权架构分为三大类型，即初创期公司的股权架构、股权激励的股权架构、股权融资时的股权架构，全方位地展示了股权架构设计的应用场景，以及在设计工作中应当关注的核心问题。最后，从风险管理角度分三个方面梳理了股权架构设计过程中亟需注意的三大风险（税务风险、合规风险、刑事风险），期望公司在实操过程中避免踩踏红线，能够安全、健康地实现利益更大化。

新规解读，方案设计，实务指引，案例剖析

上市公司并购重组解决之道

申林平　主编

定价：99元　出版时间：2016年3月

由广发证券、中信证券、招商证券、安信证券、国信证券、华泰联合证券等具有丰富并购重组实务经验的财务顾问提出指导意见，并经过多次讨论和修改，使得本书在内容、角度、专业上都具有独特性和权威指导性。全面介绍上市公司并购重组新政，以法律法规为基础进行实务案例剖析，是对上市公司并购重组案例的一次全面梳理和研究，对上市公司并购重组涉及的法律法规、规章及规范性文件进行分类列举，内容充实具体，实用性强。

深度解读内部控制、会计处理、特定经营模式、持续经营能力等实务热点

IPO 财务核查解决之道 2 :内部控制与案例指引

投行小兵　著

定价:139 元　出版时间:2019 年 5 月

本书从投行实操的角度,去关注财务问题对 IPO 审核的影响,采用案例分析与核查方法指引的形式,重点关注内部控制问题,这个问题尽管宽泛,但是在某些会计核算环节还是非常重要的一个保障,尤其是对于一些交易对象广泛、交易数据庞杂的特殊行业。本书是投行从业人员从制度体系学习过渡到业务实践的有效参考,也是系统了解 IPO 业务重点问题和关键环节的实务指导手册。

资本业务全流程税收政策　资本业务专项税收政策　资本业务涉外税收政策

资本业务税法指南

刘小玮、张兰田　著

定价:98 元　出版时间:2018 年 6 月

本书是业内第一本完全从税收法律规定角度解读资本业务的专著,涵盖了资本市场主要的运作方式和税种,直接回答了实务工作中各方最关心的问题:纳税义务。这样的分解和归纳是重要和富有实战意义的创新,有助于各方准确把握税法要件、防范税收风险、提高投资效率、合法筹划并降低税负。

企业成功进行资本运作税法实务操作的必备工具书

企业并购重组税法实务:原理、案例及疑难问题剖析

雷霆　著

定价:88 元　出版时间:2015 年 8 月

本书构建并完整地介绍了企业并购重组的税法原理和税收规则的框架体系;对企业并购重组的定义、交易架构、交易流程以及交易实质进行了详细的理解和剖析;对企业重组的所得税处理以及涉及的其他税种以公式、图表等方式进行了总结,并且有大量的案例分析;对立法和实务中的疑难问题进行了专门的归集、整理和分析,对立法改进和实务操作具有借鉴和指导意义。

企业投资并购重组全流程节税指南

资本之税:企业投资并购重组节税实务(第二版)

张远堂　著

定价:59 元　出版时间:2015 年 6 月

在市场经济的环境下,公司的投资、并购和重组时有发生,律师或法律顾问在这个过程中承担着设计模式、路径和方法的重要职责,首先必须保证企业投资、并购、重组行为合法、可行、有利,但同时也应当考虑企业行为的成本,其中就包括税收成本。税收成本是企业发展必须考虑的一个重要因素,本书紧贴现代企业的发展实际,梳理了国家现行税法和税收政策中有关企业投资、并购、重组的规定,并结合大量企业节税操作真实案例,具有很强的实务操作性和可读性。

企业上市·IPO·新三板

典型案例剖析　权威上市指导

企业上市解决之道

投行小兵　著

定价:68 元　出版时间:2011 年 5 月

本书精心挑选极具代表性的百余家企业上市真实案例,剖析这些企业或成功上市或被否决的原因,梳理企业上市过程中遇到的常见问题,揭示产生问题的根源、审核部门关注的重点及解决相关问题的思路和对策。案例具体生动、论述浅显易懂,专业人士处理企业上市难题的借鉴宝典,非专业人士了解企业上市相关问题的实用指南。

典型案例剖析　权威上市指导　解决思路延伸

企业上市解决之道 2:案例延伸与对策分析

投行小兵　著

定价:99 元　出版时间:2012 年 1 月

本书是作者再一次的全面洗涤和超越,再一次的深入思考和升华。案例更加丰富也更加有层次,评析更加深入也更加周全,思路更加明晰也更加具有指导意义,法规更加简练也更加有针对性。通过剖析企业或成功上市或被否决的原因,梳理了企业在上市过程中遇到的常见问题,为解决企业上市遇到的及审核部门关注的相关问题提供思路和对策。

典型案例剖析　审核重点关注　权威上市指导

企业上市解决之道 3:案例提炼与审核关注

投行小兵　著

定价:108 元　出版时间:2013 年 6 月

本书是投行小兵企业上市解决之道系列的完美收官力作,与《企业上市解决之道》和《企业上市解决之道 2:案例延伸与对策分析》属于同一系列,但是与前两本书内容没有任何重合之处。本书是对前两本书进一步的延伸,从主体资格(出资、股权、改制问题)、特殊经营模式、财务会计和规范运行等几个方面,并根据目前中国证监会的最新政策,对于相关典型案例做了进一步的提炼和深入剖析,重点分析了审核部门关注重点及解决相关问题的思路和对策。

全方位解密投行人的工作、生活与梦想

IN 投行:鸡汤没毒放心喝

投行小兵　著

定价:79 元　出版时间:2018 年 6 月

圈子,不是年轻人成功的捷径;你朋友圈随手转发的,恰恰就是你失去的;投行基本功,决定了你业务的下限;投行软实力,决定了你前途的上限……本书作者有多年的投行工作经历。全书分三大部分内容:生活态度、职场经验、业务思考。全方位解密投行人的工作、生活与梦想,为初入投行的新人指点迷津,为在投行中摸爬滚打的同仁梳理思路,也为投行中的佼佼者提供一个感悟的平台。

全景展现中国投行的真实生存状态　如实披露一线投行人士的心路历程

投行十年：我在投行的日子

投行小兵　著

定价：49 元　出版时间：2015 年 1 月

本书作者作为一名多年投行工作的亲历者和实践者，以局内人的身份，记录中国投行人士的心路历程和真实的工作、生活状态，书中不乏投行工作的经典案例与操作，对有志于进入投行工作的读者而言，可以在入行前更真实地了解到行业状态；对于投行业内人士也是很有价值的借鉴。

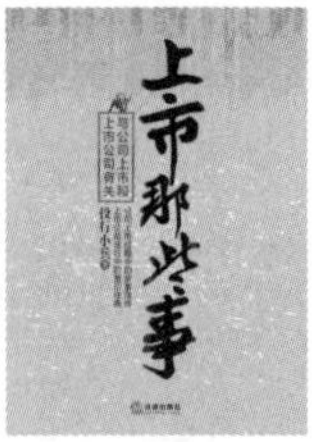

公司上市过程中的故事流传　上市公司运行中的警示经典

上市那些事——与公司上市和上市公司有关

投行小兵　著

定价：49 元　出版时间：2013 年 1 月

在资本市场这个“江湖”中，总是有一些广为流传的上市故事，或令人瞠目结舌，或匪夷所思。即使已经无法考证其真正来源，但却在市场的口口相传中越来越经典，越来越具有警示意义。本书即讲述了资本江湖中非常精彩的上市故事，语言诙谐幽默，相信可为广大资本市场从业者带来启示。

120 + 上市问题　300 + 案例分析　400 + 法律法规　800 + 审核要点

IPO 企业上市实战攻略：法律合规问题深度剖析

白小飞　著

定价：139 元　出版时间：2019 年 8 月

本书详细阐述了每一个专题的理论基础知识，包括专题涉及的法律法规、问题产生的原因以及目前对上市的影响等，不论是对于企业管理层还是中介服务机构，均有助于其全面提升 IPO 理论知识水平、判断问题的专业水平以及解决问题的能力。为使读者更直接地感受到监管机构对相关问题的审核态度与问询思路，本书在案例剖析时将证监会对涉及问题的反馈意见与发审会现场问题直接引用，监管机构的问询问题清晰且明确，更有助于读者理解相关问题与审核实务。

投行先锋论坛鼎力推荐，“饶叫兽”继《饶胖说新三板：董秘 · 资本实务二十讲》之后的全新力作，从企业内部解析规范运作和公司治理，为 IPO 读者提供全新运作视角

饶胖说 IPO：规范运作和公司治理

饶钢　著

定价：88 元　出版时间：2018 年 4 月

规范运作和公司治理是 IPO 永恒的课题，正如饶胖在本书中讲的：“IPO 就是两只手，一手抓业绩，一手抓规范，业绩是基础，规范是条件。”按监管要求做好规范工作，建立健全公司治理体系并保证有效运作是每一个 IPO 企业必须迈过的门槛。怎样把法规的条条框框运用到千变万化的企业管理中是一个技术活，也是一个经验活。市面上讲 IPO 书多是中介机构写的，饶胖是难得的研究型董秘和 CFO，在 IPO 一线拼搏多年，既懂技术又有实战经验，这本书从企业内部理解、把握规范运作和公司治理，给了读者一个全新的视角，所有心向 IPO 的朋友都应该读一读。

剖析典型案例　梳理疑难问题　提供解决对策

走向资本市场:企业上市尽职调查与疑难问题剖析

张国峰　著

定价:128 元　出版时间:2013 年 10 月

本书剖析了 2006 年我国新股发行制度改革以来,成功上市企业与被否决企业的真实案例,梳理了拟上市企业在上市过程中遇到的各种常见问题,并提供了解决问题的对策!

资深投行律师多年经验总结　投行人士必备经典

证券公司投资银行类业务法律问题实操解析

吴则涛　著

定价:109 元　出版时间:2019 年 1 月

本书以证券公司投资银行类业务法律问题为研究对象,结合作者多年相关法律服务实操经验,从准入篇、股东篇、历史沿革篇、股权激励篇、业务资质篇、私募基金篇、并购重组篇、市场监管篇九方面,对相关重要法律问题进行了深入剖析,为从业人员提供了较为详尽的实操指引。适合从事境内 IPO、并购重组、投融资、新三板等资本证券业务以及(拟)上市/挂牌公司、证券公司、投资公司、律所事务所、咨询公司等机构的业内人士参考使用,并对学习、研究、参与证券公司投资银行类业务法律实务的其他人士亦有重要参考价值。

PPP

PPP 领域多年畅销图书,全方位提供 PPP 项目实务指引

PPP 项目运作实务

周兰萍　主编

定价:88 元　出版时间:2016 年 5 月

本书基于作者及其团队参与的数百个 PPP 项目评审及咨询经验精心提炼而成,分别从操作指南、典型领域实务、常见问答等角度为 PPP 项目参与方提供全方位的实务指引。重点着墨于 PPP 项目运作中最为关键的操作流程、采购方式、合同要点、项目融资及财税处理等方面,结合地下综合管廊、城市综合开发、轨道交通、海绵城市等新兴领域进行实务解读,并辅以流程图示、对比表格等可视化工具,具有综合性强、实务性强和专业度高等特点。

10 类 PPP 困境各个击破,提供 50 种典型问题的破解方案,精选 50 个疑难热点实务解答

PPP 项目困境破解与再谈判

周兰萍　周月萍　主编

定价:98 元　出版时间:2019 年 1 月

PPP 模式在快速的发展过程中也面临着诸多挑战,而要依法合规、有理有据、圆满高效地解决这些“成长的烦恼”,本书将当下 PPP 项目面临的困境分为退库困境、融资困境、合规监管困境等十大类别,选取了近五十种困境典型进行深入剖析并逐一给出了破解对策建议,精选实务中热点、典型问题进行纯干货解答。本书有利于广大 PPP 从业者认知问题、判断是非和专业知识水平的提升,为 PPP 全行业提供了解决问题的智慧。